Lyra libri, via Volta, 43, 22100 Como, tel. 031-279146 © 1998
Testi di Alessandro Di Pietro.
Illustrazioni di Lora Nelli.
Redazione di Giovanna Galeazzi.
Coordinamento di Paolo Giomo.
Stampa: Litolega, Nova Milanese (MI).
Fotocomposizione Studio Editoriale Menabò, Como.

Anno: 2003 2002 2001 2000
Edizione: VII VI V IV III II

Alessandro di Pietro

DIZIONARIO

DELLA NOSTRA

CASA

SANA E SICURA

Lyra LIBRI

Introduzione

Un'antica storia racconta come in un tempo molto lontano l'umanità avesse a disposizione il grande Libro dei rimedi *in cui erano enumerati tutti i malanni che avrebbero potuto colpire gli uomini e i rimedi per ognuno di essi. La leggenda narra di rimedi efficacissimi, addirittura infallibili, che assicuravano una rapida e completa guarigione. Da dove provenisse il libro, in quale lingua fosse scritto, in quale parte del mondo si trovasse e quale popolo lo custodisse non è dato sapere. Si sa soltanto che un bel giorno, anzi, un brutto giorno, scomparve e, sempre secondo questa antica storia, pare sia stato un dio geloso a sottrarlo perché il genere umano, applicando quei rimedi, stava diventando immortale.*

Quante volte davanti a una macchia che non va via, a un guasto della lavatrice o a un'invasione di formiche, ci siamo chiesti: «Adesso, che cosa faccio? A quale rimedio ricorro?» Eppure quante volte abbiamo sentito dalla mamma, dalla nonna, dall'amica, dalla vicina i mille e mille consigli per risolvere i nostri piccoli problemi domestici; ma, fateci caso, al momento buono, chissà perché, di fronte al 'problema' non ce ne ricordiamo neppure uno. E allora, magari pensiamo: «Ah, se avessi in casa un 'libro dei rimedi', ricco di consigli e di tanti piccoli trucchi, da consultare rapidamente per risolvere la situazione!»

In questi ultimi anni, spesso mi sono chiesto se appartengono all'antico Libro dei rimedi *le ricette, le prescrizioni, le 'chicche' e i consigli della nonna... A mio avviso, se non sono proprio quelle autentiche, tuttavia ne costituiscono, speriamo, un retaggio. E io, nel dovuto rispetto delle leggende, delle tradizioni e delle antiche storie, sia pur molto più modestamente, ho cercato di mettere in fila, in ordine alfabetico, le 'voci' più ricorrenti delle nostre problematiche domestiche, tanto da mettere insieme un vero e proprio* Dizionario, *senza però, con questo, tentare una riscrittura del fantastico e misterioso* Libro dei rimedi.

Esistono molti libri che si vantano di spiegarci il significato o addirittura i misteri della vita, ma come e dove trovare le risposte ai piccoli, quotidiani misteri della spicciola realtà di ogni giorno? Questo Dizionario *non tratta di prescrizioni o di ricette magiche per prevenire e curare questo o quel malessere, ma tenta di spiegare con un linguaggio semplice e casalingo come si possa ovviare alle disavventure, soltanto a quelle piccole, che la vita di ogni giorno ci riserva. Dallo smacco di vedere, dopo un'allegra cena tra amici, la più preziosa delle tovaglie del cor-*

redo macchiata di vino... al disappunto di togliere da un cassetto una camicia bianca, sulla quale si faceva gran conto per un'occasione elegante, e trovarla dimessa, ingiallita e apparentemente irrecuperabile. Questo Dizionario *offre pratici consigli per destreggiarsi in cucina tra cibi da cuocere, congelare, conservare, riciclare, abbellire, inventare; e poi per pulire o riparare tapparelle, rubinetti o termosifoni; smacchiare vestiti o camicette; riutilizzare oggetti di casa altrimenti destinati all'ignominia della spazzatura; come garantire la sicurezza del bambino in casa; che cosa fare per la cura del nostro corpo; quale debba essere la corretta convivenza con un animale amico o con le nostre piante, e così via. Un vademecum da tenere sempre a portata di mano, chiaro ed essenziale per una comprensione immediata, ma soprattutto un punto di partenza per tutti coloro che vogliono ulteriormente arricchirlo con le scoperte e le invenzioni sperimentate nel proprio personalissimo microcosmo domestico.*

Negli ultimi trent'anni è cambiato lo stile di vita degli italiani, ormai contrassegnato da una nuova tipologia dei consumi. La sostituzione del sapone con i detersivi; l'uso di una miriade di altri prodotti per la pulizia della casa; l'esplosione dei consumi di acqua minerale in sostituzione di quella del rubinetto; la diffusione di elettrodomestici progettati dai produttori per una vita breve e molti altri 'eventi' hanno radicalmente modificato i ritmi domestici, l'ambiente abitativo e le abitudini familiari. La pubblicità ha pilotato e sostenuto questo sistema, imponendo il costume sociale dell''usa e getta' e facendo prevalere il potere del mercato sui reali bisogni, plasmando e indirizzando quindi la società a vivere per consumare anziché consumare per vivere. L'esigenza fondamentale del consumatore è sempre stata quella di spendere bene i propri soldi per migliorare la vita attraverso un'alimentazione sana in una casa confortevole. Invece le merci e la pubblicità hanno invaso prepotentemente le nostre case e le nostre vite trasformando in superflue le reali necessità e di converso creando una molteplicità di falsi bisogni che ci hanno fatto perdere il senso della misura; ci hanno fatto diventare più grassi a tavola; hanno trasformato la pulizia in fobia; unificato e omologato abitudini, linguaggi, mode, abbigliamento, costumi e usanze aumentando vertiginosamente l'inquinamento del pianeta.

Ho raccolto in questo libro i trucchi che ho imparato a mie spese in tanti anni, quelli che mi hanno segnalato le lettrici e i lettori più affezionati, ma anche quelli dei molti telespettatori che, seguendo le mie trasmissioni televisive, mi hanno scritto e telefonato non solo per chiedere, ma anche per regalarmi, migliaia di consigli utili, frutto dell'esperienza e della creatività di generazioni di laboriose casalinghe. Da tutti loro ho imparato che qualunque sia la casa che abitiamo, il materiale di cui è fatta, la forma e la disposizione, gli oggetti e gli arredi che vi sono contenuti, o i materiali e le sostanze che adoperiamo per accudirla, il nostro benessere dipenderà da come la usiamo, dalle azioni che compiamo al suo interno e soprattutto da quale livello di educazione domestica, civica e ambientale noi proveniamo. I rimedi consigliati in questo Dizionario *sono semplici, sempre economici, molto spesso ecologici perché utilizzano prodotti naturali al posto di quelli chimici che si trovano in vendita (e che per pigrizia siamo portati a usare, perché è più facile servirsi degli articoli che troviamo in bella vista al supermercato, piuttosto che ideare e seguire metodi alternativi...)*

Con questo libro vorrei offrire ai lettori tante idee per risolvere i mille inconvenienti che mettono a dura prova ogni giorno chi è responsabile dell'andamento della casa e del benessere della famiglia. Un pratico volume, articolato per voci alfabetiche e quindi di facilissima e rapida consultazione, ricco di preziosi consigli, di piccoli e grandi segreti che vi aiuteranno a districarvi abilmente nei meandri dei lavori domestici, spesso disseminati di insospettabili insidie.

Un Dizionario *che non è, come si potrebbe pensare, dedicato solo alle donne (lavoratrici o disoccupate, madri o mogli, giovani o meno giovani, tutte inesorabilmente sempre e comunque 'casalinghe'), ma anche a quell'esercito di 'massai', talvolta spavaldi, più spesso timorosi, che da tempo stanno affollando sempre più il palcoscenico della quotidianità domestica. Vorrei così sfatare l'abusato e ingeneroso luogo comune secondo cui la donna è la 'regina della casa'. Mai stereotipo fece più danno alle donne, in onore e per il rispetto delle quali io dedico questo mio libro, che vuole essere più strumento che scettro, più attrezzo da lavoro che diadema, più laico consigliere che regale ermellino.*

A

Abbronzatura
Acari
Acciaio inossidabile
Aceto
Acetone
Acido fluoridrico
Acido muriatico
Acne
Acqua
Acqua minerale
Acqua ossigenata
Acquaragia
Acquerelli
Adesivi
Afa
Afidi
Aglio
Agrumi
Alabastro
Albero di Natale
Albicocche
Alimentazione
Allergie
Alluminio
Amianto
Ammoniaca
Ammorbidenti
Ananas
Antitarme
Anziani
Argento
Armadi
Asciugamani
Automassaggio
Automobile

Abbronzatura

Alimenti e bevande Fornite a tutto l'organismo, non solo alla pelle, un'idratazione continua, ovvero usate creme idratanti ma bevete anche il più possibile. La bevanda migliore resta sempre l'acqua, magari con l'aggiunta di qualche goccia di limone. Da bandire invece gli alcolici. Mangiate molta frutta e verdura, soprattutto quella colorata (carote, pomodori, peperoni), che contiene carotene, una sostanza che stimola la produzione di melanina.

Consigli per una sana tintarella Esponetevi gradatamente al sole, aumentando di giorno in giorno i tempi di esposizione. Alternate sole e ombra, per dare ristoro alla pelle.

Non state al sole con la pelle bagnata: le goccioline, agendo come tanti piccoli specchi, possono causare arrossamenti. La sera, usate una crema doposole per rinfrescare e idratare.

Non state mai sotto il sole a picco (fra le 11 e le 15). Anche in acqua o sotto l'ombrellone si assorbe una notevole quantità di UV. Durante i primi giorni di sole è indispensabile l'uso di creme solari, che devono essere applicate più volte il giorno. La sudorazione, l'immersione in acqua, il contatto con stuoie e lettini ne determinano infatti la rimozione dalla cute. Non dimenticate mai di portare un buon paio di occhiali, con lenti capaci di bloccare tutte le radiazioni pericolose. Sono da evitare unguenti a base di foglie di fico, bergamotto, cedro, limone, arancia, carota, sedano, finocchio, ruta.

Lampade e specchi Ricordate che è pericolosissimo fare più di 10 lampade abbronzanti l'anno e usare specchi o altri accessori per catturare una maggiore quantità di sole.

Per evitare le macchie Per non ritrovarvi con antiestetiche macchie sul viso e sul corpo, prima di esporvi al sole non usate cosmetici e profumi. Anche alcuni farmaci, come la pillola anticoncezionale, possono agire da fotosensibilizzanti: è bene chiedere consiglio al medico.

➽ *Vedi anche* **Epidermide**

Acari

Che cosa sono? Microscopici parenti dei ragni, appartenenti all'ordine degli Aracnidi, sono noti perché le loro feci provocano forti allergie, dette impropriamente 'allergie da polvere'.

In camera da letto La camera da letto è uno dei luoghi preferiti dagli acari, per cui è consigliabile foderare materassi e guanciali con fodere anallergiche. È sconsigliata la presenza di moquette, tappeti, peluche e di tutto ciò che può attirare polvere. È bene tenere d'occhio i filtri dell'aria condizionata che, accumulando molti residui, possono rimetterli in circolo quando si azionano. Usate spesso l'aspirapolvere, facendo attenzione quando cambiate il sacchetto raccoglitore. Poiché le muffe rappresentano una leccornia per gli acari, sarà bene provvedere ad aerare sempre gli ambienti e, alla prima avvisaglia di muffa, pulire accuratamente strofinandola con aceto di vino.

Pulizia, pulizia... Nel caso in cui un componente della famiglia sia allergico alle polveri è fondamentale che tutti gli ambienti domestici abbiano un clima secco e siano costantemente puliti, riducendo al massimo i possibili ricettacoli di polvere.

➽ *Vedi anche* **Allergie**

Acciaio inossidabile

Come pulire oggetti in acciaio Asciugate accuratamente l'acciaio dopo il risciacquo, se volete che mantenga tutta la sua brillantezza.

Evitate sempre gli abrasivi in polvere.

Per lucidare l'acciaio inossidabile strofinatelo con un giornale appallottolato: servirà ad asciugare e a lucidare contemporaneamente.

Posate e utensili in acciaio richiedono solo acqua calda e detersivo, ma se trovate qualche macchia scura la potrete eliminare coprendola con un po' di bicarbonato inumidito e poi strofinandola con un tappo di sughero.

Per l'acciaio dei fornelli e il lavello, ecco una ricetta economica ed ecologica per farli luccicare: una manciata di farina gialla, due gocce di ammoniaca e un po' di olio di gomito.

➽ *Vedi anche* **Macchie**

Aceto

Aceto bianco È utile per alcune macchie ed è un potente anticalcare.

Aceto di frutta come cosmetico Le nonne ne mettevano un paio di gocce nell'acqua per lavarsi oppure una tazza nella vasca da bagno. Ciò favoriva l'irrorazione sanguigna della pelle e la rendeva vellutata e rosea.

Come smacchiatore Mettetene un cucchiaio in mezzo litro d'acqua. Potete usarlo su tutti i tessuti, tranne che sugli acetati.

Per il bucato Aggiungete un bicchiere di aceto bianco all'acqua dell'ultimo risciacquo. L'aceto scioglie i residui alcalini dei detersivi e, in più, rende soffice e profumato il bucato.

Condire, conservare, curare... Le virtù dell'aceto sono molteplici. È ricco di sali minerali, facilita l'assorbimento delle vitamine e scioglie i grassi contenuti nei cibi, migliora la digestione perché stimola la secrezione dei succhi gastrici. Ma non solo in cucina: sciacqui, gargarismi, pediluvi, fumenti, inalazioni, irrigazioni, eccetera. E anche per pulire, smacchiare... L'aceto è davvero un prodotto milleusi!

➽ *Vedi anche* **Macchie, Smacchiatori**

Acetone

Attenzione alle fibre sintetiche Non usatelo su acetato e triacetato, modacrilico e raion. Su queste fibre potete sostituirlo con acetato di amile. Fate sempre una prova prima di procedere. È infiammabile e i vapori sono tossici.

Per togliere gli smalti È un solvente di smalti, usato spesso per togliere la lacca dalle unghie. Serve per togliere le macchie di vernice e di colla cellulosica.

➽ *Vedi anche* **Macchie**

Acido fluoridrico

Contro la ruggine In soluzione al 10%, è usato come smacchiatore per la ruggine. È un prodotto da maneggiare con cautela: è altamente tossico e corrosivo e deve essere usato in ambienti ben ventilati. A contatto con la pelle provoca gravi ustioni.

➽ *Vedi anche* **Macchie, Ruggine**

Acido muriatico

Fate molta attenzione L'acido muriatico (o acido cloridrico) è molto corrosivo e deve essere utilizzato con cautela, seguendo attentamente le istruzioni sulla confezione.

Molti usi Può essere utilizzato occasionalmente per la pulizia delle canalizzazioni idrauliche, per eliminare incrostazioni ribelli su sanitari, balconi e pavimenti in grès (soprattutto tracce di cemento), e in generale per superfici di pietra o cemento. L'acido muriatico è un componente di molti prodotti per la pulizia dei water, per togliere le incrostazioni di calcare, per sturare e pulire le canalizzazioni.

Acne

Arance contro la pelle grassa A tutte le giovanissime in guerra con i foruncoli: massaggiate ogni mattina la pelle, dolcemente, con una fetta di arancia. Elimina il grasso e tonifica.

Punti neri La pelle degli adolescenti presenta spesso quelle impurità chiamate 'punti neri', che diventano per molti una vera e propria preoccupazione estetica. Potete debellarli con bagni di vapore alla lavanda e al timo.

➽ *Vedi anche* **Epidermide**

Acqua

Come risparmiare questo bene prezioso È stato calcolato che mediamente una famiglia italiana consuma 140 litri di acqua il giorno, in gran parte utilizzata in bagno, per la lavatrice, per cucinare e per bere. Un bagno completo nella vasca necessita di circa 80 litri d'acqua, mentre per una corroborante doccia di non più di 5 minuti ne bastano circa 30 litri.

Non trascurate un rubinetto che perde: se perde 10 gocce il minuto, si sprecano e si pagano inutilmente 200 litri d'acqua il mese.

Non gettate via l'acqua della pasta: è un ottimo detergente per sgrassare i piatti prima di metterli nella lavastoviglie, mentre le vostre piante vi ringrazieranno se le annaffierete con l'acqua di cottura delle verdure (preventivamente raffreddata).

Evitate di lasciare i rubinetti aperti.

Applicate i frangigetto che dimezzano la fuoriuscita d'acqua e trattengono le impurità.

Per risparmiare un'incredibile quantità di acqua e di energia per riscaldarla, esiste in commercio un semplice dispositivo che potete installare da soli sui vostri rubinetti: si chiama 'aeratore a basso flusso'. Il normale flusso dell'acqua dai rubinetti è di 12-20 litri il minuto: installando questi aeratori non solo potete ridurre il flusso della metà, ma vi sembrerà addirittura maggiore, in quanto 'gonfiato' dall'aria mescolata. Per una famiglia di 4 persone il risparmio sarebbe di oltre 1000 litri di acqua il mese. Se 100 000 famiglie italiane installassero in casa gli aeratori si otterrebbe un risparmio annuo di 12 miliardi di litri d'acqua, che potrebbero dissetare molti centri abitati.

Un'altra piccola ma importante apparecchiatura da applicare ai rubinetti è il miscelatore 'freddo-caldo', che andrebbe applicato non solo alla doccia o alla vasca ma anche a tutti gli altri lavandini di casa. Il costo di questi ormai non rari apparecchi è ammortizzabile nel giro di appena un anno. Sappiate poi che il gabinetto tradizionale è piuttosto sprecone: ogni giro di maniglia consuma dai 22 ai 45 litri d'acqua. L'attuale standard definisce a basso consumo un gabinetto che usa 15 litri di acqua per ogni getto. Ma se qualcuno di voi, più attento e sensibile al risparmio energetico, vuole fare qualcosa in tal senso, è sufficiente che modifichi, piegandola leggermente (non più di 2-3 gradi), l'asticella del galleggiante all'interno del serbatoio d'acqua del water, per determinare una caduta idrica inferiore ai 10 litri.

La lavatrice e la lavastoviglie, che consumano tantissima acqua, vanno usate solo a pieno carico, quindi più raramente.

Come riconoscere se dal rubinetto esce acqua inquinata

- **Persistente colore dal giallo al marrone:** sono presenti composti ferrosi, probabilmente a causa del fatto che le tubature sono molto vecchie o non sono state usate per lungo tempo.
- **Odore di uova decomposte:** è in atto una contaminazione da batteri oppure un inquinamento da composti a base di zolfo. Questa acqua può causare dissenteria.
- **Particelle chiare in sospensione:** sono quasi sempre residui di calcare, che non è pericoloso per la salute, ma sgradevole di sapore. A farne le spese sono gli scaldabagno e gli elettrodomestici.
- **Sapore di cloro:** è appena stata effettuata una disinfezione dell'acqua nella vostra rete. Il cloro non è tossico, ma ha sapore e odore sgradevoli. Potete lasciar riposare l'acqua prima di utilizzarla. Di solito il fastidio è momentaneo.
- **Residui verdastri sulle pentole:** il rame delle tubature si è sciolto nell'acqua, in questo caso troppo dolce (cioè con poco calcare). Non ci sono pericoli per la salute, ma andrebbero cambiate le tubature.
- **Residui sabbiosi:** a volte può succedere che l'acqua depositata in contenitori per almeno mezza giornata riveli la presenza di granelli di sabbia sul fondo. Berla per lungo tempo può portare alla formazione di calcoli.
- **Residui simili ad alghe:** le tubature non sono state pulite da molto tempo o non è stata fatta una manutenzione adeguata all'autoclave.

Infine, un insolito ma importante consiglio rivolto sia alle coppie sia alle famiglie con bambini: fate la doccia o il bagno insieme. Non solo è più romantico per gli sposi, ma è anche più istruttivo per i figli, in materia di serena educazione sessuale. Nel frattempo avrete dimezzato il consumo domestico di acqua dovuto alle abluzioni giornaliere.

Anche la raccolta dell'acqua piovana non è un'idea sbagliata per il risparmio. In genere questa non è potabile a causa dell'inquinamento atmosferico, ma può essere usata per irrorare serre, giardini e per scarichi di gabinetto.

E l'acqua calda? C'è un grande spreco di acqua e di energia quando si apre il rubinetto e si lascia scorrere l'acqua in attesa che arrivi quella calda. Per questo motivo gli scaldabagno non dovrebbero essere sistemati a più di tre metri dai rubinetti.

Acqua calda e vapore per pulire Non è un modo di dire o un luogo comune, ma dobbiamo riscoprire l'acqua calda, anzi caldissima, perfettamente in grado di pulire e disinfettare pavimenti, piastrelle, marmi, suppellettili. Se all'acqua aggiungete un po' di alcol oppure un cucchiaio di aceto e sale, o mezza tazza di borace, otterrete un detergente migliore di qualsiasi blasonato detersivo disinfettante. I moderni apparecchi vaporizzatori che sparano vapore d'acqua oltre i 100 °C rappresentano uno dei migliori sistemi di detergenza e igienizzazione delle strutture casalinghe. Con questi apparecchi i tradizionali detersivi vengono finalmente soppiantati da un sistema di pulizia davvero ecologico.

➽ *Vedi anche* **Energia**

Acqua minerale

Saper scegliere La prima cosa che si deve apprendere dall'etichetta di una bottiglia d'acqua è che sia minerale 'naturale': un decreto definisce quest'acqua «offerta all'uso come scaturisce dalla sorgente».

Sono vietate tutte le manipolazioni e le addizioni, fatta eccezione per l'anidride carbonica (CO_2) che può essere aggiunta a volontà, senza cambiare la qualifica 'naturale'.

Sulle etichette di molte acque minerali si può leggere: «Può avere effetti diuretici e favorisce l'eliminazione dell'acido urico», ma questa è una virtù di qualsiasi acqua potabile, anche di quella del rubinetto.

Bisogna fare attenzione alle frodi, per esempio alle acque di rubinetto pompate con CO_2 e vendute al prezzo di 'minerale'.

Acqua minerale salutare Un'acqua ricca di bicarbonati e a basso contenuto di anidride carbonica è indicata contro l'acidità per chi soffre di gastrite. In caso di insufficienze digestive è indicata un'acqua solfata.

Acque con calcio sono utili al neonato e in alcune forme di osteoporosi.

Nelle persone che svolgono attività fisica, l'assunzione di buone quantità di acque bicarbonate riduce la fatica muscolare.

Una buona acqua dovrebbe contenere particelle minerali di ferro, zinco, rame, manganese, cromo, cobalto, molibdeno, iodio e selenio, mentre non dovrebbe assolutamente contenere piombo, cadmio, mercurio o arsenico.

➽ *Vedi anche* **Minerali**

Acqua ossigenata

Che cos'è? È un composto chimico che libera ossigeno e ha un'azione blandamente disinfettante. È utile sia per la pulizia di oggetti e superfici sia come smacchiatore per tessuti.

Per smacchiare Comprate acqua ossigenata a venti volumi e usatela diluita in tre-sei parti di acqua fredda: potete lasciare in ammollo qualsiasi tipo di tessuto (tranne il nylon e quelli che hanno subìto trattamento ignifugo) per un quarto d'ora circa, ma tenete sotto controllo l'effetto decolorante.

Solo i tessuti bianchi possono restare in ammollo per molto tempo. Aggiungete qualche goccia di ammoniaca se il tessuto è colorato, per accelerare l'azione (ma attenzione: niente ammoniaca per la lana e la seta!)

Acquaragia

Solvente per vernici È detta anche essenza di trementina, perché è ricavata per distillazione della trementina, che viene ottenuta dalla resina dei pini.

Come smacchiatore Non deve essere usata su acetati, triacetati, modacrilico e rayon: è bene dunque fare sempre un test preventivo.

È un prodotto infiammabile, nocivo per inalazione e per ingestione. Evitate il contatto con la pelle: nel caso, lavatevi abbondantemente.

Non gettate residui nelle fognature.

➽ *Vedi anche* **Macchie**

Acquerelli

Birra come diluente Se trovate i vostri acquerelli tutti secchi, potete recuperarli diluendoli con un po' di birra invece che con l'acqua e otterrete toni più brillanti e freschi.

Adesivi

Togliere le tracce I ragazzi appiccicano adesivi dappertutto: sui muri e sui mobili, sui vetri e sulle porte.

Ma quando decidono di toglierli c'è il rischio che rimanga una pellicola gommosa.

Per evitare l'inconveniente, prima di staccare gli adesivi, scaldateli con il phon per qualche minuto: la colla si ammorbidirà, facilitando così l'operazione.

Fate sparire le tracce rimaste passando velocemente alcol a 90°.

Afa

Un po' di ristoro in estate Rinfrescherete l'ambiente appendendo alla finestra degli asciugamani bagnati. Questi, asciugando, sottrarranno calore all'ambiente, equilibrando anche il tasso di umidità.

Afidi

Per combattere gli afidi Potete spruzzare le piante con acqua in cui si sia fatto sciogliere del sapone di Marsiglia o nella quale si saranno fatti macerare dei mozziconi di sigarette per un paio di giorni. Oppure tritate una decina di spicchi d'aglio e lasciateli in infusione per qualche giorno in un bicchiere d'acqua; filtrate e spruzzate sulle piantine.

Coccinelle Attenzione a non sterminare le simpatiche coccinelle sia adulte sia in larve: sono ottimi predatori di afidi e parassiti.

➽ *Vedi anche* **Piante**

Aglio

Mangiate aglio crudo Ha proprietà antimicrobiche.

Aglio come conservante Fagioli, ceci e altri legumi: per conservarli senza il pericolo che si deteriorino aggiungete uno spicchio d'aglio e qualche granello di pepe.

A marzo si potano le rose Dopo questa operazione, interrate vicino al roseto una piantina di aglio o direttamente alcuni spicchi di aglio sbucciato e vi assicuro che non avrete il problema dei pidocchi.

Contro i reumatismi

- L'aglio è usato anche come rimedio popolare per la cura dei dolori artritici e reumatici.
- Si schiacciano dieci spicchi di aglio in mezzo bicchiere di olio di oliva e si mescola energicamente.
- Si utilizza l'unguento massaggiando le parti doloranti.

Agrumi

Profumo per un anno Nel pieno della stagione invernale, quando più fragranti sono gli agrumi, potete fare una scorta del loro profumo.

Dopo aver accuratamente lavato i frutti (non trattati con pesticidi), asportate e conservate la parte esterna della buccia, quella colorata.

Tagliate le bucce a striscioline molto sottili e mettetele in vasi di vetro, alternando strati di bucce a strati di sale. Ponete per ultimo uno strato di sale e chiudete il vaso con un tappo ermetico.

Avrete così a disposizione per molti mesi tutto l'aroma degli agrumi, che potrete usare per la cucina (per pollame e dolci) e per profumare gli ambienti (inumidire e riscaldare).

Più succo Tutti gli agrumi daranno più succo se prima di spremerli li lasciate per pochi minuti nel forno a microonde.

Alabastro

Se è ingiallito Per ridare luminosità all'alabastro ingiallito e un po' opaco potete provare a strofinarlo con un panno morbido imbevuto di essenza di trementina (acquaragia); poi asciugatelo e passate con un panno di lana.

Contro le macchie resistenti L'alabastro può essere trattato con allume in polvere: se però si tratta di macchie di grasso potete tamponare con benzina, cospargere di talco e lasciare riposare finché la macchia è assorbita.

Albero di Natale

Ripiantarlo dopo le feste Gli abeti rossi con radici richiedono attenzione e cura affinché possano ritornare, terminate le feste, al loro habitat naturale.

L'ideale perciò sarebbe, già verso l'Epifania, organizzare una bella passeggiata in montagna per ripiantare l'alberello.

Durante le vacanze natalizie l'abete rosso va inumidito ogni giorno con un litro d'acqua per ogni metro di altezza, umidificando anche la punta ed evitando di tenerlo vicino a fonti di calore.

No agli abeti nani Se siete buoni ecologi rifiutatevi di acquistare gli abeti nani o quelli con radici sterilizzate; piuttosto collaborate alla distruzione di questo mercato abusivo. Meglio acquistare pini artificiali, che, oltre a costare meno, non sporcano, non richiedono cure, e possono essere riaddobbati per molti anni. Così facendo, non solo viene mantenuta la tradizione natalizia, ma vengono salvati milioni di abeti rossi.

Albicocche

Vitamine e minerali Ricche di betacarotene e potassio, con una piccola riserva di calcio e vitamina C, poverissime di calorie (un etto ne ha solo 28): tutte buone ragioni per fare scorpacciate di albicocche.

Prendete tre piccole albicocche, pesatele: scoprirete, molto probabilmente, che si aggirano attorno ai 100 grammi. Significa che in quelle albicocche si trovano 360 microgrammi di vitamina A, in forma di betacarotene. La vitamina A è quella che fa bene alla vista, ai denti, alle ossa e, cosa che la rende ancora più interessante in estate, protegge la pelle; evita le scottature quando si sta al sole, favorisce la formazione di melanina, rende l'abbronzatura più uniforme e durevole. Basteranno 200 grammi di albicocche il giorno (non a digiuno ma con un bicchiere di latte o uno yogurt, in modo da assimilare tutta la vitamina) per coprire il fabbisogno giornaliero di vitamina A.

➤ *Vedi anche* **Vitamine**

Alimentazione

Alimentazione semaforo I medici consigliano un'alimentazione semaforo! Ogni giorno dobbiamo mangiare frutta e verdura gialla, rossa e verde. Le loro vitamine tengono pulite le arterie. Cibo 'rosso' per la C: peperoni, pomodori, agrumi. Cibo 'giallo' per il betacarotene in carote, albicocche, melone. Cibo 'verde' per la E: lattuga e verdure a foglia in genere.

Alimentazione dei bambini Pranzo e cena devono fornire il 30-35% delle calorie totali.

Lo spuntino di metà mattina, se preceduto da una ricca colazione, dev'essere leggero.

La merenda del pomeriggio può essere a base di pane e marmellata, prodotti da forno, o frutta, in modo da garantire il 15-20% delle calorie giornaliere. Come per noi adulti, le calorie necessarie al bambino, per quanto riguarda i carboidrati, vanno fornite tramite pane, pasta, riso, evitando gli eccessi di dolciumi. I grassi non devono costituire più del 30% delle calorie totali e le proteine il 15-20%.

Alimentazione dello studente Gli elementi nutritivi da tenere sott'occhio durante la pubertà sono latte, yogurt e formaggi, essenziali per l'apporto di calcio (necessario allo sviluppo della struttura ossea). Altro apporto irrinunciabile è quello dello iodio, che deve essere assicurato dalla presenza nella dieta, almeno 2 volte la settimana, di pesce di mare.

Nell'alimentazione dello studente, infine, devono essere presenti frutta (2 o 3 frutti il giorno) e verdura (almeno 3 porzioni).

Ricordate anche che la regolarità intestinale si preserva e si mantiene con le fibre e perciò con la giusta dose di cibi integrali.

Le regole alimentari sono quelle di sempre. 4-5 appuntamenti precisi: prima colazione abbondante; spuntino nell'intervallo scolastico, calibrato in relazione all'orario del pasto successivo e variato nel tipo (frutta, cracker, panino, yogurt, merendina); pasto di mezzogiorno nutriente, proporzionato alle esigenze di studio e sport; spuntino; cena leggera.

Alimenti e stagioni Che senso ha comprare delle fragole, tanto insapori quanto costose, a Natale? E le arance di un giallo pallido in estate? Impariamo a regolare le nostre abitudini alimentari, a sintonizzarci con le stagioni. Oltre a giovare al portafoglio, questa attenzione tutelerebbe anche la salute. I prodotti fuori stagione, infatti, arrivano da serre spesso piene di pesticidi o dalle camere di maturazione dove sono trattati con prodotti chimici. Al momento dell'acquisto, scegliete i prodotti regionali che hanno perso meno vitamine durante il trasporto.

Colazione e auto Chi fa colazione viaggia più sicuro in auto. Questo risulta dalla valutazione di più di 1000 incidenti: chi non fa colazione ha una bassa concentrazione di zuccheri nel sangue e reagisce perciò più lentamente.

➽ *Vedi anche* **Minerali, Vitamine**

Allergie

Reazioni allergiche crociate Alcuni vegetali contengono proteine molto simili agli antigeni presenti nei pollini. In particolari situazioni di crisi allergica, in alcuni soggetti questi alimenti possono provocare delle reazioni, in concomitanza con la presenza nell'aria dei pollini corrispondenti. Queste reazioni allergiche, dette 'crociate', si manifestano con prurito e gonfiore delle labbra e del cavo orale.

Raffreddore da fieno Chiamato anche 'pollinosi', il raffreddore da fieno è un'allergia da polline che si manifesta con starnuti, lacrime e addirittura asma. Torna di attualità ogni anno in primavera, quando l'aumento della temperatura favorisce la maturazione, e quindi la dispersione nell'aria, dei pollini. Nella tabella 'Allergie ai pollini' di pag. 15 sono elencate le piante che rilasciano pollini particolarmente allergenici.

Le reazioni 'crociate' più comuni

- **Assenzio:** sedano.
- **Betulla, nocciolo, ontano:** albicocca, carota, ciliegia, finocchio, fragola, kiwi, lampone, mandorla, mela, nespola, nocciola, pera, pesca, prezzemolo, prugna, sedano.
- **Ambrosia, artemisia:** banana, camomilla, carota, castagna, cicoria, finocchio, margarina, miele, olio di girasole, pepe verde, prezzemolo, sedano, tarassaco.
- **Graminacee:** agrumi, albicocca, anguria, arachidi, ciliegia, frumento, kiwi, mandorla, melone, pesca, pomodoro, prugna.
- **Parietaria:** basilico, ciliegia, gelso, melone, ortica.

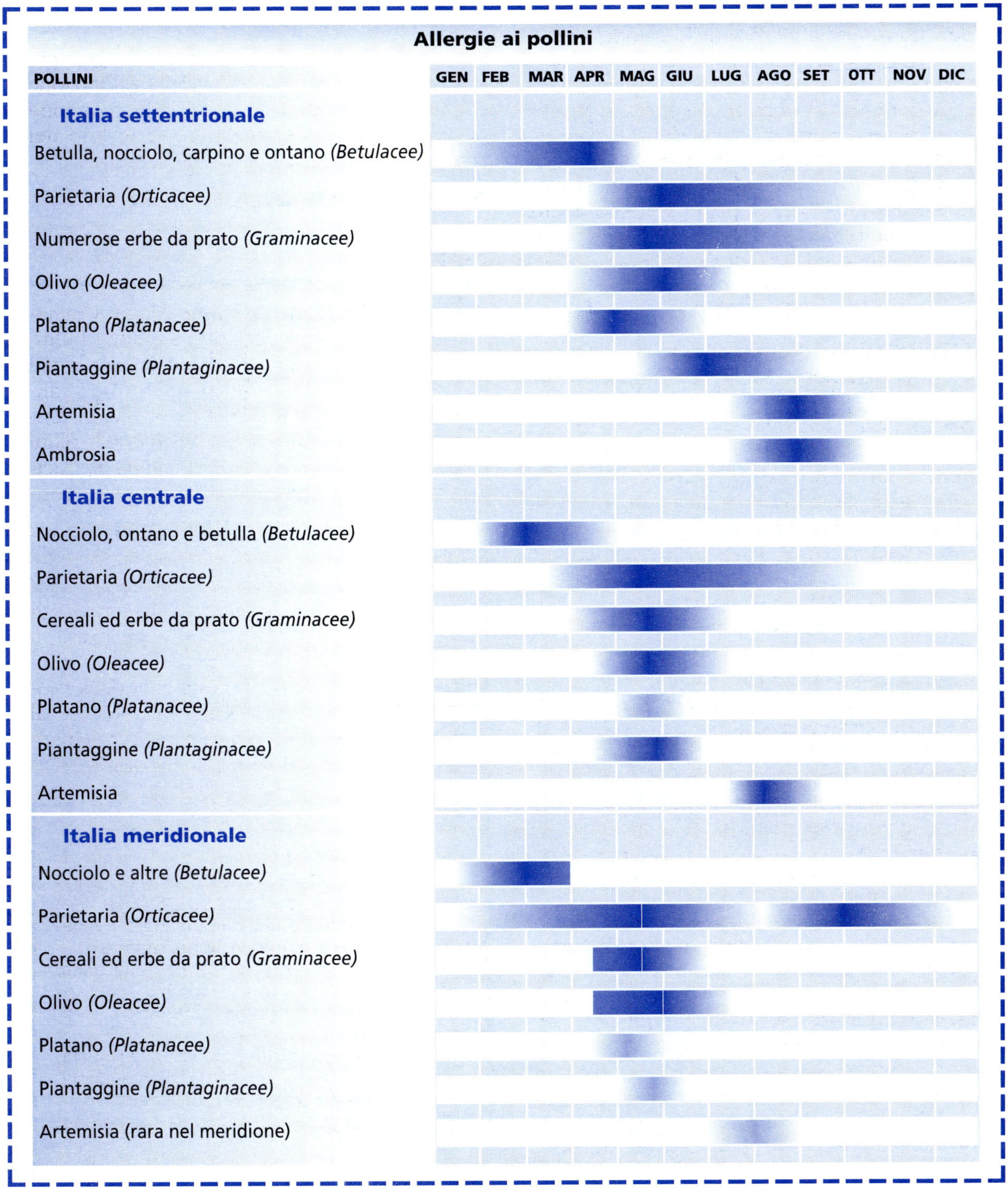
Allergie ai pollini
POLLINI
GEN FEB MAR APR MAG GIU LUG AGO SET OTT NOV DIC
Italia settentrionale
Betulla, nocciolo, carpino e ontano (Betulacee)
Parietaria (Orticacee)
Numerose erbe da prato (Graminacee)
Olivo (Oleacee)
Platano (Platanacee)
Piantaggine (Plantaginacee)
Artemisia
Ambrosia
Italia centrale
Nocciolo, ontano e betulla (Betulacee)
Parietaria (Orticacee)
Cereali ed erbe da prato (Graminacee)
Olivo (Oleacee)
Platano (Platanacee)
Piantaggine (Plantaginacee)
Artemisia
Italia meridionale
Nocciolo e altre (Betulacee)
Parietaria (Orticacee)
Cereali ed erbe da prato (Graminacee)
Olivo (Oleacee)
Platano (Platanacee)
Piantaggine (Plantaginacee)
Artemisia (rara nel meridione)

Alluminio

Un nuovo splendore Un metodo casalingo per ridare brillantezza alle pentole d'alluminio che hanno perso il loro splendore: passarle con un po' di olio e poche gocce di alcol denaturato; poi lucidare con un panno di lana.

Per togliere la patina bianca Per togliere le macchie di calcare, fate bollire una soluzione debolmente acida (per esempio acqua con bucce di limone).

Se i cibi si sono bruciati Se ci sono alimenti carbonizzati in pentole di alluminio, riempitele di acqua e portatele a ebollizione, quindi grattate con una spatola di legno.

Non dimenticate gli alimenti Non lasciate a lungo i cibi nelle pentole di alluminio.

➹ *Vedi anche* **Pentole**

Amianto

Occorre un intervento esterno Se in casa riscontrate crepe su una struttura in amianto, non toccate l'oggetto ma ricorrete al servizio sanitario di zona per l'immediata rimozione, incapsulamento e sigillatura del manufatto.

Attenzione! Nel caso in cui l'intervento della struttura pubblica dovesse tardare di qualche giorno, potete agire da soli rispettando alcune norme: indossate una tuta di plastica che poi andrà gettata; ricoprite con sacchetti di plastica le scarpe; usate guanti di gomma da cucina e la mascherina; indossate un cappello; cospargete di acqua e sapone la struttura d'amianto incriminata. Quando il tutto sarà asciutto, trattate le superfici con vernice a smalto, oppure con collanti sintetici o con lacche spray: questo serve a bloccare l'eventuale rilascio di fibre, in attesa comunque dell'intervento risolutivo di personale specializzato.

➹ *Vedi anche* **Casa ecologica**

Ammoniaca

Molti usi L'ammoniaca è utile per togliere alcune macchie e per la pulizia generale di molte superfici, grazie al suo forte potere sgrassante.

Si usa diluita in acqua nella misura di 1 a 6. Non usatela mai pura.

Fate sempre una prova, perché l'ammoniaca può intaccare le tinture dei tessuti: sciacquate bene la parte dopo l'applicazione.

I vapori sono tossici Lavorate in un ambiente ben ventilato: i vapori possono produrre allergie e intossicazioni; evitate il contatto con la pelle e gli occhi.

➹ *Vedi anche* **Macchie**

Ammorbidenti

Limitatene l'uso Non fate largo uso degli ammorbidenti: in 5 kg di biancheria rimangono fissati 5 g di tensioattivi cationici, che non sono del tutto raccomandabili per la nostra pelle: rilasciano i famigerati radicali liberi.

Come sostituirli In sostituzione degli ammorbidenti usate un po' di balsamo per capelli: il risultato sarà identico.

Ananas

Digestivo Anche se l'accostamento può sembrare insolito, questo gustoso ed esotico frutto si accompagna molto bene ai piatti a base di carne: infatti contiene un enzima, l'ananase, che stimola la digestione della carne stessa ed è un ottimo decongestionante.

Una pianta di ananas in casa Dall'ananas si può facilmente ricavare una bella piantina: se ne acquistate uno, tenete il ciuffo verde, lasciandolo attaccato a un pezzo di polpa di circa 5 cm. Interratelo in un vaso con terriccio umido e coprite con sabbia asciutta.

Lasciate 'bere' la pianta dal sottovaso. Vedrete che il ciuffo si arricchirà di nuove foglie: iniziate a innaffiare regolarmente e appena cresce un po' trasferite la nuova piantina in un vaso adeguato.

Antitarme

Se usate canfora e naftalina Racchiudete le palline in sacchetti o pezze di cotone dopo averle appoggiate su cotone idrofilo; non tenetele a contatto con la biancheria.

Se volete degli antitarme naturali Chiodi di garofano, fiori di lavanda essiccati, foglie d'alloro, pepe in grani e scorza di agrumi (limone, arancia, cedro) essiccata: sono ottimi antitarme dal profumo gradevole. Avvolgeteli in sacchetti, quindi metteteli nelle tasche di giacche e cappotti e tra le maglie di lana.

Anziani

Misure di sicurezza per gli anziani in casa Ricordate loro di usare il bastone sui terreni irregolari e di usare scarpe basse.

Se in casa ci sono gradini, ricopriteli con una stoffa ruvida o antisdrucciolo.

Controllate che i corrimano siano ben fissati per tutta la lunghezza e su entrambi i lati della scala.

Assicurate la tenuta a terra dei tappeti con una griglia antisdrucciolo.

Garantite una buona illuminazione.

Scegliete poltrone e divani di altezza tale da facilitare l'accomodamento della persona anziana e il suo rialzarsi.

➺ *Vedi anche* **Sicurezza**

Argento

Come conservarlo al meglio Prima di riporre l'argenteria assicuratevi che sia asciutta. È meglio lasciarla all'aria per alcune ore dopo averla lavata o lucidata: l'umidità infatti può ossidare l'argento.

Ricordate di lavare gli oggetti d'argento il più presto possibile se sono stati a contatto con uova, olive, condimenti per insalata, aceto e cibi molto salati. Questi cibi, e specialmente le uova e il sale, ossidano rapidamente l'argento.

Non dimenticate di mettere un pezzo di gesso nel luogo in cui è conservata l'argenteria, per assorbire l'umidità e impedire che si ossidi.

Prodotti in commercio e alternative Molti prodotti pulisci-argento contengono sostanze pericolose per la pelle e per i nostri polmoni. Questi prodotti possono essere sostituiti avvolgendo gli oggetti d'argento nei fogli d'alluminio che usate in cucina.

Mettete il tutto in acqua bollente con sale in abbondanza. Lasciate una notte e al mattino brilleranno.

Per gli oggetti cesellati, i più preziosi, passate nelle incisioni uno spazzolino da denti molto morbido.

Se avete da pulire un oggetto d'argento, immergetelo per qualche ora nell'acqua di cottura delle patate sbucciate; poi sciacquate, asciugate e lucidate con un panno morbido.

Importante, perché gli oggetti d'argento non anneriscano: riponeteli nei cassetti con pezzettini di canfora, oppure avvolgeteli in carta di alluminio.

Ricordate anche che per pulire l'argenteria potete usare un po' di bicarbonato con cui strofinerete gli oggetti con un panno.

Argenteria pulita con l'acqua di cottura Ecco un utilizzo dell'acqua di cottura degli spinaci che non avreste mai immaginato. Immergetevi i pezzi di argenteria da pulire e lasciateceli per una decina di minuti. Quindi estraeteli e asciugateli con un panno morbido: i vostri argenti brilleranno.

➺ *Vedi anche* **Macchie**

Armadi

Odore di chiuso Per togliere l'odore di chiuso sistemate nel vostro armadio alcuni sacchetti di lino o di garza contenenti bulbi di giglio essiccati o mele cotogne o mandarini steccati con chiodi di garofano o foglie d'eucalipto.

Odore di muffa Per eliminarlo usate chiodi di garofano chiusi in un sacchettino.

Segni di umidità Se l'interno dell'armadio presenta segni di umidità, appendete in un angolo una decina di comuni gessetti per lavagna, legati a mazzetto e avvolti in una tela sottile; oppure appoggiate un recipiente chiuso, ma con il coperchio bucherellato, contenente polvere di caffè e carbonella o gesso e carbonella: assorbiranno l'umidità.

Asciugamani

Come pulire asciugamani e teli da spiaggia Lasciate per qualche ora i teli da spiaggia stesi all'aria finché non sono perfettamente asciutti, quindi sbatteteli per togliere tutta la sabbia che si è imprigionata nella spugna.

Poi mettete a bagno gli asciugamani in acqua e aceto (3 cucchiai di aceto per ogni litro di acqua) per circa due ore, in modo da eliminare il sale dell'acqua di mare. Potete togliere eventuali macchie di catrame con olio di oliva.

A questo punto insaponate con sapone di Marsiglia e completate il lavaggio in lavatrice (sarà sufficiente un lavaggio breve e a bassa temperatura).

Automassaggio

Brushing Un metodo per rivitalizzare la pelle è il *brushing*, o spazzolatura a secco.

Procuratevi delle spazzole morbide in setola naturale e passatele su tutto il corpo. I movimenti saranno più energici su gambe, braccia e schiena e più delicati su addome e seno.

Dopo il *brushing* (utilissimo per asportare le cellule morte e come massaggio) la pelle deve essere calda e leggermente arrossata: è il segno che la circolazione è migliorata e che la pelle respira di più.

➽ *Vedi anche* **Epidermide**

Automobile

Anticongelante Per confezionarvi da soli un ottimo ed efficace anticongelante potete usare acqua e glicerina in parti uguali.

Antiappannante Potete ottenere un ottimo effetto antiappannante passando sul vetro una patata tagliata a metà.

Potete anche preparare una soluzione da passare sui vetri con un cucchiaio di silicone liquido mischiato a tre tazze d'acqua.

Morsetti della batteria Se i morsetti della batteria della vostra automobile sono corrosi, strofinateli con bicarbonato di sodio e acqua.

Immergendo i morsetti della batteria in una bibita gassata a base di cola se ne previene la corrosione. Prima di richiudere il cofano, però, ungeteli con un po' di vaselina, così li preserverete dall'ossidazione.

Parabrezza Tenete nel baule dell'automobile un sacchetto di sale da cucina: vi sarà utile quando il parabrezza sarà ricoperto di ghiaccio. Basterà spargerne un pochino sul vetro e il ghiaccio verrà sciolto.

Pneumatici Prima di partire per le vacanze è indispensabile controllare lo stato delle ruote. Per capire quanto battistrada è rimasto, infilate una moneta da 50 lire in una scanalatura. Se compare la scritta 'Repubblica Italiana' è ora di cambiare il pneumatico.

Detergente per i vetri

- I fastidiosi mille insetti appiccicati sul vetro della macchina dopo un viaggio in autostrada possono essere rimossi facilmente.
- Mettete in una ciotola un intero flacone di acqua distillata, un cucchiaino di sapone liquido, 20 ml di alcol e 10 ml di glicerina.
- Frullate e versate in una bottiglia.
- Con una piccola quantità di questo prodotto versata su un panno, si rimuoveranno dal vetro le fastidiose impurità.
- Ripassate il parabrezza con aceto bianco.

B

Bagno
Balconi
Bambini
Barba
Barbecue
Basilico
Battiscopa
Benzina
Biancheria
Bianco di Spagna
Bicarbonato di sodio
Biodegradabilità
Borace
Borsa dell'acqua calda
Borse
Bottiglie
Botulismo
Brillantante
Bronzo
Bruchi
Brufoli
Bucato

Bagno

Pulizia I detergenti per il bagno sono efficaci ma possono corrodere lo smalto, rendendolo poroso e quindi addirittura più ricettivo allo sporco. Per togliere le macchie, applicate sui punti da pulire un miscuglio di scorza grattugiata e succo di limone. Lasciate agire un paio d'ore, poi fate scorrere a lungo l'acqua.

La rubinetteria sulla quale si è depositato il calcare ritorna pulita avvolgendola con un panno precedentemente imbevuto con aceto e limone. Lasciate agire durante la notte: la mattina risciacquate e tutto brillerà come nuovo.

Il tubo di scarico si può disincrostare ecologicamente con l'acqua di cottura delle patate.

Provate a pulire i sanitari del bagno sfregandoli con limoni tagliati a metà: in un baleno spariranno incrostazioni di calcare e macchie. E dopo un bel risciacquo con abbondante acqua fredda, la ceramica brillerà.

Per un buon profumo Spruzzate un po' del vostro profumo preferito su una lampadina. Accendendo la luce, il calore farà sprigionare il profumo.

➽ *Vedi anche* **Macchie**

Balconi

Sale per pulirli Durante l'estate avete trascurato un po' i balconi? Cospargeteli di sale fino e strofinateli con una scopa di saggina o con uno scopino: ritorneranno pulitissimi.

Lo stesso sistema si può usare quando sono troppo sporchi per lo smog, durante l'inverno.

Bambini

Bagno L'acqua del bagnetto deve avere una temperatura pari a quella corporea.

Il suo livello non deve superare l'altezza dei fianchi del bambino quando è seduto.

Se il bambino è molto piccolo, la mamma deve sostenergli la testa con una mano e con l'altra lavarlo.

Il bambino non va mai lasciato solo mentre sta facendo il bagno.

Incidenti in bagno Creme, tinture e smalti vanno tenuti in un luogo sicuro e possibilmente inaccessibile. Lo stesso vale per i medicinali, per le forbicine e per i rasoi che fanno venire voglia di imitare il papà quando si rade.

Un intelligente modo per far capire ai bimbi il rischio di ciò che scotta consiste nel far loro sfiorare l'acqua calda.

È buona abitudine anche assicurarsi sempre della perfetta integrità degli specchi.

Una cameretta a misura di bambino La maggior cura va riservata ai materiali con cui si verniciano le pareti e con cui si tratta il pavimento. Nel primo caso la migliore è sempre la tempera ad acqua, nel secondo il legno, badando che tutti i listelli siano perfettamente aderenti e senza possibili schegge. Sono invece da evitare le moquettes, le tende e i tappeti.

Le lampade sul comodino possono essere un rischio: meglio piccole luci 'antipaura' da inserire direttamente nelle prese di corrente. Queste ultime, tra l'altro, devono essere sempre protette con appositi copripresa quando non sono utilizzate e non devono comunque avere prese doppie o multiple.

Il letto e il materasso vanno scelti con cura: sono preferibili quelli non in grado di catturare radiazioni elettromagnetiche, cioè le reti con le doghe in legno e i materassi senza molle.

Gli interfono, microfoni amplificatori, possono produrre elettrostress; i loro trasformatori, che creano forti campi elettromagnetici, dovranno dunque essere sostituiti con altri che producono campi deboli.

Oggetti pericolosi Gli elettrodomestici rappresentano uno dei pericoli più frequenti: la mamma li usa, li apre, li fa funzionare e i bambini, incuriositi, vorrebbero conoscerne gli affascinanti segreti. Sta a voi mantenere una certa distanza tra vostro figlio e questi attrezzi da lavoro, inculcando nel piccolo una sorta di disciplina e, soprattutto, imparando a effettuare tanti piccoli controlli giornalieri.

Casa sicura per i bambini

- Prestate molta attenzione a tutte le confezioni, in flacone o in tubetto, che hanno la chiusura di sicurezza: non permettete mai ai vostri bambini di aprirle.
- Lasciate sempre i prodotti tossici nella confezione originale.
- Non travasate mai un liquido tossico in recipienti destinati a usi diversi, in particolare se si tratta di recipienti per bevande (per esempio le bottiglie d'acqua minerale).
- Durante l'uso, tenete i prodotti tossici lontano dalla portata dei bambini.
- Riponete in luogo sicuro i recipienti dopo l'utilizzo ed eliminateli quando non sono più necessari.
- Tenete sotto chiave i detersivi e i coltelli e fuori dalla loro portata i vasi di vetro.
- Non mettete mai sostanze tossiche negli scaffali o nelle credenze dove tenete i cibi, ma soprattutto chiudetele a chiave in appositi mobiletti, in alto: non dimenticate che per un bambino è facile prendere una sedia e arrivare in alto.
- Riponete sempre i prodotti d'uso domestico (detersivi, sbiancanti, ammoniaca, candeggina) in armadietti con chiusura di sicurezza.
- Tra i prodotti di uso domestico non perdete di vista gli igienizzanti e i deodoranti per wc: i bambini sono attratti da questi oggetti che vengono sistemati nella tazza del wc; è bene quindi seguire sempre i vostri piccoli quando si recano in bagno.
- Non lasciate in giro i ferri per la maglia: semmai infilateli su un tappo di sughero.

Controllate periodicamente i cavi degli elettrodomestici e provvedete a isolarli o a sostituirli quando sono deteriorati.

Tenete lontano dal bambino oggetti pesanti, di vetro, appuntiti, taglienti o troppo piccoli, perché potrebbe inghiottirli.

Attenzione ai sacchetti di plastica, specie se trasparenti: possono costituire un grave pericolo se il piccolo se li infila in testa e poi non riesce a liberarsene.

Per stimolare la creatività Lasciate da parte i giochi complicati e regalate loro, per esempio, una lavagnetta e dei gessi colorati; non c'è nulla di più entusiasmante per un bimbo che giocare con i colori.

Fate attenzione ai pennarelli e preferite quelli ad acqua, perché non sono tossici (ricordate che più sono maleodoranti, più fanno male).

Insegnate al bambino a telefonare I bambini dovrebbero imparare a telefonare il più presto possibile e avere una propria guida telefonica. Nella prima pagina ci dovrebbero essere i numeri di polizia e pompieri, poi quelli di parenti e amici con le foto incollate a lato.

In questo modo anche un bambino che non sa ancora leggere può sapere quale numero deve comporre.

Malanni invernali dei bambini Con l'avvicinarsi dell'inverno i bambini, soprattutto quelli piccoli che vivono in città, si ammalano di raffreddori, bronchiti, febbriciattole. Alcune semplici regole di prevenzione aiutano a tenere alla larga virus e batteri.

Non fumate in presenza dei bambini e non portateli a spasso in mezzo al traffico.

Non copriteli troppo per evitare che sudino: gli sbalzi di temperatura, infatti, predispongono ai mali di stagione. È meglio vestirli a strati, in modo che si possano togliere felpe o maglioni quando si trovano in ambienti molto riscaldati.

Curate molto la pulizia delle mani, che spesso i bambini mettono in bocca, e del naso (una mucosa nasale perfettamente pulita è, infatti, meno a rischio di infezioni).

Abituateli a usare i fazzolettini di carta e a buttarli via dopo una sola soffiata di naso. Quelli di tessuto possono, infatti, trasformarsi in un 'serbatoio' di microbi.

Controllate l'alimentazione: in particolare fate consumare cibi freschi e una buona dose di frutta e verdura.

Neonato in vacanza Tenete il vostro piccolo all'ombra delle pinete e fate passeggiate nell'entroterra vicino alle spiagge. L'esposizione al sole deve essere molto lenta e progressiva, a partire da qualche minuto fino a un massimo di mezz'ora, comunque mai nelle ore in cui il sole è 'a rischio' e cioè dalle 11 alle 17. Se volete andare in montagna, ricordate che non è bene che il bambino soggiorni in località al di sopra dei 1200 m; potrà superarli intorno ai 4 anni, per giungere ai 2000 m solo dopo i 7 anni.

Poppatoi, meglio la bollitura Fareste bene a rinunciare senza indugio alla 'sterilizzazione a freddo' dei poppatoi. È sufficiente sfregarli con sale e farli bollire per almeno 10 minuti.

Fiori e piante pericolose Insegnate al piccolo a non mettere mai in bocca parti di fiori o di piante: molte specie, infatti, anche fra le più comuni, hanno foglie velenose, così come semi e bacche. Tra questi ricordiamo: i rami e le foglie di oleandro, del sambuco, i fiori di mughetto, la digitale, le azalee, il rododendro e l'alloro. Anche le bacche del vischio, dell'agrifoglio e del tasso sono pericolose, così come le foglie e i fiori della poinsezia (o stella di Natale) e del rabarbaro.

Vetri: misure di sicurezza Capita anche ai grandi di andare a sbattere contro le porte di vetro. Per evitare che questo succeda ai bambini, attaccate sul vetro un pezzo di nastro adesivo colorato all'altezza degli occhi: il bambino si accorgerà quando la porta è chiusa.

Se avete un pianoforte Per evitare che il bambino si schiacci le dita mettete un tappo alle due estremità della tastiera. Se il coperchio dovesse richiudersi le dita saranno salve.

Il bambino troppo indipendente Se il vostro bambino cerca di sgusciare fuori casa quando non lo state guardando, provate il vecchio trucco del campanello. Legate un campanellino alla porta. Sentirete quando la porta si apre.

Lettino da viaggio fai-da-te Se dovete fare un viaggio con un neonato e non volete trascinarvi in giro la culla, usate una piccola piscina di plastica gonfiabile. Gonfiatela e copritela con un lenzuolino.

Imboccare i bambini «Non imboccate mai un bambino sdraiato. In questo modo potrebbe contrarre un'infiammazione all'orecchio», avvertono i medici americani, perché il liquido può affluire dalla cavità orale all'orecchio.

Ingoiare una pastiglia Se il bambino ha difficoltà nell'ingerire una pastiglia, mettetegliela in un cucchiaino di succo di mela.

Per togliere una spina dal dito Fategli tenere il dito a bagno per qualche minuto nell'olio. La spina uscirà facilmente. Potete anche applicare al dito un cubetto di ghiaccio per qualche minuto: la parte resterà come anestetizzata e potrete toglierli la spina senza fargli male. Terminata l'operazione, dategli un bel bacio e l'incidente sarà dimenticato.

Per togliere un cerotto senza fargli male Strofinate il cerotto con un batuffolo di cotone imbevuto di olio. Si staccherà senza dolore.

Quando gioca con vernice o colla Se il bambino sta usando della vernice o della colla, per evitare che la rovesci fate un buco in mezzo a una spugna e infilatevi il vasetto. La spugna gli impedirà di rovesciarsi.

Gomma da masticare nei capelli Spalmate i capelli con della normale crema detergente. Fate passare più volte tra le ciocche, dalla radice alla punta, un asciugamano asciutto. Oppure spalmate la ciocca con una noce di burro, massaggiate la gomma con i polpastrelli finché la gomma si sarà ammorbidita e toglietela con un fazzolettino di carta.

Un'occhiata ai girelli In Italia ogni anno si vendono circa 200 000 girelli, ma nessuno avrebbe mai immaginato che questi strumenti per insegnare a camminare fossero oggetti pericolosi. A questa conclusione sono pervenute importanti aziende europee del settore, in collaborazione con pediatri e traumatologi, che hanno condotto un'inchiesta analizzando le circostanze e le cause di circa 6000 incidenti causati dai girelli. Nella maggior parte gli incidenti sono provocati dalla velocità dei girelli (fino a 10 km/h): il bambino spostandosi da una stanza all'altra può sbattere contro sedie, tavoli, armadi causando anche la caduta di oggetti.

Inoltre, contrariamente a quanto si pensa, il girello non aiuta a camminare prima, perché il seggiolino interno è troppo basso e poi perché i bambini al di sotto dei 6-7 mesi non hanno ancora una struttura muscolare e scheletrica adeguata, soprattutto in riferimento ai meccanismi di appoggio di piedi, ginocchia e anche. Le alternative potrebbero essere piccoli carrelli con quattro rotelline dotate di un manico, oppure i giocattoli a forma di automobile o di trenino, che il bambino spinge appoggiando i piedi per terra.

Barba

Come radersi Invece della tradizionale schiuma da barba, si può scegliere un gel: è un'emulsione più omogenea, che idrata in profondità la pelle e si stende in modo più efficace, perché non richiede l'uso del pennello.

È indispensabile, poi, radersi dal basso verso l'alto: il contropelo evita che i peli si incarnino e, se eseguito con una buona lama, li sollecita, ritardandone la crescita.

Dopo essersi rasati Dopo aver sciacquato il viso con acqua fredda, si può stendere il dopobarba, purché non sia a base di alcol o profumo, che irritano la pelle.

In alternativa si può usare un tonico. Infine, un velo di crema idratante. Ma se i peli tendono a incarnirsi è meglio scegliere un'emulsione a base di acido retinoico.

Schiuma da barba Avete finito la schiuma da barba? Ecco la soluzione: versate qualche goccia di shampoo neutro in una tazzina e mescolate energicamente con un pennello.

Barbecue

Accendere la carbonella Avete in programma un barbecue con gli amici? Per accendere più velocemente la carbonella, usate per qualche minuto il getto d'aria dell'asciugacapelli, tenuto al minimo: avrete braci perfette.

Due sistemi per pulire la griglia Per pulire la griglia avvolgetele intorno il più strettamente possibile un foglio di carta stagnola pesante, con la parte lucida all'interno. Quando la carbonella è quasi al punto di massimo calore, appoggiateci sopra la griglia per 10 minuti. Togliete la carta stagnola; le incrostazioni di cibo e di grasso bruciacchiato dovrebbero staccarsi, lasciando la griglia pulita e brillante. Prima di usare la griglia del barbecue, spalmatela abbondantemente con olio di semi.

Un altro sistema rapido ed efficace per pulire la griglia, fredda o calda che sia, è quello di versarvi sopra del caffè avanzato. Asciugate la griglia e rimarrete sorpresi dai risultati.

Basilico

Per conservarlo Pulite le foglie e fatele asciugare, poi disponetene uno strato sul fondo di un vasetto di vetro, aggiungete un po' di sale marino, un po' d'olio e via con un altro strato. Conservate al fresco, al riparo dalla luce.

Crudo o cotto? Con la cottura del basilico si ha la formazione di estragolo, ritenuto una sostanza cancerogena.

Oltre a evitare la cottura, non mettete foglie di basilico nelle bottiglie di pomodoro fresco preparato per l'inverno.

Battiscopa

Meglio quelli con scanalature interne Per non avere fili elettrici o del telefono volanti, sostituite i vecchi battiscopa con quelli dotati di scanalature interne per il passaggio dei fili.

Benzina

Vapori molto tossici È il nome dato comunemente al dicloropropano, usato come smacchiatore. È un prodotto altamente infiammabile: non fumate durante l'uso. I suoi vapori possono produrre allergie e intossicazioni: i residui non devono essere gettati nelle fognature.

Attenzione! La benzina è molto sgrassante ed è ottima per le vecchie macchie di unto, ma lascia aloni e danneggia le fibre artificiali, i tessuti impermeabili e la seta.

Biancheria

Biancheria bruciacchiata Strofinate con una cipolla fresca tagliata a metà e risciacquate.

Biancheria che non gela Anche in inverno si può lasciar asciugare all'aperto la biancheria. Perché non si attacchi gelando alla corda si deve versare un pugno di sale nell'acqua per l'ultimo risciacquo.

Ingiallita Se tovaglie, copriletti, asciugamani sono ingialliti, prima di lavarli, lasciateli a bagno per dodici ore in acqua e soda (50 g per litro). Attenzione: non usate la candeggina, che rovinerebbe irrimediabilmente il vostro tessuto.

➻ *Vedi anche* **Macchie**

Bianco di Spagna

È il carbonato di calcio Si trova in polvere o in pasta ed è usato come leggero abrasivo. È utile per la pulizia di alcune superfici come cromature, rame, argento, avorio.

Bicarbonato di sodio

Lavare frutta e verdura Il bicarbonato di sodio nell'acqua per lavare frutta e verdura favorisce l'eliminazione di antiparassitari e di altre impurità. Dopo il lavaggio sciacquate sotto acqua corrente. Il bicarbonato non è disinfettante. (Dose: un cucchiaio per ogni litro d'acqua.)

Ammorbidente per leguminose Il bicarbonato si mette nell'acqua in cui si tengono a bagno le leguminose e anche in quella di cottura. (Dose: nell'ammollo un cucchiaio da cucina per un litro d'acqua; per la cottura 1/2 cucchiaino per un litro d'acqua.)

Per pulire l'interno del frigorifero Acqua calda e bicarbonato formano una soluzione leggermente alcalina che aiuta a sciogliere i grassi, pur essendo poco aggressiva e quindi adatta per le pareti interne del frigorifero. (Dose: 3 cucchiai in 1/2 litro di acqua calda.)

Deodorante per frigorifero e freezer Per mantenere frigorifero e freezer privi di odori mettete all'interno di essi una ciotolina con bicarbonato e sostituitelo spesso. (Dose: 250 g da sostituire ogni 3 mesi.)

Per staccare il bruciato dal fondo Versate dell'acqua nella pentola; aggiungete il bicarbonato, portate a ebollizione e lasciate bollire per 5 minuti. Usate un cucchiaio (meglio se di legno) per staccare il bruciato dal fondo. (Dose: 3 cucchiai per 1/2 litro d'acqua.)

Bagno tonificante Aggiungendo bicarbonato di sodio all'acqua del bagno si impedisce il formarsi sulla pelle di saponi di calcio insolubili, mentre si favorisce il formarsi di quelli di sodio, solubili. Insomma, fare un bagno caldo a cui sia stato aggiunto bicarbonato di sodio assicura un'ottimale sensazione di benessere grazie all'azione efficace ma delicata del bicarbonato. (Dosi: per adulti 300 g di bicarbonato in una vasca di acqua calda a 37-40 °C; per bambini un cucchiaio da minestra ogni 10 litri di acqua.)

Come usare il bicarbonato per la pulizia dei tappeti

- Cospargere uniformemente di bicarbonato la superficie da pulire e lasciare agire per 24 ore, quindi battere bene e passare l'aspirapolvere.
- Per le parti più sporche preparare un impasto di acqua e bicarbonato, poi cospargerlo sulle zone da trattare.
- Strofinare bene con una spazzola, aspettare che asciughi , quindi battere bene il tappeto o passarvi l'aspirapolvere.

Igiene orale I residui alimentari che si depositano tra i denti, fermentando, liberano degli acidi che attaccano lo smalto e favoriscono l'insorgere della carie.

Il bicarbonato neutralizza tali acidi, aiutando così la prevenzione della carie. Lo si può usare anche come collutorio sciacquando la bocca con una soluzione formata da acqua tiepida e bicarbonato. (Dosi: come dentifricio, una volta la settimana umidificare con acqua lo spazzolino da denti, cospargerlo con un po' di bicarbonato, quindi strofinare come se fosse un normale dentifricio e sciacquare; come collutorio, un cucchiaino in un bicchiere d'acqua tiepida.)

Pediluvi Il bicarbonato nell'acqua ben calda del pediluvio aiuta a eliminare ogni senso di stanchezza e di indolenzimento ai piedi e di riflesso anche alle gambe. (Dose: 2 cucchiai da minestra ogni litro d'acqua.)

Punture di insetti o irritazioni da ortiche Preparare una pasta di bicarbonato e acqua e spalmarla con un dito sulla parte offesa. Perché il rimedio sia efficace, non bisogna aver precedentemente grattato la parte offesa. (Dose: un cucchiaino colmo di bicarbonato miscelato con un cucchiaino d'acqua.)

Tappeti e moquettes La polvere e lo sporco formano sulle fibre di tappeti e moquettes dei depositi acidi con l'effetto, tra l'altro, di scolorirli. Il bicarbonato di sodio, neutralizzando i depositi acidi, ravviva i colori.

Come pulire l'argenteria Intingete una pezzuola di lino o di cotone inumidita con un po' d'acqua nel bicarbonato di sodio e strofinate quindi l'argenteria. L'azione leggermente abrasiva, unita alla capacità del bicarbonato di combinarsi con i grassi presenti, renderà l'argenteria lucente. (Dose: un pizzico di bicarbonato su una pezzuola di cotone inumidita con un po' d'acqua.)

Bucato Qui si sfrutta la capacità del bicarbonato di addolcire l'acqua impedendo che il calcare (carbonato di calcio) si depositi sulle fibre dei tessuti, migliorando l'azione del detersivo e ritardando il formarsi delle incrostazioni nella lavatrice. (Dose: a ogni lavaggio, un cucchiaio di bicarbonato nella vaschetta insieme con il detersivo abituale.)

Piccoli incendi Vengono facilmente domati gettando alcune manciate di bicarbonato direttamente sulle fiamme fino a coprire completamente l'area da cui si sono sprigionate.

Biodegradabilità

I tempi sono importanti In generale sulle confezioni dei detersivi è obbligatorio il tasso di biodegradabilità di ogni componente. L'attuale legislazione esige una biodegradabilità almeno al 90%.

Non tutti i detersivi indicano i tempi di biodegradabilità che sono invece i più importanti, perché se un detersivo biodegradabile anche al 95% impiega 40-50 giorni per diventare innocuo, i fiumi, i laghi e il mare ne risentiranno decisamente.

Acquistate solo i detersivi che indicano oltre alla percentuale anche i tempi di biodegradabilità, che non devono superare i 20 giorni.

➽ *Vedi anche* **Detersivi per bucato**

Borace

Che cos'è È un minerale di colore biancastro venduto in polvere, anche nei supermercati. È debolmente alcalino e quindi serve a togliere le macchie acide. È utilizzabile praticamente su tutti i tipi di tessuti.

Come si usa Mettetene un cucchiaio in mezzo litro di acqua calda (15 ml per 500 ml di acqua) e lasciate a bagno per una decina di minuti. Con tempi superiori potete avere anche un'azione decolorante.

Sui tessuti bianchi spargete direttamente la polvere sulla stoffa, versandovi poi sopra dell'acqua bollente.

Borsa dell'acqua calda

Calda più a lungo La borsa dell'acqua calda rimarrà calda più a lungo se si aggiungerà un po' di sale sciolto in aceto.

Borse

Cuoio naturale e colorato Ecco una cura di bellezza per la borsa di cuoio naturale sciupata: passate su tutta la superficie un batuffolo di cotone imbevuto nel latte detergente. Lo sporco sparisce e la pelle riacquista la morbidezza e la lucentezza di quando era nuova.

Riponete le borse? Pulite bene anche l'interno smacchiandole con benzina, se necessario.

Imbottitele di stracci bianchi e ben puliti su cui avrete versato qualche goccia di profumo.

Potete anche usare carta velina bianca. Si conserveranno perfettamente in forma per la prossima stagione.

➽ *Vedi anche* **Pellame**

Bottiglie

Come si pulisce una bottiglia? Infilandoci una patata cruda e sbucciata tagliata a pezzetti, un cucchiaio di sale grosso e non più di due cucchiai di acqua. Poi sciacquate con cura.

Oppure riempitele con acqua, aceto, sale e grani di riso o pezzetti di guscio d'uovo; agitate con forza, poi sciacquate.

Botulismo

Come evitare le intossicazioni Le intossicazioni da botulino si possono evitare in modo relativamente facile quando ad essere contaminati sono carne o pesce, cibi ad alto tenore proteico che diventano nerastri e nei quali si ha una produzione di gas che tende a gonfiare le confezioni.

Bisogna sempre diffidare di scatolette malformate, con gobbe e rigonfiamenti.

Riconoscere la presenza del botulino diventa invece pressoché impossibile in condizioni di moderata acidità (come nelle conserve in olio) e per alimenti di basso valore proteico (come i vegetali), in quanto non cambiano aspetto, sapore e odore.

La maggior parte dei casi di intossicazione da botulino segnalati negli ultimi anni in Italia deriva da conserve di melanzane, peperoni, po-

Misure di sicurezza per le conserve casalinghe

- Utilizzate prodotti freschissimi e al giusto grado di maturazione. Non acquistate le offerte 'paga uno, prendi due' dei supermercati: può trattarsi di merce prossima alla scadenza.
- Usate la massima igiene quando preparate conserve e non assaggiate il cibo.
- Controllate la temperatura del frigorifero e comunque mantenetevi i cibi per il minimo indispensabile (eventualmente optate per il congelamento).
- Lavate molto accuratamente sotto acqua corrente, senza lasciare mai i prodotti immersi nell'acqua.
- Eseguite le operazioni di sbucciatura e taglio immediatamente prima della lavorazione.
- Usate barattoli perfettamente puliti e con tappi nuovi.
- Prendete la ricetta da un manuale affidabile che indichi con precisione gli ingredienti da impiegare, le operazioni da eseguire, le dimensioni dei barattoli, i tempi di sterilizzazione, e seguite tutto con scrupolo senza cambiare dosi o tempi.
- Le conserve sott'aceto sono le meno pericolose, a patto che venga usato un tipo di aceto con acidità elevata, di almeno 7 gradi.
- L'aceto deve poi ricoprire interamente il prodotto contenuto nei vasetti e arrivare fino all'orlo, in modo da ridurre al minimo l'aria all'interno.
- I coperchi dei barattoli non dovrebbero mai essere di metallo. Ricordate che l'olio non è un conservante, ma impedisce solo il passaggio dell'aria e quindi il proliferare dei microrganismi.
- Poiché le verdure tendono ad assorbire subito l'olio, una volta aperto il barattolo assicuratevi che l'alimento sia sempre ben coperto.

modori preparate in casa senza le opportune precauzioni. Per evitare sorprese è opportuno anche tenere d'occhio le scadenze dei prodotti indicate sulle confezioni.

Conserve davvero sicure? Una buona regola per preparare conserve sicure non esiste.

L'unica regola che garantisca del tutto dallo sviluppo del botulino è non fare conserve casalinghe.

Ma non tutti sono disponibili a rinunciare al piacere di confezionare, e soprattutto mangiare, salse di pomodoro o melanzane sott'olio preparate con le proprie mani.

È anche vero che molti si improvvisano confezionatori di marmellate e conserve sott'olio senza avere esperienza e tanto meno un'idea del perché esistano e quale importanza abbiano certe procedure di confezionamento e sterilizzazione.

Ma esistono regole generali che possono ridurre il rischio di lavorare inutilmente o, peggio, di incontrare nel proprio vasetto il terribile botulino.

Dopo la preparazione Terminate le fasi di sterilizzazione, i vasi sono pronti per essere conservati in un luogo fresco, buio e asciutto.

Tenete comunque presente che sarebbe bene preferire vasi piccoli che vengano consumati rapidamente.

Una volta aperta la confezione, è poi opportuno tenerla in frigorifero, perché a temperatura ambiente aumenta il rischio di proliferazione di batteri e altri microrganismi.

Se poi, aprendo il barattolo, sentite un odore particolare oppure notate una colorazione anomala o un sapore che non corrisponde a quello che vi aspettavate, non esitate a buttare via il prodotto.

Questa precauzione serve a evitare il rischio di intossicazioni che possono causare problemi gastrointestinali.

State attenti alle confezioni che presentano ammaccature e alle bottiglie che, quando vengono aperte, producono una forte pressione.

➸ *Vedi anche* **Salmonella**

Brillantante

Naturale Sostituite il brillantante con aceto. Le stoviglie diventano lucide e l'aceto inoltre elimina il calcare dalla lavastoviglie.

➸ *Vedi anche* **Lavastoviglie**

Bronzo

Come pulire gli oggetti in bronzo Mescolate un terzo di ammoniaca, un terzo di acqua e un terzo di aceto. Oppure passate con una spazzolina morbida bagnata di vino rosso. Si lascia asciugare all'aria e quindi si passa con un batuffolo imbevuto di vaselina. Si lucida con pelle di daino e brillerà come una stella.

Per non graffiarlo è meglio non servirsi di pagliette di metallo, soprattutto se si tratta di bronzo dorato.

C'è anche un vecchio metodo per pulire il bronzo: passarlo con una spugna imbevuta con l'acqua di cottura non salata dei fagioli.

Bronzo dorato Pulitelo con un panno morbido inumidito con dell'aceto bianco tiepido, risciacquate e asciugate.

Oppure lavatelo con acqua e limone o con acqua tiepida e ammoniaca, sciacquate, lasciate asciugare all'aria, quindi passate un batuffolo imbevuto di vaselina e alla fine lucidate con pelle di daino.

Gli oggetti molto sporchi vanno puliti con una miscela di un cucchiaio da cucina di alcol e un litro di acqua e sapone, quindi risciacquati con acqua pulita e asciugati.

➸ *Vedi anche* **Macchie**

Bruchi

Come salvare le piante Volete salvare le vostre piante dai famelici bruchi? Mettete nel vaso anche una piantina di menta. E non dimenticate che anche i gerani bianchi tengono lontani i bruchi.

Brufoli

Come eliminarli rapidamente Il modo più rapido per far seccare un fastidioso brufolo è tamponarlo con del succo di limone diverse volte il giorno.

Bucato

Auto... bucato Un sistema per lavare i panni in campeggio senza fatica? Mettete in un bidone a chiusura ermetica quelli sporchi insieme con acqua e detersivo e sistemate il tutto nel bagagliaio dell'auto. Poi si parte e... all'arrivo si sono lavati da soli.

Bucato bianco Per un bucato bianco senza candeggina, aggiungete un po' di aceto: non troverete più quelle odiose tracce gialline.

Troppa schiuma in lavatrice? Se c'è troppa schiuma nella lavatrice, mettetevi dentro del sale che la eliminerà.

Bucato a mano Indispensabile per tessuti estremamente delicati (seta, mohair, cachemire, eccetera); indumenti decorati con strass, ricami, applicazioni. Indicato per tutti i bucati è comunque il sapone di Marsiglia, molto delicato, detergente e non schiumoso. Lavate a mano, la prima volta, i capi colorati per verificare l'effettiva resistenza dei colori; non strofinate i capi di lana, ma tamponateli; sciacquateli con acqua corrente tiepida, poi, senza strizzarli, fate perdere acqua avvolgendoli per alcune ore in un telo di spugna prima di stenderli in piano.

Sia che lo si faccia a mano o in lavatrice, verificate la biancheria: staccate i bottoni lenti; eliminate subito le macchie impossibili; vuotate le tasche; chiudete le zip.

Bucato in lavatrice Per una tabella di marcia indicativa sappiate che lenzuola, tovaglie, asciugamani, fazzoletti si lavano a 60 °C (anche i colorati reggono la temperatura indicata: assicuratevene comunque con un primo lavaggio a mano); colori e tessuti delicati a 30-40 °C; per altri lavaggi, scegliete quello più indicato sull'elenco dei programmi contenuto nel libretto delle istruzioni della macchina; prima di lavare le camicie, strofinate con sapone il collo, i polsi e le eventuali macchie; rivoltate sul rovescio i capi di lana: eviterete che si formino gli antiestetici pallini; racchiudete i capi delicati (calze di nylon, pizzi, biancheria intima, eccetera) in un sacchetto di cotone. Imparate a raccogliere la biancheria sporca già suddivisa per i cicli di lavaggi. Per disinfettare la biancheria aggiungete un tappo di ammoniaca.

10 ricette per un bucato ecologico

- Biancheria e indumenti molto sporchi vanno prima immersi in una soluzione di borace, che deodora e toglie le macchie: 1 cucchiaio in 3 o 4 litri di acqua.
- Si può provare ad aggiungere un cucchiaino di aceto bianco o di bicarbonato di sodio a ogni carico di lavatrice, per rinfrescare e togliere gli odori.
- Per il lavaggio a mano, potete usare il sapone in scaglie non profumato oppure preparare del sapone liquido: si sciolgono 2 tazze di sapone grattugiato in 3 o 4 litri di acqua calda, si lascia bollire a fuoco lento per 10 minuti e poi si lascia raffreddare.
- La biancheria non deve essere molto sporca e non va lasciata sudicia per molto tempo nei raccoglitori dei panni; inoltre è bene provvedere a una separazione dei panni in funzione del lavaggio.
- La lavatrice va riempita sempre a pieno carico e i panni vanno tenuti in ammollo tutta la notte precedente.
- È sufficiente il 30% in meno della quantità di detersivo indicato.
- Evitate l'uso di ammorbidenti: sostituiteli con uno o due bicchieri di aceto bianco nell'ultimo risciacquo.
- Usate prodotti biodegradabili senza fosfati, non inquinanti e non irritanti.
- Non acquistate i detersivi con il bollino rosso, perché contengono il sale sodico dell'acido nitrilotriacetico (NTA), che distrugge la vita nei fiumi.
- Non inalate detersivi in polvere e nel maneggiarli adoperate sempre i guanti. Non dimenticate di richiudere perfettamente i recipienti e teneteli alla larga dai bambini.

C

Cachi
Caffè
Caffettiera
Caloriferi
Camicie
Camino
Cancelleria
Candeggianti
Candele
Cane
Capelli
Carota
Casa ecologica
Cassetti
Castagne
Catenine
Cellulite
Cera
Ceramica
Cereali
Cerotti
Chiave
Chimica in casa
Chiodi
Cipolla
Cocciniglia
Colla
Colluttorio
Compost
Congelare
Cornici
Corno
Cosmetici
Cottura
Couperose
Cozze
Cristalli
Cromature
Cucina
Cuoio
Cuscini

Cachi

Vitamina A e sali minerali Il caco possiede molta vitamina A e ha un discreto contenuto di sali minerali. Aiuta a prevenire il raffreddore e l'influenza. È anche un buon antibatterico nelle gastroenteriti e nelle infiammazioni intestinali. Per il contenuto zuccherino è inoltre un ricostituente naturale indicato nei casi di stanchezza e di fegato 'pigro'.

Caffè

Chi ha paura del caffè espresso? Ricordate che in una tazzina di caffè fatto in casa ci sono da 0,12 a 0,15 grammi di caffeina, mentre quello del bar ne contiene solo 0,08. Il caffè 'lungo' dunque contiene più caffeina di quello 'ristretto'.

Il segreto del buon caffè Il migliore alleato del caffè è l'orzo: io ne stendo un velo nell'imbutino della moka prima di riempirlo di caffè. Questo strato trattiene per un po' l'acqua che bolle, giusto il tempo perché assorba completamente l'aroma e il gusto del caffè.

Concimare con il caffè I fondi del caffè uniti al terriccio delle piante d'appartamento sostituiscono egregiamente la concimazione abituale ed evitano che il terriccio si secchi.

Caffettiera

Come pulire la caffettiera La moka, anche se non tutti i giorni, deve essere pulita ogni tanto, se non altro per togliere ogni traccia di calcare che alla fine modifica il buon sapore del caffè. Si riempie con acqua e aceto in parti uguali, più due pizzichi di sale fino, e si pone sul fuoco fino a quando tutto il liquido è filtrato. Si sciacqua molto, molto bene. Così è già pronta per regalare un ottimo caffè. Rimane valido comunque il consiglio di non usare detersivi e di lucidare la parte esterna passandola con aceto e sale fino.

Per le caffettiere 'del week-end' È importante lasciare i pezzi perfettamente asciutti e non chiusi. Al momento di ripartire, si può riempire il filtro di zucchero o di caffè. Entrambi prevengono gli odori, e la settimana dopo, anche appena arrivati, ci si può concedere subito un buon caffè!

Caloriferi

Prevenire i baffi sui muri Non aspettate che i baffi dei caloriferi sui muri diventino proprio evidenti: ci vuole poco a prevenire la loro formazione. Una volta il mese trattate il calorifero con un po' di bicarbonato di sodio messo sopra un tampone. Ripetete l'operazione cambiando il batuffolo non appena sporco.

Camicie

Prima di lavarle Strofinate accuratamente colli e polsini (i punti più sporchi) con qualche goccia di limone; in alternativa usate un impasto di aceto bianco e bicarbonato di sodio; se lo sporco è recente, passate su questi punti un poco di shampoo.

Camicie inamidate Per far tornare come nuove le camicie afflosciate dai lavaggi con detersivo potete sciogliere un po' di amido nell'acqua e immergervi per un'oretta la camicia preventivamente lavata.

Colli delle camicie ingialliti Passate sulla riga di sporco del gesso. Il gesso assorbe l'unto e così lo sporco verrà eliminato facilmente. Se la riga di sporco è di vecchia data, può darsi che dobbiate ripetere più volte l'operazione.

➳ *Vedi anche* **Macchie, Smacchiatori**

Camino

Per accendere il caminetto con più facilità Prima di accendere il fuoco è opportuno far bruciare un po' di giornali: l'aria calda riscalderà il condotto e renderà più agevole l'accensione, diminuendo il fumo. Se avete trascurato di alimentare il fuoco nel camino e vi sembra che ormai sia spento, buttate subito sulla brace del sale grosso e vi accorgerete che non sarà necessario riaccenderlo.

Manutenzione della cappa La cappa del camino in mattoni si pulisce facilmente con l'aceto e con una spazzola dura, con cui sfregare rapidamente. Gettando di tanto in tanto del sale sulla legna si riduce di 2/3 la fuliggine.

Stipiti e cornici L'aceto è ottimo per pulire gli stipiti e le cornici di mattoni del caminetto. Immergete una spazzola di saggina in un po' di aceto bianco e sfregate energicamente. Passate subito una spugna per assorbire il liquido. Cancellate le tracce di fumo con una gommapane: è adatta per materiali porosi.

Cancelleria

I pericoli dei correttori Il 'bianchetto' è un prodotto ad alto rischio perché contiene il tricloroetano o cicloesano. Infatti, se si riesce a leggere con la lente d'ingrandimento la microscopica etichetta, apprendiamo che «se impropriamente inalato può essere fatale». È importante quindi che i bambini ne stiano alla larga e che gli adulti lo usino con le finestre aperte.

Attenzione alle graffette Quelle colorate ricoperte di plastica possono contenere cadmio, un metallo pesante e tossico: non andrebbero quindi mai messe in bocca.

Scegliere bene i pennarelli Esistono due 'famiglie' di pennarelli: quelli a base di solventi chimici e quelli ad acqua. Quelli con solvente chimico possono contenere sostanze poco raccomandabili. I pennarelli a base d'acqua che scrivono solo su carta sono invece in genere assolutamente innocui. Ma fra questi ce ne sono alcuni che contengono formaldeide, per evitare che imputridisca l'acqua. Come riconoscerli? Strofinateli sul polpastrello e annusate: se sentite odore di candeggina scartateli immediatamente.

Era meglio la carta carbone La carta autocopiante, che ha sostituito la vecchia carta carbone, è costituita da un substrato di cellulosa su cui è disposto uno strato di microcapsule contenenti uno speciale tipo di inchiostro. Facendo pressione con la penna sulla carta si provoca la rottura delle microcapsule e quindi la fuoriuscita dell'inchiostro che reagisce con il foglio sottostante, di urea-formaldeide (sostanza che determina la 'copiatura', ed è nociva). Attenzione anche alla carta copiativa rossa, per esempio quella dei biglietti aerei: è molto pericolosa per la presenza di urea-formaldeide.

Candeggianti

Candeggiante alternativo Il siero di latte e i raggi del sole sono ottimi candeggianti. Inumidite con siero di latte le macchie gialle, lasciate asciugare al sole, poi sciacquate.

Candeggiante naturale Il candeggiante per eccellenza è il limone, che fa sparire le macchie di succo di frutta. Basta sfregarne una metà tagliata e il danno è riparato.

Candeggina La candeggina (o ipoclorito di sodio) è un potente sbiancante. Non usatela mai pura perché corrode i tessuti: non usatela sulla seta, sulla lana, sul rayon, sulle fibre elastomeriche e sui tessuti colorati: evitate anche di metterla a contatto con oggetti metallici (attenzione alle chiusure) e con gli anelli: non mescolatela con acidi perché sviluppa gas tossici.

Per le dosi seguite le istruzioni della confezione, tenendo presente che se viene diluita calda raddoppia il suo potere: non lasciate a bagno per più di mezz'ora.

Candele

Per una tavola più bella e più allegra Le candele accese sono un tocco cui spesso non sappiamo rinunciare, ma quante volte le gocce di cera hanno sciupato la nostra tovaglia!

Per impedire che la cera coli, possiamo immergere le candele in acqua molto salata per

2 o 3 ore, lasciandole poi asciugare. Le candele bruceranno più a lungo senza sgocciolare in maniera eccessiva.

Candelabri Se avete i candelieri coperti di cera, metteteli in freezer per circa un'ora.

La cera si staccherà in un attimo senza danneggiare l'argento.

Cane

Tener conto delle sue esigenze È bene, prima di accogliere un cane in casa, valutare con attenzione quanto le sue esigenze potrebbero influire sui vostri ritmi di vita e, soprattutto, se vi è possibile attuare tale scelta.

Se tutti i componenti della famiglia trascorrono gran parte della giornata fuori casa, è bene rinunciare a tenere un cane; lo costringereste a un'esistenza solitaria e triste, che finirebbe con l'influire anche sul suo carattere.

Se invece è assicurata una presenza, non esitate e procedete all'adozione: piccolo o grande che sia, il vostro cane vi ripagherà largamente in affetto di tutte quelle piccole attenzioni che gli darete.

Toilette Ogni 3-4 mesi è consigliabile portare il cane in un centro specializzato per una toilette più accurata, che oltre al bagno può comprendere il taglio dei peli superflui sugli occhi, nelle orecchie, sulle zampe o vicino ai genitali. In alcuni casi, se non ci ha già pensato il veterinario, si tagliano anche le unghie.

Per togliere le lappole Le lappole sono quelle palline spinose che si attaccano al pelo. Massaggiate la ciocca di pelo con olio oppure sminuzzate le lappole con delle pinzette; dopo sarà facile toglierle con un pettine.

Per lavarlo a secco Strofinate il pelo del cane con del bicarbonato di sodio e poi spazzolatelo energicamente.

Deterge e deodora al contempo.

Se è 'poco profumato' Mettetevi in una zona aerata e versategli addosso del succo di pomodoro prima di procedere al normale shampoo. Sciacquatelo con acqua e ammoniaca (2 o 3 cucchiai in 4 l d'acqua) e poi di nuovo con acqua. Oppure lavatelo con acqua e aceto in parti uguali. Sciacquatelo con acqua e poi ripetete l'operazione, questa volta però con meno aceto.

Pulci Il fastidio più ricorrente per i cani e per l'uomo sono le pulci e molto spesso per debellarle si usano prodotti chimici pericolosi sia per l'animale sia per coloro che gli vivono vicini. Le pulci possono invece essere eliminate con una frequente pulizia della cuccia e attraverso l'alimentazione. Alla razione quotidiana aggiungete un po' di lievito di birra e uno spicchio d'aglio (opportuno anche in caso di vermi intestinali).

Il puzzolente e pericoloso collarino antipulci può essere sostituito con un serto o una collanina di menta puleggio, detta anche mentastro, una pianta molto comune in campagna e nei prati che si trova con facilità anche nelle erboristerie; un infuso di mentastro si può aggiungere al bagno del cane, così si può scacciare ogni tipo di parassita; è anche efficace il tanaceto, da tenere racchiuso in un sacchetto da porre nella cuccia. Per i vermi c'è un rimedio efficace che serve come prevenzione: mescolare regolarmente alla pappa del cane delle carote crude grattugiate.

Come togliere le zecche Le zecche si tolgono dall'animale bagnandole con olio; comunque, quando il cane è stato attaccato anche da una sola zecca è necessario portarlo subito dal veterinario.

Alimentazione corretta L'alimentazione deve essere, in base al gusto e alle abitudini del cane, equilibrata, adeguata alla razza e alla mole dell'animale. Non date da mangiare al vostro cane maleodoranti scatolette. Riflettete solo un attimo: a voi piacerebbe mangiare ogni giorno cibi in scatola? Oltre a essere prodotti di scarto di macelleria, questi alimenti sono imbottiti di conservanti, di coloranti e soprattutto di stimolanti della fame, che sicuramente, prima o poi, incideranno sulla salute dell'animale. Preparate loro invece dei sani papponi di riso, carne, verdura e di tutti quegli alimenti che caratterizzano la nostra alimentazione quotidiana.

Fido fa pipì: come togliere le macchie Tamponate per assorbire il più possibile la parte liquida. Strofinate con una soluzione di aceto o succo di limone e acqua saponata tiepida. Continuate a tamponare. Poi versate sulla macchia dell'acquaragia minerale pura. Tamponate di nuovo. Mettete sulla macchia un panno asciutto con sopra un libro pesante. Quando il panno diventa bagnato, sostituitelo subito con un altro pulito e asciutto.

Per fargli ingoiare una pillola Quasi tutti i cani sono golosi di cioccolato, perciò fate ingoiare la pillola al vostro cane insieme con un pezzetto di cioccolato. Oppure nascondetela in un boccone di carne.

Cuccioli mordi-tutto Se il cucciolo ha l'abitudine di mordere le gambe del tavolo e delle sedie, spalmate sul legno dell'essenza di garofano con un batuffolo di cotone. Se l'odore non basta a tenere lontano il cucciolo, ci penserà il sapore amaro.

Capelli

Morbidi e lucenti Inzuppate i capelli con olio d'oliva, di sesamo o di mais. Mettete 2 salviette in acqua molto calda poi strizzatele. Copritevi la testa con una cuffia da bagno prima di applicarvi sopra le salviette calde. Rimanete così per 20 minuti.

Per l'ultimo risciacquo Se siete biondi, sciacquatevi i capelli con acqua a cui avrete aggiunto qualche cucchiaio di succo di limone. Se invece siete bruni o rossi, aggiungete all'acqua dell'ultimo risciacquo qualche cucchiaio di aceto di mele. Limone e aceto tolgono gli ultimi residui di shampoo e lasciano i capelli brillanti.

Bruni e biondi possono anche fare l'ultimo risciacquo con del caffè. I capelli acquisteranno una corposità e una lucentezza sorprendenti. Non dimenticate mai che i capelli restano sani se tutte le sere li spazzolate bene da tutti i lati con una spazzola di setole naturali.

Contro l'untuosità tipica del capello grasso, provate a spremere il succo di un limone in un litro d'acqua e ad usare questa soluzione come ultimo risciacquo.

Capelli secchi Generalmente hanno un aspetto fragile e opaco e si spezzano con facilità. Questo tipo di capello è carente di sebo, sostanza che lubrifica e mantiene elastica la nostra capigliatura. Talvolta i capelli normali possono trasformarsi in capelli secchi, e ciò a causa di tinture o decolorazioni troppo forti, oppure per eccessiva esposizione al sole estivo o, ancora, per troppi bagni in mare: infatti l'acqua salata, il vento e il sole sono estremamente dannosi per i nostri capelli. Un buon rimedio è costituito da un impacco periodico di olio d'oliva tiepido che va massaggiato sui capelli e lasciato agire per mezz'ora prima dello shampoo. Ricordate che questo deve essere delicato, dolce e ammorbidente.

Capelli grassi Sciogliete due cucchiai colmi di sale in un litro d'acqua bollente; lasciatelo raffreddare un poco, poi passatelo sui capelli lavati, prima dell'ultimo risciacquo.

Capelli con forfora La sera passate tutta la cute, dividendo i capelli in ciocche, con olio di ricino caldo, poi massaggiate, avvolgete i capelli in un asciugamano di spugna e, il mattino, lavateli accuratamente. Oppure fate bollire una manciata di semi di lino, avvolgeteli tiepidi in un telo, applicate l'impacco per 10 minuti, poi sciacquate.

Capelli lavati senza shampoo Per un ottimo lavaggio naturale dei capelli e per rinforzarli: inumidite i capelli e spalmate, secondo la loro lunghezza, da 1 a 3 rossi d'uovo; massaggiate energicamente con i polpastrelli e usate il pettine per far penetrare bene il tuorlo. Sciacquando, dopo 5-6 minuti dal massaggio, si vedrà una vera e propria schiuma che testimonia l'avvenuta pulizia. Mettete un poco di succo di limone o qualche goccia di aceto nell'ultima acqua del risciacquo, e i capelli diventeranno morbidi e splendenti.

Per ammorbidire i capelli Utilizzate un impacco di avocado ridotto in poltiglia. Sciacquate dopo 10-15 minuti.

Per risanare i capelli sfibrati Per ridare vigore ai capelli indeboliti da trattamenti aggressivi (come tinture e permanenti), fate un impacco di lanolina con massaggio; lasciate agire per 10 minuti poi sciacquate.

Capelli più scuri Se desiderate dare ai vostri capelli castani un tono più intenso e scuro e non volete ricorrere a tinture potete risciacquarli con un decotto ottenuto dalla bollitura di due manciate di foglie d'edera in un litro di acqua.

Capelli in piscina Andate in piscina spesso? Ottima cosa. Badate però anche ai vostri capelli, che certamente non gradiscono il cloro dell'acqua. Prima di entrare nella vasca, garantite loro un'adeguata protezione usando l'olio di cocco. Poi infilate la cuffia e... tuffatevi. Dopo lo shampoo, noterete subito che i capelli sono molto più morbidi del solito.

Quando cadono In primavera e in autunno cadono i capelli: per prevenire questa situazione stagionale immergere 150 g di foglie fresche di basilico in un litro di acqua bollente e lasciar macerare per circa un quarto d'ora. Poi spremere bene le foglie, filtrare e utilizzare il liquido per frizionare il cuoio capelluto, tutte le sere. Non sciacquare, ma asciugare delicatamente con il phon. Durante questi periodi usare esclusivamente shampoo neutro, ma non più di due volte la settimana. La caduta dei capelli si combatte con una tazza di infuso di ortiche nell'acqua del risciacquo.

Un impacco adatto a tutti i tipi di capelli Mescolare, fino a ottenere un composto omogeneo, un tuorlo d'uovo, due cucchiai di miele e uno d'olio. Spalmare su tutta la lunghezza dei capelli e tenere per mezz'ora, quindi fare uno shampoo: i capelli saranno lucidi e setosi.

Shampoo secco fai-da-te

- Se non avete tempo di lavarvi i capelli, fate uno shampoo secco mescolando un cucchiaio di sale e 1/2 bicchiere di amido di mais.
- Mettete questo composto in una saliera a fori piuttosto larghi e spargetelo uniformemente sui capelli.
- Spazzolandoli, tutto lo sporco e l'unto se ne andranno.

Capelli splendenti Per fare acquistare splendore ai capelli, una volta il mese lavateli con la birra. Anche il succo di carote vi aiuta ad avere capelli più belli. Per un po' di settimane, dopo esservi lavati i capelli, massaggiateli con il succo e risciacquate abbondantemente.

Birra per i capelli Se siete rimaste con la bomboletta della lacca vuota provate a sostituirla con la birra: dopo lo shampoo applicate la birra sui capelli, quindi avvolgeteli nei bigodini.

Tintura naturale Comperate l'henné in erboristeria chiedendo quello naturale: di solito non provoca allergie, ma si può sempre fare una prova. Si tratta di una polvere a base di erbe che vengono dall'Oriente.

L'henné è una tintura che se ne va dopo alcuni lavaggi e rende i capelli lucidi e sani. Si trova in varie sfumature di colore.

In alternativa, dopo lo shampoo, versate sui capelli un decotto preparato con foglie di nocciolo, se sono chiari; se, invece, sono scuri, con foglie di castagno.

In erboristeria inoltre si trova uno stick a base di prodotti vegetali a forma di gessetto che si passa su ogni ciocca che ha bisogno di un ritocco. Costa meno delle tinture tradizionali e va usato dopo ogni shampoo perché con l'acqua se ne va.

Lacca I capelli impiastricciati con lacca e gel sono difficili da lavare bene.

Ma se polverizzerete un cucchiaio di bicarbonato sulla schiuma dello shampoo riavrete chiome morbide e lucide.

Carota

Non sbucciatela! La carota, radice dalle molte virtù, non dovrebbe essere sbucciata né raschiata a fondo perché i suoi pregi sono concentrati proprio vicino alla buccia. È nota la grande abbondanza di vitamine e sali minerali contenuta nelle carote, oltre a carotina e carotene. Essa rinforza il sistema nervoso ed è antiscorbuto; le carote combattono le carie e le malattie delle ossa e dei polmoni, stimolano la crescita, curano le ulcere, frenano la diarrea e rinforzano la vista e, applicate sulle ferite, stimolano la cicatrizzazione dei tessuti.

Carota salva-burro Potete recuperare del burro un po' irrancidito infilandovi dentro una carota e lasciandovela per tre o quattro ore.

Succo di carota contro la raucedine Un colpo d'aria e la voce si è affievolita. Per ridarle tono, bevete un bicchierone di succo di carota. È ottimo anche per fare i gargarismi.

Casa ecologica

Come combattere l'inquinamento Numerose sono le sostanze nocive per la salute con cui siamo costretti a convivere all'interno delle nostre case. Nella tabella 'Sostanze inquinanti e tossiche in casa' (*vedi* le pagine 36 e 37) sono state riassunte le principali fonti di inquinamento domestico e i pericoli che ne derivano.

Prima di costruire una casa È opportuno consultare un geologo, che tra l'altro dovrà accertare che il terreno sia libero dal gas radon, che sia lontano da faglie minerarie, da vene e da falde d'acqua sotterranee, tutti punti, questi, dove è meglio non disporre locali come le camere da letto.

La casa ecologica va costruita lontano da tralicci dell'alta tensione, ripetitori televisivi e telefonici e impianti radar; va scelto un luogo dove il clima e l'illuminazione siano adeguati.

Muri Per i muri i materiali più indicati sono la pietra, i mattoni d'argilla, il gesso, il legno, la calce, il vetro e il sughero. Il cemento armato possiede invece strutture metalliche che, come antenne, possono catturare le radiazioni elettromagnetiche.

Pavimenti Per i pavimenti la cosa migliore è sempre il marmo (non il basalto e il granito, che possono rilasciare il radon, gas radioattivo). Anche il legno è sempre una soluzione sicura. Le moquettes sono invece da evitare poiché attirano e trattengono polveri, funghi e microrganismi, e si caricano di corrente elettrostatica.

Pareti Per la coibentazione i truciolati sono da evitare, poiché contengono formaldeide; sono invece raccomandabili la fibra di cocco, l'argilla espansa e il poliuretano.

Impianto elettrico Anche l'impianto elettrico necessita di particolari attenzioni: dovrà essere ben isolato, avere la messa a terra, collegato ai salvavita e soprattutto schermato per non creare campi elettromagnetici. In tal senso un apparecchio molto importante è il disgiuntore, o bio-switch, cioè una sorta di timer che stacca la corrente nell'appartamento durante la notte e la ripristina al momento programmato.

Riscaldamento Per quanto riguarda l'impianto di riscaldamento, la bioarchitettura fa largo uso di tutti i sistemi alternativi, e in particolar modo dell'energia solare, grazie a pannelli, tetti fotosensibili o ricoperti di vernici all'alluminio, e di altri sistemi che semplicemente incamerano il calore solare e lo rilasciano all'interno gradualmente.

Prodotti Il principio cardine della bioarchitettura è che tutte le superfici siano trattate con prodotti non nocivi. Dalla casa ecologica sono bandite le sostanze tossiche. Si useranno invece vernici vegetali e rivestimenti in legno trattati con cere naturali che non trattengono elettrostaticità e quindi la polvere, oppure con oli naturali.

➤➤ *Vedi anche* **Inquinamento**

Sostanze inquinanti e tossiche in casa

SOSTANZA	EFFETTI
Composti organici volatili (COV)	
Formaldeide. Si tratta di un conservante dall'odore pungente. A temperatura ambiente libera vapori tossici. Largamente usata come collante per il legno e la plastica, come fissante nei prodotti cartacei, nei tappeti e nel vestiario; per la rifinitura dei capi di abbigliamento e delle lenzuola. È presente nel fumo del tabacco.	La formaldeide è fortemente irritante per la pelle, gli occhi, il naso e la gola. Provoca emicranie, vertigini, nausee e difficoltà respiratorie. L'esposizione cronica ai suoi vapori causa depressione e sensibilizzazione alle sostanze chimiche. È sospettata di essere cancerogena.
Derivati del cloro. Composti di idrocarburi e cloro che formano la base di molte sostanze chimiche sintetiche. Si trovano nei detergenti, nei deodoranti e nei prodotti lucidanti. Sono i COV più tossici e persistenti. Comprendono: policloro difenili (PCB), notoriamente cancerogeni; il cloruro di polivinile (PVC), una plastica che può contaminare il cibo conservato; cloroformio e clorammina. Le clorammine vengono liberate quando detersivi a base di candeggina e di ammoniaca vengono mescolati. Altri COV pericolosi sono l'ammoniaca, la trementina e l'acetone in detergenti e solventi, la naftalina in palline, la candeggina allo stato liquido.	I vapori pungenti dei composti organici volatili sono fortemente irritanti per pelle, occhi e polmoni; causano emicranie, nausee e danni al sistema nervoso centrale. Tutti sono potenzialmente cancerogeni. I vapori dei composti organici del cloro nei solventi, nei pesticidi e nei detergenti liquidi causano depressione ed emicranie e possono provocare danni al fegato e ai reni. La clorammina in alte dosi può essere mortale.
I fenoli o acidi fenici. Sono sostanze contaminanti caustiche che si trovano in disinfettanti, resine, materie plastiche e fumo di tabacco.	Sono corrosivi per la pelle e causano danni al sistema respiratorio.
Gas	
Ozono. Gas velenoso instabile dall'odore penetrante; protegge la Terra dalle pericolose radiazioni UV. È prodotto, tra l'altro, da fotocopiatrici, da esposizione dell'aria inquinata a radiazioni UV, da apparecchiature con motore elettrico.	Si trasforma rapidamente in ossigeno, ma quantità anche piccole possono irritare gravemente occhi, naso, gola e tratto respiratorio.
Radon. Gas radioattivo incolore e inodore. È presente in determinate aree geologiche ed entra in casa con polvere, acqua, gas naturale e alcuni materiali edili. La sua natura radioattiva lo rende molto contaminante.	L'inalazione di radon danneggia i tessuti polmonari e l'esposizione prolungata è legata all'insorgenza di talune forme di cancro.

Sostanze inquinanti e tossiche in casa

SOSTANZA	EFFETTI
Gas di combustione	
Ossido di carbonio. Gas molto velenoso, incolore e inodore, prodotto da combustione incompleta del gas, dal fumo di legna, di carbone, di tabacco e dai tubi di scappamento dei veicoli.	Riduce i livelli di assorbimento di ossigeno, causando emicranie, vertigini, nausea e perdita dell'appetito. Coloro che soffrono di cuore, di polmoni e di circolazione sono i più esposti. Se viene inalato in dosi massicce è letale.
Ossido e biossido di azoto. Gas tossici dal forte odore, prodotti dalla combustione incompleta del gas di fornelli e caldaie.	Il biossido è il più tossico degli ossidi di azoto e attacca il sistema respiratorio.
Anidride solforosa. Gas pungente presente nel fumo di carbone e di legna, emesso da apparecchi di riscaldamento a cherosene; responsabile dello smog urbano, è tra le cause delle piogge acide.	È presente raramente a livelli pericolosi, ma può acutizzare alcune difficoltà respiratorie.
Anidride carbonica. Gas incolore e inodore. Prodotto dalla combustione di gas in bombole per apparecchi di riscaldamento, è responsabile dell'aria viziata nelle stanze poco arieggiate.	L'esposizione continua può colpire il sistema nervoso centrale rallentando le reazioni.
Particelle	
Amianto. È una fibra pericolosa che si estrae dal silicato di calcio magnesio, usato come materiale isolante e antincendio. È vietato in molti Paesi (anche in Italia).	Le fibre di amianto portate dall'aria rappresentano un grave pericolo per la salute, perché provocano l'asbestosi e il cancro.
I microrganismi presenti nella polvere comprendono batteri e virus portatori di malattie, oltre a muffe, spore e polline.	I microrganismi diffondono infezioni e malattie oltre a provocare allergie.
Metalli. Particelle di piombo, cadmio, mercurio, alluminio e rame possono essere assorbite cumulativamente dal corpo fino a raggiungere livelli tossici. Il piombo è presente nelle vecchie tubature e nei gas di scarico delle auto. Piombo e cadmio si trovano nelle vernici. Il mercurio è nel tonno in scatola. L'alluminio è presente nelle pentole, e può essere assorbito dal cibo.	Piombo e cadmio possono provocare danni ai tessuti cerebrali e nervosi. Il cadmio può anche danneggiare la vista. L'intossicazione da metalli provoca emicranie e problemi respiratori.

Cassetti

Quando non scorrono Credo che sarete d'accordo che un cassetto che si apre e si chiude male è una cosa molto seccante: per rimediare potete strofinare le parti scorrevoli con una candela o una saponetta.

Quando scricchiolano troppo Spennellate le giunture con olio di paraffina, ma non usatene troppo perché potrebbe danneggiarli.

Castagne

Digeribili ed energetiche Le castagne sono molto digeribili e quindi adatte a bambini e anziani e soprattutto sono utili contro i cali di tono legati al cambio di stagione. Inoltre, nonostante facciano parte della famiglia della frutta secca, sono povere di grassi e meno caloriche di quanto in genere si crede. Un etto di castagne fresche fornisce, per esempio, meno della metà di calorie rispetto alle noci (circa 200 calorie contro 580).

Per un'ottima digeribilità È meglio evitare l'accostamento delle castagne con carne, salumi e formaggi.

Catenine

Se sono annodate Se avete fatto un nodo alla vostra catenina, versate un paio di gocce di olio d'oliva su un pezzo di carta oleata, intingete il nodo nell'olio e scioglietelo con l'aiuto di due spilli. Sarà facilissimo.

Cellulite

Edera contro la cellulite Per un minuto, lasciate a bagno in acqua bollente una manciata di edera terrestre. Filtrate, raccogliete le foglie in un telo sottile e applicate il cataplasma, ancora caldo, sui cuscinetti di cellulite; fasciate con pellicola trasparente e lasciate agire per venti minuti. Non fa miracoli, ma aiuta.

Cera

Sui pavimenti La cera non ha solo una funzione estetica. È un ottimo protettivo e ha una funzione antisporco e antimacchia.

Per togliere la cera Se volete togliere completamente la cera dai pavimenti, usate acqua e alcol.

Ceramica

Macchie su maiolica e porcellana La maiolica è ricoperta da uno smalto vetroso e la porcellana ha un impasto particolare che le conferisce una superficie vetrificata: entrambe quindi non assorbono polvere e macchie e sono di facile pulizia.

Acqua e sapone o detergenti per piastrelle e per vetri sono sufficienti.

Per le porcellane delicate dovrete solo evitare l'acqua troppo calda.

Grès, monocotture e clinker Grès e monocotture sono particolarmente resistenti e impermeabili e quindi non pongono alcun problema di manutenzione: acqua e detersivo per pavimenti sono sufficienti.

Non usate mai la cera per pavimenti che rende opachi questi materiali.

Anche il clinker è resistentissimo persino alla corrosione degli acidi: difficilmente quindi vi trovate delle macchie 'impossibili'; il normale lavaggio è sufficiente per la pulizia.

Manutenzione del cotto Il cotto è una ceramica forte, ma meno di grès e monocotture: perché sia di facile manutenzione è bene attenersi alle istruzioni del produttore per la puli-

Acqua e aceto: una formula efficace

- Per la pulizia di oggetti o piastrelle in ceramica c'è un prodotto economico e sicuro: è una miscela formata da 3/4 d'acqua e 1/4 di aceto.
- I risultati saranno 'brillanti'.

zia e la finitura nel periodo immediatamente seguente alla messa in opera. La pulizia di routine si fa con acqua, eventualmente addizionata con qualche goccia di acido muriatico.

Il grasso può macchiare il cotto: tracce oleose si eliminano con acqua calda e soda.

Per pulire gli interstizi di pavimenti e rivestimenti di piastrelle, spazzolate con una soluzione sbiancante.

Evitate l'uso di acqua bollente per lavare la ceramica smaltata: lo smalto, infatti, potrebbe incrinarsi.

Come staccare le decalcomanie Per staccare le decalcomanie dalle piastrelle in ceramica o dai vetri, inumiditele bene con aceto bianco caldo! Poi grattatele e se ne andranno via.

➽ *Vedi anche* **Macchie**

Cereali

Meglio integrali e biologici Innanzi tutto preferiteli integrali e di coltivazione biologica.

L'avena è il cereale più ricco di proteine, vitamine e minerali.

Le proteine del grano saraceno hanno un valore biologico paragonabile a quello della carne e della soia; inoltre, grazie alla presenza di lisina e vitamina P, può intervenire sulla crescita dei tessuti e sulla permeabilità vascolare.

Orzo e miglio sono meno calorici del grano e aiutano la funzionalità cerebrale, per la presenza di lecitina, colina, ordeina.

La segale è più digeribile del frumento ed è conosciuta come fluidificante del sangue e protettrice delle arterie.

Consigli per la cottura dei cereali

- Recipienti di cottura: usare possibilmente pentole di coccio o di acciaio inossidabile, mai di alluminio.
- Per la polenta usare preferibilmente il paiolo di rame.
- Cuocere i cereali sempre a fuoco minimo.
- Salare a cottura ultimata.

Il riso è un alimento completo, sano, nutriente e di digeribilità superiore a tutti gli altri cereali. Migliora il rendimento delle funzioni organiche, calma le irritazioni intestinali, favorisce l'eliminazione dell'urea ed esplica un'azione ipotensiva.

Gli orientali, mangiatori di riso, non soffrono di arteriosclerosi e non sono soggetti alle malattie tipiche della società occidentale.

➽ *Vedi anche* **Cottura, Vitamine**

Cerotti

Come toglierli senza dolore Per togliere un cerotto senza dolore, tamponatelo con cotone imbevuto di acqua tiepida leggermente salata. Verrà via da solo, senza tirare la pelle.

Chiave

Quando la chiave fa i capricci Se, quando tentate di aprire la porta di casa, o il cancello del giardino, la chiave gira a vuoto oppure incontrate resistenza, prima di rivolgervi al fabbro provate questo trucchetto. Mettete la chiave difettosa a bagno in una bacinella con acque tiepida saponata. Dopo un quarto d'ora, asciugatela e spalmatela di paraffina.

Oppure raschiate la mina di una comune matita nera e mettere la polvere sulla chiave facendola andare avanti e indietro. La serratura tornerà a funzionare perfettamente.

Chimica in casa

I detergenti disinfettanti hanno un senso? Contengono fenoli, aldeidi, alcoli, tensioattivi, sostanze clorurate o fluorurate. Benché il potere lavante di questi detergenti sia buono, la loro capacità disinfettante non ha alcun senso. I batteri da eliminare si trovano dappertutto e non solo tra le pareti di casa. Ha più senso quindi rafforzare le normali difese del corpo che pretendere di uccidere tutti i batteri presenti nell'ambiente di casa: non ci riusciremmo mai! Anzi, questi prodotti igienizzanti eliminano soltanto alcuni ceppi di batteri, lasciando campo libero a tutti i loro antagonisti che prolifereranno meglio.

Usate semplicemente un normale detersivo a cui potete aggiungere qualche goccia di alcol denaturato.

Chiodi

Per impedirne la fuoriuscita Per fare in modo che un chiodo infilato nel legno o nel gesso non ne esca più, è sufficiente bagnarlo prima con qualche goccia di ammoniaca. In questo modo si formerà un leggero strato di ruggine e si sa che i chiodi arrugginiti non si estraggono molto facilmente.

Cipolla

Mezza cipolla al giorno... L'abitudine di mangiare mezza cipolla ogni giorno potrebbe addirittura dimezzare il rischio di ammalarsi di tumore allo stomaco. Oltre ai componenti che contrastano la degenerazione delle cellule, altre sostanze come il flavonolo e il glutatione contenute nella cipolla hanno un ruolo anticancro.

Se volete farle germogliare Mettete le cipolle in un bicchiere d'acqua e alla luce della finestra: dopo pochi giorni inizia a crescere dell'erbetta verde, deliziosa per zuppe, salse e insalate.

Se non volete farle germogliare Mettetele in carta stagnola.

Per tagliare le cipolle senza piangere Lasciare le cipolle per dieci minuti nel freezer. Quando sono un po' freddine si tagliano meglio, più sottili e soprattutto non emettono gas lacrimogeni.

Cipolle crude delicate Se vi piacciono le cipolle crude nell'insalata, ma non gradite molto quel pizzicorino sulla lingua, affettatele finemente e lasciatele riposare nel latte freddo: dopo una mezz'ora avranno un gusto più delicato.

Cipolle digeribili Le cipolle risultano più digeribili se si immergono per un attimo in acqua bollente.

Cocciniglia

Un parassita molto comune La cocciniglia per le piante è come per noi il raffreddore: almeno una volta nella vita ne vengono colpite. Questo parassita, di cui esistono diverse specie, attacca moltissimi vegetali, soprattutto legnosi. Ricoperta da uno 'scudo', passa l'inverno allo stato di larva e riprende la sua attività in marzo-aprile succhiando la linfa dalle piante ospiti e deponendo uova. Durante la bella stagione si susseguono diverse generazioni.

Per le piante a foglia caduca è opportuno asportare dal giardino o dalla terrazza le foglie cadute infestate dai parassiti; per le piante a foglie persistenti bisogna intervenire con un prodotto specifico.

Colla

Per eliminare quella vecchia Provate a tamponare la parte incollata con una spugna imbevuta di aceto.

Colla 'fai da te'

- La colla si può preparare da soli: con 1 parte di farina di segale o di frumento e 20 parti di acqua.
- Far bollire.
- Oppure montare a neve un bianco d'uovo e lasciarlo liquefare nuovamente.

Collutorio

Una ricetta contro le infiammazioni Raccogliete i petali delle rose (circa 4 g) e lasciateli in infusione per un giorno e una notte in acqua bollente. Filtrate e mescolate con 4 g di miele per ogni grammo di liquido ottenuto.

Avete preparato un ottimo collutorio che lenirà le infiammazioni della bocca.

Compost

Un obbligo e un risparmio Il compostaggio, o compost, è un tipo di riciclaggio che, unito all'alternativa a tanti concimi chimici, è un obbligo per chi usa il metodo biologico.

Come fare il compost

- Gli avanzi di cibo, il fogliame del giardino, la lana strappata, i fondi del caffè, i capelli, la cenere e altre sostanze che si decompongono naturalmente, se miscelate e lasciate fermentare, si trasformano appunto in compost: una specie di terriccio morbido, ricco di microrganismi.
- La prima fase del lavoro consiste nell'ammassare i rifiuti in un cassone di legno, attraverso il quale l'aria possa penetrare.
- Per consentire una migliore fermentazione, è opportuna l'aggiunta di un po' di terra già ricca di microrganismi e di una manciata di compost già pronto ricco di lombrichi, funghi e batteri.

Congelare

Tre o quattro stelle? I congelatori a 3 stelle servono solo per conservare gli alimenti già surgelati. Per il congelamento casalingo è indispensabile un freezer a 4 stelle.

Al supermercato Quando acquistate prodotti surgelati controllate che la catena del freddo non si sia mai interrotta.

Se all'interno della confezione ci sono pezzetti di ghiaccio significa che il contenuto si è scongelato e ha rilasciato dei succhi che poi si sono ghiacciati.

Tutti i banchi dei surgelati devono avere un termometro visibile con la massima temperatura raggiunta, che non deve superare i -18 °C.

Un congelamento sano e sicuro

- I prodotti da congelare devono essere freschissimi e perfettamente puliti e devono essere confezionati in quantità corrispondente al consumo di una sola volta.
- Si possono congelare in casa, così come li acquistiamo: pane, leguminose, pasta fresca, salumi, burro, frutti di bosco, alimenti precotti e dolci.
- Il pesce e il pollame devono essere privati delle interiora, lavati e asciugati, anche internamente, prima di essere congelati.
- I funghi devono essere congelati precotti.
- Tutti gli ortaggi e, preferibilmente, la frutta, devono essere congelati previa breve sbollentatura.
- Non congelate mai uova in guscio e insalate.
- Non va congelato più volte lo stesso alimento, perché durante lo scongelamento le cellule si rompono, escono i liquidi e i tessuti diventano più vulnerabili all'attacco dei microbi.
- In genere è meglio cucinare gli alimenti congelati senza scongelarli.
- Se per il tipo di ricetta fosse necessario, fate scongelare in frigorifero, e mai sotto l'acqua del rubinetto.
- Il tempo di conservazione dei surgelati non deve mai superare l'anno e comunque dipende dalla potenza del freezer.
- Occhio agli alimenti ricchi di grassi: congelati durano molto meno.

Cornici

Manutenzione delle cornici di legno Pulitele passando una pezzuola di seta imbevuta di trementina. Per preservarle dai tarli passate di tanto in tanto sul retro un panno imbevuto di benzina.

Cornici dorate Le cornici dorate si passano con un batuffolo di cotone bagnato con qualche goccia di aceto. Si sciacquano poi con un batuffolo imbevuto di semplice acqua fredda e si asciugano delicatamente con un panno pulito.

Cornici intarsiate Per le cornici di legno, se sono intarsiate, usare un pennello.

Se ci sono macchie unire a tre albumi montati a neve un cucchiaino di candeggina. Quindi passare delicatamente sulla cornice con uno spazzolino da denti e ripassare alla fine con un panno asciutto.

Corno

Molto delicato, questo materiale non deve essere trattato con acqua né tanto meno esservi lasciato a bagno. Se proprio occorre una pulizia, lavatelo molto rapidamente in acqua e ammoniaca (un cucchiaio da minestra in un litro di acqua). Risciacquate e asciugate subito.

Potete passarlo con una goccia di olio di lino per evitare che si secchi.

Cosmetici

Ma esistono i cosmetici 'naturali'? Bisogna fare attenzione ai cosmetici venduti come 'naturali'. Anche se gli ingredienti sono di origine naturale, tali prodotti vengono spesso preparati con additivi poco salutari. Se è indispensabile garantirsi contro una proliferazione di microrganismi nei cosmetici, è comunque importante scegliere con oculatezza il tipo di conservante. Quando ci troviamo in profumeria, in farmacia, oppure davanti agli scaffali del supermercato, spesso restiamo perplessi: sulle confezioni dei cosmetici compaiono definizioni di cui non è facile capire l'esatto significato. Eppure decifrare queste misteriose etichette è importante, se vogliamo curare il nostro aspetto fisico in tutta sicurezza.

Acqua di rose Per conservare la fragranza delle rose anche in inverno, potete preparare una delicata acqua di toilette da utilizzare per frizionare la pelle dopo un buon bagno caldo... Su un foglio di carta si appoggiano i petali che, una volta essiccati, si mettono in una bottiglia riempita con alcol etilico. Si tappa e si lascia in infusione per 4 o 5 settimane, quindi si filtra. Ed è tutto!

Guida alla lettura delle etichette

- Uno dei termini più diffusi è 'ipoallergenico'. Ipo vuole dire 'meno': il pericolo di una reazione allergica, quindi, non è affatto escluso. Alcune case produttrici precisano: «Minimizza il rischio di allergie», il che sembra più chiaro e più onesto.
- Ciò che rende un latte o una crema 'meno' allergizzante è l'assenza di profumi e di coloranti. I prodotti per il trucco contengono tutti, ovviamente, dei coloranti e quindi definirli 'ipoallergenici' sembra piuttosto azzardato.
- Quando sull'etichetta c'è scritto «prodotto senza profumazione» chi ha una pelle sensibile dovrebbe stare in guardia. Un prodotto così definito, infatti, può contenere additivi aromatici, fragranze destinate a mascherare l'odore, talvolta sgradevole, degli ingredienti usati.
- Anche in Italia viene spesso usata sulle confezioni la dizione *oil free* (senza olio) per indicare un latte o una crema 'non grassi'. *Oil* però, significa olio e quindi, paradossalmente, una crema potrebbe benissimo non contenere olio ma lanolina, una sostanza grassa largamente impiegata nella produzione di creme di bellezza. La miglior definizione sarebbe quindi: 'non grassa'.

➛ *Vedi anche* **Epidermide, Etichette, Idroterapia**

Cottura

Cuocere senza bruciare Per evitare che i cibi a lunga cottura si attacchino al fondo della pentola bruciacchiandosi, ponete due o tre mattoni sul fornello, tra il fuoco e la pentola. Con questo sistema la minestra potrà cuocere a fuoco lento senza pericolo che trabocchi.

Per non fare attaccare la zuppa di piselli Quando preparate la zuppa di piselli aggiungete due grandi fette di pane al momento di unire i piselli al liquido. In questo modo i piselli non si depositano sul fondo, con il rischio di bruciare o di attaccarsi.

Scegliere bene i recipienti L'alluminio ha un'ottima conducibilità termica e riduce i tempi di cottura, ma comporta qualche inconveniente. Durante la cottura degli alimenti, le pentole in alluminio favoriscono la distruzione della vitamina C e cedono particelle di metallo. Per lo stesso motivo i recipienti in alluminio non sono adatti per la conservazione dei cibi cotti.

Le pentole e i tegami in acciaio inox conservano a lungo il calore. La perdita di vitamina C è molto contenuta, come è trascurabile anche la cessione di metalli. Un altro aspetto positivo delle pentole in acciaio inox è rappresentato dalla loro lunghissima durata.

Il rame è dotato di un'eccellente conducibilità termica, ma presenta un costo elevato e altri gravi inconvenienti. Sia le pentole in rame grezzo sia quelle in rame stagnato liberano durante la cottura sostanze tossiche e causano un'elevata degradazione di vitamina C.

Le pentole dotate di un fondo di teflon, indicate comunemente come 'antiaderenti', consentono un notevole risparmio di olio e di grassi. La loro durata è però molto limitata e, soprattutto i modelli più economici, richiedono particolare attenzione durante la cottura e la pulizia per la scarsa tenuta del fondo. Non esistono fino a oggi studi in grado di dimostrare la tossicità di queste pentole. Di sicuro si sa che, quando si superano i 250 °C, il teflon si decompone dando origine a residui dannosi per il nostro organismo. Quando il fondo è graffiato è consigliabile buttar via la pentola.

Per quanto riguarda le pentole o i tegami in vetro pyrex, l'unico inconveniente è la relativa fragilità agli urti e agli sbalzi termici.

Cottura al sale

- Un metodo di cottura antichissimo è la cottura sotto sale, che consiste nel riporre un pesce di medie dimensioni o della carne, come l'arrosto e affini, dentro una teglia per forno, ricoprendoli completamente di sale non troppo grosso.
- A fine cottura, il sale potrà essere utilizzato per condire minestre, minestroni e salare pietanze a base di pesce, se lo si è utilizzato per la cottura del pesce, perché la parte più interna di questa crosta si sarà impregnata del gusto della vivanda preparata.
- Il principio di cottura è lo stesso di quello a vapore: il calore fa saldare i granelli di sale tra loro formando una calotta intorno alla carne, che cuoce utilizzando la sua stessa acqua, senza dispersione delle sue buone proprietà e senza l'utilizzo di grassi cotti.
- I tempi da rispettare, visto che non possiamo controllare all'interno, sono: circa un'ora e mezzo per ogni chilo di carne; per il pesce andrebbe bene un'ora, considerando che il sale è come il cartoccio, per cui occorre mezz'ora perché il sale si scaldi e cominci a trasmettere calore al cibo, momento in cui comincia la reale cottura.
- Alla fine, rompete subito la crosta, altrimenti il sale si scioglierebbe salando troppo il contenuto.

Cottura alla brace e frittura La cottura della carne alla brace è da evitare o comunque da ridurre al minimo per la formazione di benzopirene e di altri idrocarburi cancerogeni liberati dal fumo e riassorbiti dal cibo.

Se paragonata alla griglia, la frittura presenta una modesta formazione di sostanze mutagene, soprattutto quando la durata della cottura è molto breve. Pertanto, a parità di tempo, essa risulta più sana, anche se più grassa: Bisogna però evitare di far 'fumare' l'olio e di riutilizzarlo. Dopo la griglia, la frittura è il sistema di cottura più aggressivo per gli alimenti e meno salutare per il nostro organismo, per cui è consigliabile ricorrervi il meno possibile.

Bollitura La bollitura è uno dei metodi più salutari; l'unico inconveniente è rappresentato dalla diluizione di sali minerali e vitamine. Per ridurre tali perdite, oltre a riutilizzare l'acqua di cottura, è utile scottare le verdure prima di immergerle in acqua bollente, in modo da inattivare gli enzimi responsabili della decomposizione delle vitamine. La riduzione dei tempi di cottura rappresenta un espediente per limitare la degradazione degli alimenti.

La pentola a pressione consente un notevole risparmio di tempo e di energia, e inoltre salvaguarda gran parte del patrimonio vitaminico.

Gli unici componenti che sembrano soffrire della cottura a pressione sono le proteine. Si tratta di un inconveniente trascurabile, considerata la ricchezza di proteine che caratterizza oggi la nostra alimentazione.

Forno a microonde Ancora poco si conosce sui rischi legati all'impiego del forno a microonde, il cui uso è ormai in rapida espansione. I tempi di cottura, di riscaldamento e di scongelamento dei cibi sono ridottissimi; il consumo di energia è limitato e si ha una buona conservazione dei vari elementi nutritivi. Accanto a questi vantaggi permangono però ancora numerosi dubbi sull'innocuità del forno a microonde, per cui non mi sento, per il momento, di pronunciarmi a favore o contro questo tipo di cottura; non v'è dubbio che se non si riscontreranno elementi negativi il forno a microonde potrebbe conquistare l'Oscar come miglior strumento e metodo di cottura.

Couperose

Che cos'è La pelle secca e sensibile è soggetta al fenomeno della couperose, alterazione che si manifesta attraverso un arrossamento, localizzato generalmente sugli zigomi e ai lati del naso. Le cause sono diverse: circolazione difettosa, magari ereditaria, oppure squilibri ormonali. Il fenomeno si aggrava in presenza di un clima freddo e ventoso, ma anche un'eccessiva esposizione al sole, specie per una pelle chiara e sensibile, è altamente nociva.

Terapia contro la couperose

- Se avete a disposizione alcune ore da trascorrere in casa con tranquillità, provate questa terapia d'urto.
- Dopo esservi perfettamente struccate, bagnate ripetutamente il viso con un po' di acqua in cui avrete messo a macerare un mazzetto di prezzemolo per almeno mezz'ora.
- Applicate sul viso, almeno due volte la settimana, il prezzemolo tritato.
- Lasciate agire per 15 minuti, poi sciacquate.

I rimedi casalinghi Applicate del succo di carota e lasciate agire per circa 30 minuti, quindi sciacquate. Preparate impacchi con farina di castagne d'India e acqua di rose. Usate un sapone a base di borace.

➤ *Vedi anche* **Epidermide**

Cozze

Una miniera di ferro Siete abituati a pensare che il ferro, utile per combattere l'anemia, si trovi solo nelle bistecche e negli spinaci? Sorpresa: se ne trova parecchio anche nel pesce o meglio nei molluschi. Le cozze, per esempio, sono una piccola miniera di questo minerale: un etto sgusciato ne apporta 6 mg. Ricordate comunque che il ferro è difficile da assimilare: per aumentarne l'assorbimento, servite le cozze con un'insalata di peperoni, condita con olio e succo di limone. La vitamina C, infatti, aiuta a fissare il minerale. 100 g di cozze = 500 g di gamberi = 1 kg di seppie = 6 mg di ferro.

Niente sabbia nel piatto Per pulire perfettamente le cozze lasciatele per circa un'ora a bagno in acqua fredda salata e con una manciata di granoturco.

Cristalli

Per evitare urti accidentali Prima di lavare bicchieri, bottiglie e altri oggetti in cristallo, foderate il fondo e le pareti del lavello con un panno di spugna assorbigocce.

Come lavare gli oggetti di cristallo Se gli oggetti sono cesellati, strofinateli con un pennello a setole dure. Infine, terminate il lavaggio con acqua calda e detersivo per piatti.

I cristalli antichi, dipinti o dorati, non vanno assolutamente lavati: limitatevi a spolverarli con delicatezza con un panno morbido. Se vi sono guarnizioni metalliche, pulite solo il vetro, facendo attenzione a non toccare il metallo.

Lavate gli oggetti in cristallo con acqua o con acqua e aceto.

Cromature

Come lavare gli oggetti cromati Lavate con acqua calda e detersivo: sciacquate con acqua e ammoniaca e lucidate con un panno morbido e un poco di farina.

Per togliere i depositi grassi applicate una soluzione di bicarbonato di sodio oppure passate con bianco di Spagna.

Cucina

Cappa Pulitela regolarmente con acqua e ammoniaca. Sostituite il filtro dell'aspiratore quando non assorbe più gli odori.

Smontate la ventola almeno una volta l'anno e pulitela con acqua e ammoniaca.

Cucina a gas: manutenzione Una crema detergente non abrasiva è ottima sia per le superfici smaltate sia per l'acciaio, ma in molti casi è sufficiente l'acqua.

Per le piastre rompifiamma delle cucine a gas usate aceto caldo.

La cucina andrebbe pulita dopo ogni utilizzo, per evitare l'accumulo di depositi molto difficili da togliere e per poter lavorare su superfici ben pulite quando ci si rimette ai fornelli: è questa una basilare regola igienica, soprattutto trattandosi di cibo.

Spegnete le piastre elettriche prima di procedere alla pulizia.

Per pulire le piastre, scaldatele prima bene, per carbonizzare i depositi che verranno via facilmente con uno straccio, una volta che la piastra si è raffreddata.

Cucina a gas: sicurezza Assicuratevi che tutti i bruciatori, anche quello del forno che è meno visibile e di solito meno usato, si accendano completamente, con fiamma regolare, e tengano perfettamente il minimo.

Non è prudente girare le manopole dei rubinetti in posizione di 'quasi spento' per avere una fiamma ancora più bassa del minimo, perché la fiamma potrebbe spegnersi senza che ve ne accorgiate.

Fate che diventi un'abitudine il controllo periodico dei bruciatori e comunque ricordate che quando le fiamme assumono un aspetto irregolare nella forma (diventando molto allungate) e nel colore (da blu a giallo), è tempo di manutenzione.

In caso di fuga di gas Se sentite l'inconfondibile odore di gas, aprite subito le finestre, non

Bambini sicuri in cucina

- Fate attenzione che i manici dei tegami non sporgano dal piano della cucina, che i recipienti non siano troppo pieni e non trabocchino, che coltelli e altri utensili siano lontani dalla loro portata.
- Sostituite i fiammiferi con accendini elettrici o elettronici, di difficile uso per il bambino.
- Mantenete sempre un'ottima aerazione dell'ambiente, per evitare un ristagno di gas.
- Importanti i blocca-ante e i blocca-cassetti.
- Detersivi, ammoniaca, candeggina, disinfettanti devono avere la loro giusta e sicura collocazione in uno spazio apposito, affinché non possano essere raggiunti in alcun modo dai piccoli.
- Stessa regola di sicurezza per flaconi, spray, cherosene e altri liquidi tossici o infiammabili: ricordate che il bambino, fino a una certa età, scopre il mondo soprattutto attraverso la bocca.
- È giusto tenere i bambini lontani dalla cucina quando sono in funzione i fornelli e il forno (attenzione al vetro di quest'ultimo quando è bollente!)
- Fiammiferi, accendini, manici di pentole sporgenti dai fornelli, ferri da stiro ancora caldi sono oggetti che attirano molto l'attenzione dei piccoli, e vanno tenuti lontani dalla loro portata e in posizioni scomode o, meglio ancora, impossibili da raggiungere.
- Sarebbe bene porre il fermo agli armadi e ai cassetti che contengono coltelli, lame, detergenti, disinfettanti, insetticidi.
- È proprio l'ingestione di molte sostanze pericolose che provoca la più alta percentuale di incidenti domestici.
- Non abbiate mai fretta mentre trasportate pentole piene, adoperate coltelli o mettete in funzione attrezzature elettriche.

fumate né accendete fiammiferi o accendini; non toccate apparecchi elettrici, né il telefono e neppure accendete la luce.

Spazzate verso l'esterno. Il gas infatti tende a raccogliersi al suolo.

Dopo che la casa è stata ampiamente aerata, chiudete il rubinetto generale del gas e chiamate l'Azienda del gas o i vigili del fuoco. Per localizzare le fughe, insaponate le tubature. La fuoriuscita di gas creerà delle bolle di sapone e voi avrete individuato il punto della perdita.

Bombola del gas Se usate le bombole, collocatele sempre all'aperto e acquistatele da aziende affidabili. Non sistemate le bombole in locali poco ventilati, in posizione inclinata o vicino a qualsivoglia fonte di calore.

Risparmio energetico mentre si cucina Utilizzate sempre un tegame più grande dell'anello di cottura e copritelo sempre con un coperchio.

Non bollite mai più acqua di quanta sia necessaria e non riempite eccessivamente teiere e pentolini.

Sui fornelli elettrici, usate tegami a base piatta e spessa.

Usate due o più tegami impilati su un anello di cottura oppure cuocete al vapore la verdura a foglie sopra una pentola, per esempio, di patate messe a bollire.

Sostituite le vecchie cucine a gas. I fornelli moderni hanno una maggiore resa dal punto di vista energetico e risparmiano circa il 10% di combustibile; i forni a ventilazione ne risparmiano un altro 10%.

Sfruttate al massimo il forno usando tutti i ripiani. Cuocete un pasto intero o piatti diversi simultaneamente.

Scegliete forni con sportelli di vetro e timer per poter osservare le fasi di cottura senza aprire lo sportello.

Usate una pentola a pressione, uno degli utensili da cucina più economici mai inventati. È sicura, facile da usare e trattiene la maggior parte delle sostanze nutritive.

Risparmiare con lavastoviglie e lavatrice Le lavastoviglie e le lavatrici automatiche consumano molta acqua. In una cucina 'sprecona' si può utilizzare circa il 20% dell'intera fornitura domestica di acqua, specialmente se vi si fa anche il bucato. La produzione di acqua calda richiede grandi quantità di energia.

Acquistate lavastoviglie di misura ridotta e a basso consumo energetico.

Usatele a pieno carico e scegliete modelli che consumino poca acqua, che siano del tipo a riempimento a caldo (cioè che non riscaldino l'acqua fredda nella macchina) e che utilizzino cicli economici.

➸ *Vedi anche* **Sicurezza in casa**

Cuoio

Macchie sugli oggetti Gli oggetti devono essere puliti accuratamente con una soluzione composta di parti uguali di cera e trementina; strofinate e ripassate con un panno di lana.

Piani di scrivanie, sedute o schienali di sedie e accessori vari vanno puliti con un panno leggermente umido e schiuma di sapone (sapone da barba).

Oppure smacchiate con benzina e lucidate con cera incolore o con bianco d'uovo sbattuto oppure ancora con succo di limone.

➸ *Vedi anche* **Macchie**

Cuscini

Come lavare cuscini di piuma Possono essere lavati in lavatrice: controllate prima che non ci siano buchi o parti scucite, chiudeteli bene in una federa, affinché non perdano le piume, poneteli nel cestello già pieno di acqua tiepida, aggiungete altra biancheria, per esempio asciugamani, in modo che i cuscini restino sul fondo del cestello, e avviate il ciclo delicato. Fermate la lavatrice a metà ciclo e girate i cuscini. Per farli asciugare, mettete i cuscini di piume nell'asciugabiancheria insieme con una scarpa da tennis pulita. Scegliete un ciclo di asciugatura ad aria fredda.

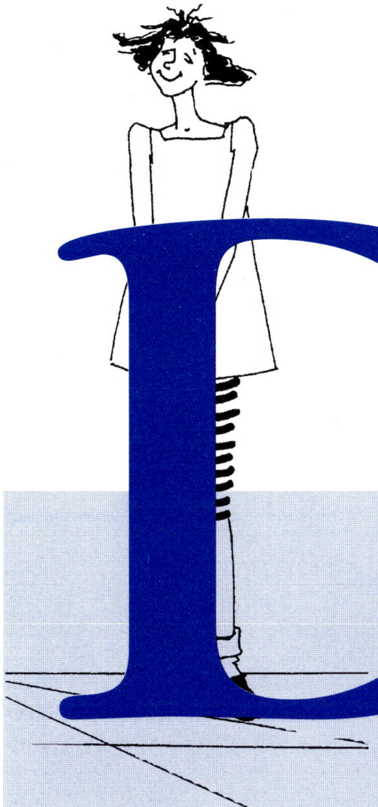

D, E

Decalcomanie
Decorazioni
Denti
Deodorante
Depilazione
Detergenti
Detersivi per bucato
Dimagrire
Divani
Doccia
Ebano
Elettricità
Elettromagnetismo
Emicrania
Energia
Epidermide
Etichette
Eucalipto

Decalcomanie

Come staccarle dalla stoffa Per staccare le decalcomanie dalla stoffa basterà immergere il tessuto in aceto bianco.

Decorazioni

Natalizie I chiodi di garofano emanano un profumo meraviglioso se si infilano nei mandarini; per Natale ci si possono decorare ambienti e anche i rami dell'albero.

Pigna Fate aprire con il calore una pigna e infilate fra le aperture qualche rametto di edera e qualche germoglio di patata. Immergetela in una ciotola piena d'acqua. La pigna si schiuderà e permetterà alle piantine ospiti di germogliare e crescere. Questa decorazione abbellirà la vostra casa anche nei mesi invernali.

Denti

Per mantenerli sani Fate un controllo dal dentista almeno una volta l'anno.

Lavatevi i denti almeno 3 volte il giorno, dopo i pasti principali.

Usate il filo interdentale almeno una volta il giorno, e comunque sempre la sera.

Un persistente alito cattivo e una tendenza elevata alla carie e alle infezioni gengivali sono quasi sempre causati da scompensi alimentari, ai quali bisogna risalire se si vuole veramente migliorare la salute dei propri denti.

Ogni 2-3 mesi lavateli con il sale: oltre a sbiancare disinfetta le gengive.

Denti smaglianti Le fragole tolgono le macchie ostinate dallo smalto dei denti.

Provate a strofinare un po' di polpa con uno spazzolino e risciacquate con acqua tiepida cui avrete aggiunto un pizzico di sale.

I denti diventano bianchi e splendenti se ogni tanto li strofinate con la buccia di limone.

Dentifricio alternativo Ecco una soluzione efficace quando il dentifricio finisce. Immergete lo spazzolino in una tazza di tè amaro, quindi metteteci sopra un pizzico di bicarbonato. Potete lavarvi i denti: il tè contiene fluoro, il bicarbonato pulisce e disinfetta.

Oppure potete sostituire il dentifricio grattugiando una mela e usando questa specie di purea per strofinare i denti con lo spazzolino, proprio come fosse dentifricio.

Contro il mal di denti Tagliate a metà uno spicchio d'aglio e posatelo sulla parte dolorante della bocca. In pochissimo tempo toglierà ogni dolore.

➸ *Vedi anche* **Igiene orale**

Deodorante

Fai da te Due parti di borotalco, una di bicarbonato: ecco la ricetta per un ottimo, efficace deodorante con cui cospargere le ascelle dopo la doccia mattutina.

Riutilizzare i deodoranti in stick Lo stick a pallina, quando è vuoto, si può usare per umettare francobolli, dopo aver riempito il contenitore con acqua.

Depilazione

Ritardante pilifero Per ritardare la ricrescita dei peli basta tamponare la parte depilata con un infuso, fatto raffreddare, di eucalipto e rosmarino in parti uguali.

Detergenti

È corretto parlare di sapone neutro? Un detergente neutro è quello che non altera il grado naturale di acidità (pH) della pelle, che ha un valore di 5,5. Un sapone non può essere neutro se ha un pH alto (tra 7 e 8).

Troppa schiuma fa male alla pelle Anche se non sappiamo rinunciarvi, cerchiamo almeno che non sia troppo abbondante e che sia facilmente risciacquabile.

Un detergente idratante Lo è se contiene lipidi e vitamine che si depositano sulla pelle lasciandola morbida.

Detergenti ecologici per la casa Sul mercato si trovano detersivi biodegradabili per piastrelle, bagni e servizi igienici. La marca più nota e diffusa di detergenti per superfici lavabili nei Paesi anglosassoni contiene sapone al cocco e all'olio di palma, gesso, sale marino ed estratti di camomilla e di calendula, che puliscono bene e non sono abrasivi.

Provate anche un impasto di bicarbonato di sodio e acqua o del borace spruzzato su un panno umido: sono sgrassanti efficaci per bagni, acquai, piastrelle e piani di lavoro.

In commercio c'è un detersivo all'avanguardia per i servizi igienici che contiene acido acetico invece del forte acido cloridrico e, inoltre, essenze di pino, di limone, di eucalipto e di lavanda, che disinfettano in modo naturale.

Qualche alternativa ai prodotti in commercio

- **Ammoniaca:** prodotto alcalino che sgrassa. La sua alternativa può essere l'aceto bianco
- **Detergenti in crema per pavimenti:** alcuni contengono etanolo, formaldeide e cloro. Evitare di usarli. Per i pavimenti si può usare acqua e sapone, per le superfici del bagno, acqua e aceto.
- **Detergente per water:** contiene ipoclorito di sodio che è caustico e velenoso. Si può utilizzare invece una soluzione di aceto o limone con acqua bollente.
- **Disinfettante:** unito ai candeggianti è tossico. Usare alcol, aceto o limone; ma meglio vapore d'acqua bollente.
- **Lucidante per lavelli inox:** contiene ammoniaca e distillati del petrolio. Un limone tagliato, intinto nel sale e strofinato sul lavello lo renderà brillante.
- **Detergente per forno:** contiene quasi sempre soda caustica o altre sostanze dannose alla pelle ed ai polmoni. Per pulire il forno agite quando è ancora caldo (ma non deve scottare) e passare un panno umido intriso di bicarbonato.

Versate aceto nei servizi igienici, lasciatelo tutta la notte e poi fregate con cura, oppure usate bicarbonato di sodio, che pulisce e disinfetta profondamente ma con delicatezza.

Disincrostante ecologico Il tubo di scarico si può disincrostare ecologicamente con l'acqua di cottura delle patate.

Detersivi per bucato

Che cosa contengono i detersivi In genere i detersivi in commercio contengono, in quantità leggermente diversa, gli stessi componenti: spesso i più efficaci sono anche quelli più inquinanti e che deteriorano di più la biancheria.

Meglio dunque usare un detersivo non inquinante (non ionico, senza fosfati), diminuire i dosaggi, lasciare la biancheria in ammollo prima del lavaggio, oppure lavare a mano le parti più sporche prima di mettere in lavatrice; e comunque mettere nella macchina meno biancheria di quanta sia consigliata dai costruttori.

Da sfatare è poi il mito del bianco a tutti i costi: tenete presente che i detersivi lo ottengono soprattutto con azzurranti ottici, perché il bianco è associato all'idea di pulito e quindi appare come un requisito irrinunciabile, ma di per sé il bianco non è garanzia di pulito.

Come risparmiare metà detersivo Perché il detersivo duri di più, quando termino un flacone e acquisto quello nuovo, travaso metà detersivo nel flacone vuoto, poi li riempio entrambi con l'acqua. Vi assicuro che il risultato finale non cambia e il risparmio è assicurato.

Detersivi all'NTA Dal 30 giugno 1986 la percentuale di fosforo nei detersivi è stata dimezzata dal 5% al 2,5%. Ma per raggiungere lo stesso potere detergente del fosforo mancante l'industria del sapone lo ha sostituito con l'NTA, ovvero il sale sodico dell'acido nitrilotriacetico, il quale sembra avere tutte le carte in regola per essere ancor più pericoloso. Può indurre alterazione del codice genetico, oltre ad aumentare il potere mutageno di alcuni metalli. I detersivi con l'NTA li potete riconoscere perché devono avere per legge un bollino rosso di riconoscimento.

Acqua di cottura come detersivo Invece del detersivo possiamo utilizzare l'acqua di cottura, non salata, dei fagioli bianchi, dei ceci, o delle lenticchie. Versate quest'acqua, bollente, sulla biancheria già insaponata e procedete normalmente con il lavaggio.

L'acqua di cottura della pasta va bene per indumenti di lana e seta.

L'acqua di cottura degli spinaci serve per i golf di lana neri.

Dimagrire

Sfatiamo alcuni miti Se dovete o volete perdere chili fate una dieta intelligente.

Fate molta attenzione agli errori e soprattutto ai falsi luoghi comuni, come quello, per esempio, che la carne di maiale è più grassa. Ci sono tagli molto magri come la lonza, che contiene gli stessi grassi del petto di pollo (e meno della coscia).

Il fatto che per non ingrassare si debba mangiare la frutta lontano dai pasti è una leggenda priva di senso. Non c'è differenza se la frutta è consumata a pranzo, a metà pomeriggio o a cena. È vero invece che se la si consuma lontano dai pasti si digerisce meglio.

Si dice spesso che per dimagrire non bisogna mangiare carne e pasta nello stesso pasto. Anche questo non ha fondamenti scientifici: il fatto di mangiare i carboidrati assieme alle proteine allunga semplicemente di circa un quarto d'ora la digestione.

C'è chi sostiene che mangiare la pasta la sera fa ingrassare. Su questo fatto possono incidere varie situazioni. L'organismo metabolizza meglio i carboidrati durante il giorno e questo avviene perché la secrezione di alcuni ormoni, che interferiscono con l'utilizzo degli zuccheri, è più efficiente nella prima fase della giornata. Perciò tutto dipende da che cosa si fa dopo cena: se si va a riposare, è meglio limitarsi; se si fa attività fisica, si può mangiare quello che si vuole.

Sono in molti a ritenere che il burro faccia ingrassare più dell'olio e della margarina. Non è vero. Infatti, fra i tre grassi, quello che contiene più calorie è l'olio, circa 900 l'etto, mentre il burro e la margarina si attestano intorno alle 720. Come per tutti i grassi, è comunque meglio utilizzarlo crudo e in modeste quantità.

Devo ricordare che è assolutamente falso che l'olio di semi sia più leggero dell'olio extravergine di oliva. Gli oli sono tutti composti da grassi al 100% e apportano lo stesso numero di calorie: 9 per grammo. L'olio extravergine di oliva, però, è l'unico ottenuto senza trattamenti chimici ed è una buona fonte di acidi grassi polinsaturi, indispensabili per la nostra salute.

C'è poi chi pensa che saltare il pranzo e mangiare solo a cena permetta di dimagrire: invece chi non mangia durante il giorno e si abbuffa la sera commette un errore.

Così come è davvero stupido pensare che per dimagrire non si debba bere durante i pasti: l'acqua è assolutamente senza calorie.

Consigli per una dieta intelligente

- Anche se siete a dieta non fatevi mai mancare la pasta (eliminate semmai il pane che è meno digeribile).
- Alternate le verdure cotte, che contengono più fibre, alle crude, ricche di vitamine e sali minerali.
- Non mangiate leguminose da sole, ma con i cereali: insieme sono una bomba di proteine e sono privi di grassi.
- Bevete latte ogni giorno, ma fate attenzione a non esagerare con i formaggi.
- Bevete almeno un litro e mezzo di acqua naturale il giorno.
- Mangiate almeno 2-3 volte la settimana il pesce.
- Se non sapete rinunciare al peccato di gola della cioccolata, mangiatene non più di 100 g la settimana, consumandola di preferenza il mattino.

Cracker o pane? È utile smitizzare il fatto che i cracker fanno ingrassare meno del pane. Per rendere friabile la sfoglia dei cracker sono necessari molti grassi (in pratica, se il pane comune fornisce 300 calorie l'etto, i cracker ne contengono 430). Un pacchetto di 4 cracker equivale dunque a un panino e mezzo.

Che cosa sono i prodotti light Molto spesso i prodotti light per mantenersi sani e snelli non sono così leggeri come si sostiene. Per tacita convenzione, un alimento è definito leggero se ha il 30% in meno di grassi. Leggiamo esattamente sull'etichetta quante calorie in meno ha il prodotto che stiamo acquistando, perché vi è differenza tra un prodotto con 'meno calorie' e un prodotto 'dietetico'. Quest'ultimo non può essere venduto senza autorizzazione ministeriale, perché deve rispondere a esigenze mediche precise.

Divani

Crusca contro le macchie Per togliere ai divani qualche macchia ed eliminare l'effetto 'lucido' al velluto e ad altre stoffe che li ricoprono, basta spargere un po' di crusca tiepida sulle parti sciupate e strofinare delicatamente. La crusca, dopo un'ora, potrà agevolmente essere tolta con l'aspirapolvere o con una bella spazzolata; oppure frizionate la superficie con una pezzuola di lino imbevuta in una soluzione di alcol e ammoniaca in parti uguali a cui avrete aggiunto una presa di sale. Lasciate asciugare e spazzolate prima contropelo e poi nel senso inverso.

Divani e poltrone in tessuto Passate uno straccio o una spugna imbevuta di acqua tiepida e poca ammoniaca, poi ripassate con acqua fredda e lasciate asciugare.

Divani e poltrone in pelle Se è il divano in pelle ad aver bisogno di una rimessa a nuovo, potete preparare una 'maschera di bellezza' con chiare d'uovo battute a neve. Passatela sul divano con un morbido panno di lana.

Per sgrassarli usate una soluzione ottenuta con un quarto di bicchiere d'aceto e mezzo bicchiere di acqua, oppure usate essenza di limone; potete pulire i vostri divani in pelle anche con un panno umido e una goccia di sapone neutro per capelli.

Per evitare che la pelle si asciughi e rinsecchisca, lucidatela ogni tanto con una soluzione di aceto e olio di lino (uno a due).

Per le macchie di colla sul divano Sciogliete un pezzo di sapone neutro in poco alcol e tamponate con uno straccetto imbevuto in questo composto. Sciacquate con cura sempre tamponando con acqua pulita. Per divani rivestiti in gobelin: strofinate delicatamente le parti rivestite con ovatta e acqua di patate calda. Quando sono asciutti, spazzolate.

Doccia

Se il calcare ha otturato i fori Svitate l'intera cornetta e lasciatela in ammollo in un litro d'acqua addizionata a un bicchiere d'aceto bollente. Dopo quindici minuti spazzolate bene i buchetti con una spazzola dura e riavvitate.

Cabina della doccia Se la doccia ha la cabina di vetro, perché torni rapidamente a splendere pulitela con una spugna imbevuta di aceto bianco.

Per le pareti sporche e opache Strofinate delicatamente con un pezzo di matassina di lana di acciaio insaponata. Provate prima in un angolino, per essere certi che non righi le piastrelle.

Tenda della doccia Mettetela in lavatrice a 30 °C insieme con due teli da bagno. Aggiungete 1/2 misurino di detersivo e 1/2 di bicarbonato di sodio. Fate compiere alla macchina un intero ciclo di lavaggio, aggiungendo all'acqua dell'ultimo risciacquo un bicchiere di aceto. Non centrifugate. I teli da bagno sono indispensabili ai fini del risultato. Stendete subito la tenda: le grinze spariranno quando sarà completamente asciutta.

Contro la muffa della tenda Per prevenire la formazione della muffa causata dal ristagno del vapore, prima di riappendere la tenda lasciatela a bagno in una soluzione di acqua e sale. Se la muffa è comparsa in zone limitate, toglietela con un po' di bicarbonato di sodio.

Ebano

Come rinnovare gli oggetti d'ebano Strofinate gli oggetti in ebano con una pezzuola imbevuta di olio di lino.

Elettricità

Controlli periodici Fate controllare l'impianto elettrico e mantenetelo sempre efficiente, in modo che non si sovraccarichi.

Elettricità sicura Impariamo a proteggerci dalla corrente elettrica, spesso causa di incidenti.

È ormai obbligatoria per legge l'installazione dell'interruttore differenziale da 30 milliampère, meglio conosciuto come salvavita a elettrostop. Si tratta di un dispositivo che, in caso di dispersione di energia, toglie immediatamente tensione all'impianto elettrico, eliminando il rischio di rimanere folgorati.

L'installazione di un salvavita deve essere effettuata da un professionista.

Inoltre è bene sapere che è obbligatoria l'applicazione del marchio CE sulle apparecchiature elettriche e su tutti gli elettrodomestici per attestare la conformità alle norme di sicurezza, fissate dalla legge. Chi sgarra rischia una multa che può arrivare a 120 milioni di lire. Sulle apparecchiature prodotte in Italia il marchio dell'Istituto italiano del Marchio di Qualità (MQ) è un'ulteriore garanzia. L'Istituto, che non ha fini di lucro, appone il suo marchio solo su apparecchi che, prima dell'immissione sul mercato, sono stati sottoposti a test.

Elettricità statica I videoregistratori, i televisori, gli stereo, i computer e tutti gli elettrodomestici emettono radiazioni. Inoltre durante il funzionamento emanano elettricità statica e alte concentrazioni di ioni positivi. Producono odori sgradevoli e polvere, e quando sono accesi sprigionano sostanze inquinanti dai componenti interni e dalle parti in plastica.

Queste radiazioni diminuiscono con la distanza, perciò è sempre meglio sedersi lontano dal televisore.

Adottate un filtro antiradiazione per i videoterminali, collegando la massa per eliminare l'elettricità statica.

Installate un generatore di ioni negativi, migliorate l'areazione e regolate l'umidità per mezzo di piante e ciotole d'acqua.

Elettromagnetismo

Esterno Se la nostra casa è vicina a un elettrodotto, o a un grosso traliccio o a un ripetitore televisivo o telefonico, occorre avvertire le autorità sanitarie di competenza e cercare di schermarli con appositi deviatori di onde elettromagnetiche (esistono in commercio, ma purtroppo a costi non irrisori).

Elettricità: test di sicurezza

- L'impianto di casa vostra non è stato cambiato da 20 anni?
- Avete l'interruttore salvavita e, di tanto in tanto, provate che funzioni, premendo il tasto a T posto sull'apparecchio?
- Avete l'impianto di messa a terra e le prese con il terzo buco?
- Avete le prese coperte (soprattutto per i bambini) e ben fissate nei muri, fili incassati o chiusi in canaline e tutto il materiale elettrico integro?
- In bagno, gli elettrodomestici (stufetta, lavatrice...) sono lontani almeno 60 cm da vasca o doccia?
- Attenzione: una sola risposta negativa significa pericolo!

Interno Dobbiamo evitare di tenere in funzione contemporaneamente e per parecchie ore troppi apparecchi elettrici; questo, oltre a costituire un enorme spreco energetico, ci fa subire un bombardamento di onde elettromagnetiche di cui ci rendiamo conto solo la sera quando a letto non riusciamo ad addormentarci.

Emicrania

Esistono cibi che scatenano l'emicrania? Non ci sono cibi pericolosi per il mal di testa, ma ingredienti che possono scatenarlo. Alcuni aminoacidi, come la tiramina e la feniletilamina, modificano la trasmissione degli impulsi nervosi nel cervello. Si trovano nella cioccolata, nei formaggi stagionati, negli alcolici (soprattutto nel vino rosso) e nelle aringhe.

Il monosodio glutammato provoca la cosiddetta 'sindrome del ristorante cinese' e si trova nel dado da brodo e nei condimenti utilizzati nella cucina orientale. Può provocare, a chi è sensibile, vampate e senso di soffocamento.

La vitamina A, diffusa in latte, latticini, tuorlo d'uovo, carote, zucche, albicocche, spinaci, pomodori, può provocare mal di testa mentre i nitriti e i nitrati (conservanti tra i più comuni degli insaccati e di alcune carni) possono scatenare la cefalea 'da hot-dog'.

Anche il contatto con il palato di cibi molto freddi può provocare un fastidioso mal di testa (la cosiddetta 'cefalea da gelato').

Il ruolo dello stress Lo stress, che depaupera la quantità organica del magnesio, può provocare acute cefalee.

Energia

Come risparmiare Sfruttate al massimo l'energia del sole e quindi la luce diurna.

Spegnete il riscaldamento un'ora prima di andare a dormire o di uscire di casa, per non sprecare il calore immagazzinato nei muri.

Limitate al minimo l'uso degli elettrodomestici, soprattutto nelle ore di punta.

Non fumate nei locali riscaldati, per non dover aumentare la ventilazione.

Togliete qualunque schermatura ai radiatori.

Chiudete le valvole dei termosifoni nelle stanze non occupate.

Installate guarnizioni a porte e finestre.

Installate dispositivi di ritorno a molla per le porte che si affacciano su spazi aperti, per bloccare l'ingresso di aria fredda.

Isolate il sottotetto con uno strato di almeno 10 cm di argilla espansa.

Insistete con l'amministratore per la periodica manutenzione dell'impianto di riscaldamento e per l'installazione di interruttori a tempo in tutti gli spazi comuni di passaggio.

Riparate prontamente i rubinetti dell'acqua calda che gocciolano.

Non cucinate con troppo anticipo.

Riciclate tutto quanto è possibile.

Un atteggiamento necessario ai fini del risparmio è quello dell'abitudinario controllo dei sistemi di riscaldamento, qualunque siano.

Contenete lo spreco di acqua calda; se possedete un impianto elettrico, quella necessaria in cucina può essere scaldata sui fornelli.

Se abitate in un condominio Non rinunciate a regolare il calore attraverso gli apparecchi chiamati 'partitori contabilizzatori', ammessi dalla legge per farvi pagare il giusto consumo di energia senza che questa sia calcolata forfettariamente in base alla superficie dell'appartamento.

Non usate le stufe elettriche, che, oltre a essere pericolose, fanno impazzire il vostro contatore. Io vi consiglio di farvi installare un impianto autonomo, la cui spesa si può tranquillamente ammortizzare in un anno.

Una delle cose più semplici che potete fare per risparmiare una grande quantità di energia e di denaro è mantenere sotto controllo il termostato per tutto l'anno. Durante l'inverno potete risparmiare il 3% dell'energia consumata dalla caldaia semplicemente abbassando di mezzo grado il vostro termostato, se questo è compreso tra i 19 e i 22 °C. In estate il procedimento è inverso se avete un condizionatore.

A proposito di condizionatori d'aria Vorrei dire che sono inutilmente 'energivori'. Potete sostituirli in casa con ventilatori a soffitto, che consumano pochissima energia, la stessa di una lampadina da 60 candele (il 98% in meno rispetto al consumo di un condizionatore).

Epidermide

Pulizia Prima di applicare qualsiasi prodotto curativo sulla pelle del viso o del corpo, è necessario che la pelle sia pulita in profondità: solitamente il sapone non è sufficiente, non pulisce bene e rischia di disidratare.

Dopo avere usato i prodotti adatti al nostro tipo di pelle, possiamo effettuare, periodicamente, una pulizia più approfondita, con farina di mais macinata grossolanamente e mescolata ad acqua tiepida o con farina di mandorle dolci sulla pelle inumidita.

Per una pulizia dolce del viso Mescolate un cucchiaino di zucchero con la schiuma del sapone e pulitevi il viso come fareste con un normale detergente.

Salviamo la pelle! È utile leggere attentamente le etichette di creme, detergenti, saponi, per non rischiare di alterare il pH: confrontando quello indicato con quello personale si può scegliere il più adatto (presso qualunque centro dermatologico è possibile farsi misurare questo parametro).

Usate una dose di bagnoschiuma pari a un piccolo cucchiaio impregnata in una spugna.

Per quanto riguarda i sali da bagno è bene non usarli, perché hanno il difetto di alcalinizzare l'acqua rendendola antifisiologica.

Va bene anche l'aceto Versate dell'aceto di mele in acqua tiepida e sciacquatevi abbondantemente il viso.

Lasciatelo asciugare senza usare asciugamani. Ripetuto una volta il giorno, questo trattamento ripristinerà il pH naturale della pelle.

Può servire anche a chi è afflitto dall'acne, usandolo sul viso perfettamente pulito.

Pelle all'arancia Tagliate un'arancia e strofinatevi la pelle del corpo, prima di infilarvi sotto la doccia. Ne uscirete morbidissimi. È una cura naturale ed economica.

Pelle secca e arida Versate nell'acqua del bagno tre cucchiaiate di miele e una manciata di latte in polvere. Prima di fare il bagno o la doccia massaggiate tutto il corpo con un guanto di spugna imbevuto di aceto di mele. Serve a ria-

Pulizia profonda con limone ed erbe

- Ecco un semplice e ottimo sistema per pulire i pori; fate bollire un litro d'acqua, aggiungetevi il succo o la scorza di mezzo limone e una manciata di erbe aromatiche (rosmarino, basilico, timo, menta).
- Proteggete i capelli con una cuffia da bagno e sistematevi un asciugamano sopra la testa e sopra il recipiente, tenendo il viso a circa 30 cm dall'acqua.
- A occhi chiusi, tenete il viso sopra il vapore per 15 minuti.
- Poi risciacquatelo con acqua molto fredda in modo che i pori si richiudano.
- Attenzione: non usate questo trattamento più di una volta la settimana per non privare troppo la pelle dei suoi oli naturali.

Per chi ha la pelle grassa: astringenti fatti in casa

- Sbattete a neve una chiara d'uovo e applicatela sul viso come una maschera; la chiara, asciugando, formerà una pellicola che vi 'tirerà' la pelle e chiuderà i pori. Resistete almeno 10 minuti, poi eliminatela sciacquando abbondantemente con acqua tiepida.
- Se la vostra pelle è particolarmente delicata, potete usare un tuorlo d'uovo.
- Spremete un limone, filtrate e preparate una soluzione composta in parti uguali di questo succo e di acqua di rose; agitate e applicate sulla pelle.
- Un astringente particolarmente delicato può essere preparato con fragole mature: frullatene alcune, poi frizionate con il composto ottenuto la pelle del viso; lasciate seccare, quindi sciacquate con acqua fresca.

cidificare la pelle, e a proteggere il film idrolipidico (il massaggio favorisce la buona irrorazione della pelle, elimina le scorie, rimuove le cellule cheratinizzate; l'aceto di mele riequilibra il pH).

Pelle normale La pelle normale non necessita di particolari trattamenti, ma non dev'essere per questo trascurata. Anch'essa va pulita, tonificata e idratata regolarmente ogni giorno, al fine di mantenere il più a lungo possibile l'equilibrio che la contraddistingue.

Maschera per pelle con pori dilatati Montare a neve un albume d'uovo, aggiungervi un paio di gocce di succo di limone, lasciare assorbire, sciacquare con acqua tiepida.

Pelle grassa La pelle grassa richiede una pulizia attenta e scrupolosa, che deve precedere sempre l'applicazione di qualsiasi crema, maschera o trucco. Infatti questo tipo di pelle tende a trattenere il sebo, che costituisce la causa prima del formarsi dei punti neri.

È bene quindi ogni sera, prima di andare a letto, e ogni mattina, appena svegli, passare un batuffolo di cotone imbevuto prima di latte detergente e poi di tonico.

Per una pulizia più profonda ricorrete periodicamente ai suffumigi.

Versate una certa quantità di acqua bollente in un catino in cui avete posto un cucchiaio abbondante di bicarbonato, quindi abbassate il capo verso il catino coprendovi con un asciugamano, in modo che il viso sia ben esposto ai vapori.

Resistete per almeno 10 minuti, in modo che i pori della pelle possano ben dilatarsi, poi tamponate, ma non sfregate, la pelle del viso con l'asciugamano, per togliere il sudore eccessivo.

Prendete due salviettine di carta e premete la pelle: i punti neri verranno via con facilità.

Pelle mista La pelle mista necessita di trattamenti mirati a riportare il giusto equilibrio sebaceo sul viso: quindi è consigliabile l'uso di maschere e applicazioni che tengano conto delle diversità della pelle, affinché non si determini il miglioramento di una parte ai danni di un'altra.

Tonico per il viso Potete prepararlo con due terzi di succo di arancia appena spremuto e un terzo di acqua di rose.

Struccatore Intingere un batuffolo di cotone in olio di oliva (spremitura a freddo, grado di acidità minimo 0,5%) e un po' di succo di limone.

Pelli secche La pelle secca o arida richiede particolari attenzioni: occorre idratarla spesso, per nutrire i tessuti che sono poveri di grasso e presentano un aspetto secco e opaco. Di giorno applicate una buona crema protettiva contro il freddo e il vento; la sera, prima di coricarvi, applicate, dopo una buona pulizia, una crema più ricca.

➽ *Vedi anche* **Abbronzatura, Couperose, Maschere per il viso**

Etichette

Additivi alimentari Gli additivi sono i prodotti aggiunti agli alimenti confezionati per correggerne l'aspetto, la consistenza o la conservabilità. Gli additivi utilizzati in Italia devono far parte di una lista approvata a livello europeo, ed è per questo che la loro sigla è sempre preceduta da una 'E', che significa appunto Europa. Gli additivi devono comparire sull'etichetta con la loro sigla, o con il nome scientifico, preceduti dalla categoria di appartenenza. I coloranti servono solo per correggere l'aspetto degli alimenti... Dal punto di vista alimentare sono completamente inutili, e molti sono dannosi. Gli antiossidanti proteggono i grassi dal contatto con l'ossigeno dell'aria, evitando che i cibi si scuriscano e irrancidiscano. I più usati sono gli antiossidanti naturali, come la vitamina C e altre sostanze biologiche, così come sono in natura o 'copiate' in laboratorio. I conservanti compaiono nelle etichette con il nome di antisettici, antifermentativi, battericidi. Servono a impedire lo sviluppo di muffe, lieviti e microrganismi. È grazie alla loro pre-

Etichette alimentari

ADDITIVI	USI E CARATTERISTICHE	BUONI	CATTIVI	FUORI LEGGE
Coloranti da E100 a E180	Sono gli additivi più inutili perché servono soltanto a rendere più attraente il prodotto e rappresentano dei veri e propri cosmetici alimentari. Sono quasi tutti derivati dal petrolio. La gamma del giallo va da E100 a E 110; i rossi da E120 a E 127; i blu da E131 a E139; i verdi da E140 a E149; tutta la gamma dei colori bruni e neri va da E150 a E180.	E100 curcumina E101 lattoflavina E140 clorofilla E153 carbone vegetale E160 carotenoidi E161 xantofille E162 betanina E163 antociani	E102 giallo tartrazina E104 giallo chinolina E110 giallo arancio E120 cocciniglia E122 rosso aperitivi E123 amaranto E124 rosso cocciniglia E127 rosso eritrosina E131 blu patent E142 verde acido BS E150 caramello ammoniacale E151 nero brillante E172 E180	E103 E105 E111 E121 E125 E126 E130 E152
Conservanti da E200 a E290	Vengono usati per bloccare la moltiplicazione dei microrganismi, ma potrebbero essere sostituiti da sistemi meno dannosi come la pastorizzazione e la sterilizzazione. Sono per lo più tossici.	E200 acido sorbico E201 sorbato sodico E202 sorbato potassico E203 sorbato di calcio E235 (solo sulla crosta dei formaggi) da E240 a E245 borati (solo sulle superfici degli alimenti) da E260 a E263 acetati E270 acido lattico E280, E281, E282 propionati per il pane E290 anidride carbonica	da E210 a E218 acido benzoico e benzoati da E220 a E227 anidride solforosa e composti dello zolfo da E230 a E233 difenile e derivati (usati sulla carta degli agrumi) E236 acido formico da E250, E251, E252 nitriti e nitrati di sodio e potassio usati nelle carni e negli insaccati	E204 E205 E206 E228 E229 E234 E237 E238 E253 E254
Antiossidanti da E300 a E340	Evitano l'irrancidimento dei grassi e l'imbrunimento superficiale di alcuni alimenti. Gli additivi dall'E322 all'E340 oltre alle loro caratteristiche antiossidanti hanno anche un potere 'addensante', rendono cioè densi e spalmabili alcuni alimenti.	da E300 a E304 acido ascorbico (vit. C sintetica) e ascorbati E306 tocoferolo (vit. E naturale) E307 e E309 tocoferolo di sintesi E322 lecitine naturali da E330 a E333 acido citrico e citrati da E334 a E337 acido tartarico	E308 gallato di ottile E320 BHA E321 BHT da E325 a E327 lattati (rischiosi nei bambini) da E338 a E340 acido ortofosforico e fosfati	E311 E312 E313 E314 E315 E316 E317 E318 E323 E324

Etichette alimentari

ADDITIVI	USI E CARATTERISTICHE	BUONI	CATTIVI	FUORI LEGGE
Gelificanti da E400 a E466	Usati nei dolci, gelati, conserve e carni in scatola, hanno la proprietà di emulsionare e di trattenere l'acqua nascondendo così le aggiunte di acqua. Non sono tossici ma possono provocare qualche disturbo digestivo di natura lassativa.	da E400 a E407 alginati (agar-agar) derivano dalle alghe. da E 410 a E414 farine di semi di carrube e gomme E420 sorbitolo E421 mannitolo E422 glicerina E440 pectine	E450 polifosfati (nei formaggini) da E460 a E466 cellulose sintetiche (nelle maionesi e gelati)	
Emulsionanti da E470 a E483	Sono grassi usati per rendere friabili i prodotti da forno ed emulsionare miscugli vari in pasticceria e gelateria. Di solito non vengono assorbiti, per cui non dovrebbero essere nocivi.	da E470 a E477 mono e digliceridi di acidi grassi	da E481 a E483	
Aromatizzanti	Non hanno la sigla E e vengono chiamati con il termine generico di 'aromi naturali' ma il più delle volte sono aromi artificiali, derivati dal petrolio e con formula analoga a quella dei naturali.		Acido glutammico e glutammati (nei dadi da brodo, nella carne in scatola e in molti cibi cinesi)	
Dolcificanti	Quelli sintetici hanno un potere dolcificante molto più alto dello zucchero e sono tutti dannosi.	Miele Derivati della frutta Glucosio Fruttosio Lattosio Sorbitolo Mannitolo Xilitolo Isoglucosio Maltosio	Saccarina Ciclammati Aspartame Taumatina Glicina	

senza che il pane in cassetta si conserva per mesi e lo yogurt alla frutta per settimane. Potrebbero essere eliminati o ridotti se le condizioni di produzione fossero più igieniche e accurate. Ma la grande famiglia degli additivi non si esaurisce nelle sostanze che spesso vediamo menzionate nelle etichette dei prodotti che acquistiamo: molte altre sostanze estranee sono presenti negli alimenti. Basti pensare alla carne di animali di allevamento: in molti casi si ritrovano estrogeni, usati clandestinamente, antibiotici e vitamine sintetiche, tranquillanti iniettati agli animali per 'calmarli' prima dell'esecuzione. È bene rendersi conto che tali sostanze tossiche restano nella carne che acquistiamo ed entrano nel nostro organismo con l'alimentazione. Chi ne è più colpito, a causa della minore massa corporea e delle minori difese, sono i bambini.

Una pediatra specialista in allergie ha calcolato che un bambino mediamente ingerisce tra i 100 e i 400 mg di additivi alimentari il giorno, cioè dalle 4 alle 8 volte la quantità utilizzata in molti esperimenti di laboratorio.

Nella tabella 'Etichette alimentari', alle pagg. 56-57, sono stati suddivisi gli additivi in 'buoni', 'cattivi' (cioè ammessi ma sconsigliati) e 'fuori legge', e si è fornita anche qualche spiegazione sul loro uso nei cibi industriali.

Cosmetici testati? Sulle etichette è molto in uso il termine 'testato'. Il prodotto può essere stato sperimentato in laboratorio (magari attraverso serie e approfondite ricerche), ma anche distribuito ai pazienti dei dermatologi che l'hanno provato riferendo poi le loro impressioni.

'Ingredienti di base' dei cosmetici Vediamo il significato degli 'ingredienti di base'. Per legge, i cosmetici dovrebbero riportare sulla confezione gli ingredienti principali, la cui denominazione può essere però alquanto generica (per esempio 'agente addolcente'). Nel migliore dei casi, quindi, veniamo a conoscere gli ingredienti principali; ma gli altri? Se si ha una pelle sensibile o se si soffre di altre allergie da contatto, è meglio non fidarsi ciecamente di quanto c'è scritto sulle confezioni.

Occhio al falso slogan

- Per evitare di essere imbrogliati da falsi slogan è bene comperare cosmetici il cui carattere naturale sia dimostrato, reperibili nei negozi di prodotti biologici.
- In una normale profumeria acquistate prodotti di marche rinomate (le sconosciute, con prezzi esageratamente bassi, nascondono spesso qualche brutta sorpresa).
- È bene inoltre leggere sempre accuratamente le etichette e verificare quale tipo di conservante è stato usato.
- Se come conservanti sono usati oli vegetali come quello di mandorle o di girasole, il prodotto è più sicuro.
- Soffrite di cellulite, avete la pelle a buccia d'arancia e con le smagliature? Purtroppo non c'è molto da fare. L'unico consiglio sicuramente da seguire è quello di diffidare dei prodotti cosmetici ingannevoli.
- Non fatevi ingannare da creme e cremine che promettono e non mantengono i miracoli descritti nella loro pubblicità. Non acquistate mai quelli pubblicizzati da frasi come «contiene enzimi dimagranti», «a base di sostanze che sciolgono i grassi» o «soddisfacente per 9 donne su 10» (state certe che voi sarete sempre la decima) o «elimina gli accumuli di liquidi e grassi», e così via.

E se un cosmetico, magari definito 'ipoallergenico', dovesse causare sintomi come irritazione, prurito, gonfiore, conviene sospenderne l'uso e rivolgersi a un dermatologo che cercherà di individuare la sostanza colpevole dalla quale occorrerà stare alla larga.

Eucalipto

Contro i disturbi delle vie respiratorie Gli infusi di eucalipto (20 g di foglie in un litro d'acqua) sono ottimi in tutte le forme di malattie e infezioni polmonari e delle vie respiratorie in genere.

Una curiosità: il termine 'eucalipto' deriva dal greco e significa: 'che nasconde il bene in sé'. Bisogna proprio dire che il nome è davvero appropriato!

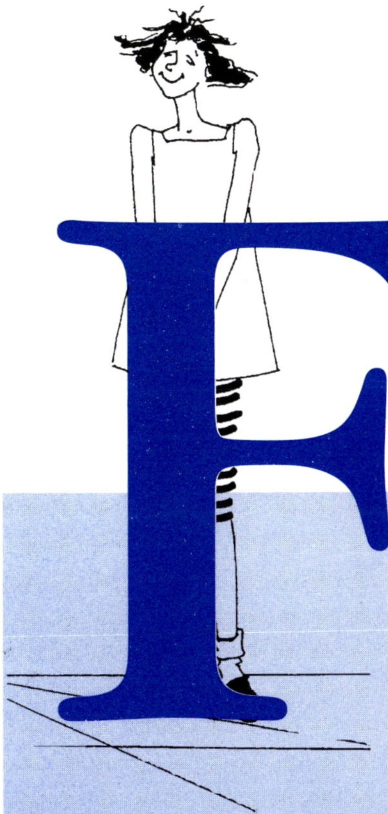

F, G

Farmaci
Felci
Ferro
Ferro da stiro
Fertlizzante
Ficus
Finestre
Fiori
Foglie
Forbici
Formaggio
Formaldeide
Formiche
Forno
Fragole
Francobolli
Frigorifero
Frullatore
Frutta
Fumo
Funghi
Gabinetto
Gatto
Genziana
Geranio
Germogli
Ghiaccio
Ginnastica in casa
Giocattoli
Gioielli
Glicerina
Gomiti
Gomma
Guanti

Farmaci

Album delle medicine Ogni malanno ha il suo rimedio ma a volte, al momento in cui servirebbe, non ci si ricorda il nome della medicina giusta. Potete fare così: infilate il foglietto illustrativo di ogni prodotto nelle buste trasparenti di un portafotografie e aggiungete qualche nota tipo: 'per la febbre', 'dolori reumatici', 'mal di stomaco', 'serve ricetta'.

Alimenti e farmaci Tutti gli alimenti contengono sostanze che, reagendo con i componenti dei farmaci, possono renderli inutili o addirittura nocivi. È per questo che viene consigliato di assumerli a stomaco vuoto.

Un caso di interazione negativa è quello tra tetraciclina, un antibiotico usato per bronchiti e per ascessi dentari, e latticini.

Un caso di interazione positiva è: integratori di ferro e alimenti ricchi di vitamina C.

In generale è sconsigliabile l'assunzione di farmaci assieme a bibite gassate e a frutta acida. L'eccesso di acidità potrebbe far dissolvere nello stomaco il principio attivo del farmaco anziché nell'intestino, dal quale può raggiungere il sangue più efficacemente.

La liquirizia o i suoi estratti, se mangiata in concomitanza con l'assunzione di farmaci contro l'ipertensione, ne ostacola l'efficacia.

Il fegato di manzo o di vitello, ricchi di vitamina K, sono da evitare se si assumono farmaci anticoagulanti.

L'interazione più pericolosa tra cibi e farmaci è quella tra alcuni antidepressivi e certi alimenti come formaggi fermentati, yogurt, birra, vino rosso, fegato, e forse anche caffè e cioccolata. In questi alimenti c'è la tiramina, sostanza che assieme agli antidepressivi porta a un innalzamento eccessivo della pressione sanguigna, con conseguenti forti emicranie e rischio di emorragie cerebrali.

Attenzione soprattutto all'alcol Qualunque farmaco non va preso assieme all'alcol, e questa regola vale a maggior ragione per chi usa barbiturici, antistaminici e antidolorifici.

Felci

Contro i bruchi Se nel terriccio della felce ci sono dei bruchi, infilatevi dei fiammiferi dalla parte della capocchia di zolfo.

Azoto per farle crescere bene Alle felci piace l'azoto contenuto in una soluzione molto diluita di acqua e ammoniaca.

➽ *Vedi anche* **Piante**

Ferro

Prevenire la ruggine Il problema principale del ferro sono le macchie di ruggine. Per prevenire l'arrugginimento potete spalmare con olio di vaselina o con una miscela di vaselina e petrolio (in parti uguali).

Togliere la ruggine Oggetti gravemente intaccati dalla ruggine possono essere parzialmente ripuliti: scaldateli sulla fiamma e lasciateli a bagno in olio lubrificante, quindi strofinateli con petrolio.

Pulire il ferro battuto Lavate con acqua, sapone e qualche goccia di ammoniaca, asciugate, e ungete con poco olio.

Potete anche lasciare il pezzo immerso nell'aceto per alcune ore (almeno due).

Inferriate, grate, cancelli Le balaustre del balcone, il cancello, le recinzioni del giardino e le grate in ferro battuto si tengono lustri passandoli con una soluzione di acqua, sapone e poca ammoniaca. Poi si sciacqua, si lascia asciugare e si spennella con olio.

Cardini, serrature e viti Cardini e serrature devono essere smontati prima di essere puliti.

➽ *Vedi anche* **Macchie**

Ferro da stiro

Manutenzione della piastra Per mantenere sempre la piastra del ferro scorrevole, evitate di passarla sulle cerniere lampo, sui bottoni e sui tessuti sintetici a temperature eccessive.

Pulitela con del sale per aumentarne la scorrevolezza. Un altro sistema di pulizia, soprattutto se il ferro tende a ingiallire i tessuti, consiste nello sfregare la piastra con aceto caldo e quindi con sale.

Se avete usato spesso acqua del rubinetto invece che acqua distillata nel ferro a vapore (a meno che il ferro non sia predisposto per l'acqua normale), pulite il serbatoio dal calcare: immettetevi dell'aceto puro e scaldate leggermente il ferro, quindi staccatelo e lasciate agire per circa mezz'ora; dopo queste operazioni svuotate e risciacquate il serbatoio.

Per pulire i fori del ferro da stiro a vapore Usate uno scovolino immerso in aceto.

Oppure, pulite l'esterno del ferro con dentifricio o con un prodotto per lucidare l'argento.

Bruciature da ferro Può capitare che, stirando una camicia bianca o un centrino, per una disattenzione su temperatura e tempo di stiratura si formi un alone giallo di bruciatura. Potete farlo sparire imbevendo un panno in acqua ossigenata a 12 volumi e stendendolo sulla parte ingiallita; sfiorate poi con il ferro da stiro.

➸ *Vedi anche* **Macchie**

Fertilizzante

Tre semplici fertilizzanti naturali Lasciate in acqua dei gusci d'uovo freschi per due o tre settimane. Usate questa soluzione per innaffiare le piante.

Un ottimo ed economico fertilizzante casalingo per le vostre piante in vaso è l'acqua dove si è fatto ammollare il merluzzo. Provare per credere.

Non buttate via l'acqua di cottura delle patate: contiene vitamine e sali minerali! Innaffiate con questa acqua le vostre piante.

Gli avanzi di cucina fanno benissimo al terriccio dei vasi Piccole ossa di pollo, gusci d'uovo, bucce di frutta e scorze di formaggio fatte macerare preventivamente nella terra del giardino possono poi essere trasferiti in piccole dosi nella terra dei vasi.

Un buon concime per i gerani Usate i fondi di caffè bolliti. Le piante da vaso crescono vigorosamente se vengono innaffiate di tanto in tanto con il tè.

➸ *Vedi anche* **Fiori, Piante**

Ficus

Olio per i germogli di ficus Potete ungere con olio (va bene quello di oliva) i germogli del vostro ficus per stimolare e accelerarne la crescita.

➸ *Vedi anche* **Piante**

Finestre

Prima di stuccarle Mescolate allo stucco un po' di vernice del colore della cornice di legno.

Finestre a ghigliottina che non scorrono Una volta l'anno, intingete un pennello nella vaselina e passatelo nella scanalatura interna. Se non scorre bene, il divisorio si è probabilmente deformato. Potrebbe andare a posto con un colpo ben assestato su un lato.

Per sostituire un vetro Per riuscire a togliere il vetro vecchio, ammorbidite lo stucco passandovi sopra un attizzatoio arroventato.

Fiori

Fiori che parlano Un mazzetto di violette corrisponde a un amore segreto, un ramo di mimosa dà sicurezza e gioia, una pianta di dalia esprime riconoscenza.

La primula è un messaggio positivo per un primo amore.

Il tulipano si regala dopo una dichiarazione.

L'orchidea e i ciclamini sono segno di un amore impetuoso e appassionato. Sappiatevi regolare quando ricevete un mazzo di fiori: hanno un messaggio per voi.

Chimica floreale Volete cambiare il colore dei fiori che avete appena colto per fare una composizione che vi piace di più? Può sembrare impossibile, ma con questo piccolo trucco è possibile e i risultati sono sorprendenti. Ecco come si fa: sciogliete nell'acqua del vaso un colorante alimentare e immergetevi gli steli. Questi assorbiranno il liquido e il giorno dopo anche le corolle avranno cambiato tonalità.

Calle Se sciogliete una zolletta di zucchero in un litro d'acqua con cui annaffiare le vostre calle, queste diventeranno da esposizione.

Drenaggio Mettete sul fondo del vaso cocci di terracotta, gusci di noce, nocciolini di frutta, biglie, pezzi di carbone o sassi.

Fiori finti di stoffa Manteneteli puliti con la spazzola aspirapolvere. Per ravvivarli metteteli sul vapore di una pentola d'acqua bollente.

Pulire i fiori artificiali Mettete i fiori in un grosso sacchetto di carta insieme con un po' di sale. Agitate energicamente. A tutta prima il sale non vi sembrerà tanto sporco, ma aspettate a vedere il colore che prende l'acqua!

Per far rivivere i fiori appassiti Tagliate i gambi e mettete i fiori in acqua calda. Lasciateli al buio finché l'acqua si raffredda, poi immergeteli in acqua fredda.

Garofani I garofani dureranno di più mettendo nel vaso un pizzico di acido borico.

Qualche trucco per le composizioni floreali

- Se avete fiori con il gambo corto, infilateli in cannucce prima di metterli nel vaso.
- Una moneta di rame in un vaso di tulipani li manterrà diritti e non li farà aprire troppo.
- Per mantenere limpida l'acqua nei vasi trasparenti, aggiungete un cucchiaio di candeggiante liquido per ogni litro d'acqua.
- Perché i fiori a stelo lungo stiano diritti in un vaso dall'imboccatura larga, con il nastro adesivo formate un reticolo sulla bocca del vaso.

Fiori del giardino recisi Se ne godrà più a lungo la bellezza se li si raccoglie non ancora del tutto sbocciati ma nemmeno troppo chiusi, perché non riuscirebbero ad aprirsi. L'acqua del vaso non deve essere freddissima, e si mantiene limpida versandovi dentro un cucchiaio di sale oppure di bicarbonato. Nei giorni successivi non sarà necessario cambiare l'acqua: basterà aggiungerne dell'altra alla stessa temperatura.

Primavera tutto l'anno D'inverno, quando i fiori sono rari, cercate qualche rametto di forsizia, di pruno, di melo, di biancospino, di lillà o di altri alberi da fiore.

Mettete i gambi dei rami in un secchio di acqua calda e lasciateci cadere dentro un batuffolo di cotone imbevuto di ammoniaca.

Avvolgete secchio e rami con della plastica e chiudete bene.

I vapori di ammoniaca riusciranno a fare sbocciare i fiori.

Narcisi I fiori a stelo carnoso, tipo narcisi, vanno immersi in acqua tiepida anziché fredda: strano, ma vero.

Rose Se vi hanno regalato un bel mazzo di rose, per far sì che duri più a lungo ricordatevi di aggiungere tre cubetti di ghiaccio all'acqua del vaso ogni volta che la cambiate.

Tulipani I tulipani recisi continuano a crescere di un centimetro al giorno; quindi, se non volete che la vostra bella composizione prenda un'aria ciondolante, 'spuntateli' tutti i giorni.

Ortensie Le ortensie assumeranno un colore intenso davvero eccezionale se all'acqua del vaso aggiungerete qualche goccia di blu di metilene. Per farle durare più a lungo, dopo che sono state tagliate, schiacciate leggermente il gambo all'estremità.

Fiori secchi fai-da-te Ricoprite interamente i fiori con un composto di farina di mais bianca e borace, nella proporzione di 10 a 3. Lasciateli così per 2 settimane e i vostri fiori secchi dureranno anni.

Un altro metodo per conservare le composizioni secche consiste nel martellare le estremità dei rami o i gambi delle foglie, quindi nell'immergerli per una decina di centimetri in un barattolo contenente acqua per 2/3 e glicerina per 1/3. Si possono immergere anche le foglie. Dopo circa una settimana il liquido sarà stato assorbito.

Può darsi che qualche tipo di foglia cambi colore, ma le composizioni dureranno anni.

➽ *Vedi anche* **Piante**

Fiori recisi freschi più a lungo

- Bastano poche gocce (4-5) di candeggina per un litro d'acqua, per far durare molto più a lungo i fiori recisi. L'ossigeno che si sviluppa ritarda la decomposizione e mantiene l'acqua più pulita.
- Un po' di bicarbonato di sodio nell'acqua dei fiori recisi ne manterrà più a lungo la freschezza. Dosi: 1/2 cucchiaino ogni litro e 1/2 d'acqua.
- Tagliate sempre via, diagonalmente, un pezzo di gambo con delle forbici molto affilate o con un coltello.
- Nel caso di fiori dal gambo legnoso, prima di metterli nel vaso praticate un taglietto verticale all'estremità del gambo. Assorbirà meglio l'umidità.
- Tagliate sempre i gambi tenendoli sotto l'acqua. In questo modo non si formano bolle d'aria che possono impedire l'assorbimento dell'acqua.
- Togliete le foglie che sono sotto il livello dell'acqua. Marcendo la fanno imputridire.
- Si dice che l'aspirina, i cubetti di ghiaccio e le monete di rame riescano ad allungare la vita dei fiori recisi.
- Ma il metodo migliore per farli durare di più consiste nel versare in 1 litro d'acqua 2 cucchiai di aceto bianco e 2 cucchiai di zucchero di canna. L'aceto rallenta la putrefazione e lo zucchero serve da nutrimento.
- Nella stagione fredda, durante la notte mettete il vaso sul balcone o fuori della finestra. I fiori dureranno il doppio.
- Non mettete troppi fiori nello stesso vaso: dureranno di più.

Foglie

Per pulire le foglie delle piante Passatevi sopra un batuffolo di cotone imbevuto di acqua tiepida con qualche goccia di latte. Le foglie saranno lucide e acquisteranno anche un aspetto più rigoglioso.

Per lucidare le foglie Spolveratele con un piumino. La glicerina è una delle sostanze migliori che possiate usare se volete lucidare le foglie (è meglio dell'olio d'oliva o della maionese, perché non attira la polvere). Mettetene qualche goccia su un panno e passatelo delicatamente sulle foglie.

➽ *Vedi anche* **Piante**

Forbici

Quando le forbici perdono un po' del loro mordente Potete migliorare la loro efficienza tagliando più volte un foglio di carta vetrata, e stringendo anche la vite che unisce le lame.

Forbici indurite Se le forbici si sono indurite perché il metallo si è sporcato o ossidato, mettetele a bagno per una notte in una miscela di un terzo di petrolio e due terzi di olio; quindi asportate i depositi e pulite.

Contro la ruggine Capita che sulle forbici si formi un po' di ruggine; si può procedere in questo modo per eliminarla: passate sulle lame una fetta di cipolla sulla quale è stato fatto sciogliere un cucchiaino di zucchero.

Formaggio

Come conservare il formaggio Non è facile mantenerne la freschezza; il luogo ideale per conservarlo è la zona del frigorifero meno fredda, di solito lo scomparto per le verdure. Per evitare la formazione di muffe non bisogna adoperare la pellicola trasparente perché impedisce la traspirazione. Se ne avanzano dei pezzi, è meglio avvolgerli nella loro carta d'origine.

Formaldeide

Alla larga dalla formaldeide Ricordate che il truciolato e il compensato usati per mobili, pensili, pareti e pavimenti emettono vapori di formaldeide, specialmente quando sono nuovi e in ambienti caldi e umidi.

Scegliete mobili in legno massiccio.

Rendete impermeabili le superfici di truciolato con colori atossici. Aerate il più possibile la zona della cucina.

Date la preferenza ai componibili con colle naturali.

La moquette dovrebbe essere messa in opera con adesivo doppio e non usando la colla sparsa su tutto il pavimento, altrimenti ci troveremo immersi in inalazioni tossiche di formaldeide.

Il pavimento sarà più ecologico se il parquet sarà stato lucidato con olio o con cera d'api.

➽ *Vedi anche* **Casa ecologica**

Formiche

C'è un'alternativa agli insetticidi chimici? Quando con la bella stagione le formiche tentano le prime sortite nelle case, osserviamo i percorsi e ricopriamoli con fondi di caffè.

Picnic sull'erba Le formiche sono le immancabili, non invitate, ospiti delle colazioni sull'erba. Sono simpatiche e industriose, ma troppo amanti delle nostre provviste. Per allontanarle basta spargere intorno alla tovaglia un po' di borotalco profumato che esse non tollerano e si daranno alla fuga.

Forno

Forno a microonde Per togliere odori sgradevoli dal forno a microonde, mettete alcune spighe di timo e fette di limone in una brocca di vetro con 250 ml di acqua. Fate scaldare finché l'acqua bolle e dalle piante sprigionerà un aroma delizioso.

Da ricordare Ricordatevi di scollegare sempre dalla corrente i forni elettrici prima di procedere alla pulizia.

Un sistema ecologico ed economico per pulire il forno Accendete il forno a calore moderato per circa 20 minuti, poi spegnetelo. Ponete sul ripiano superiore un piattino pieno di

Dieci trucchi per evitare l'arrivo delle formiche

- Eliminate il cibo all'esterno della casa.
- Assicuratevi che la legna da ardere e i rami degli alberi non siano a contatto con la casa.
- Stuccate tutti i punti da cui le formiche potrebbero entrare, come i davanzali delle finestre, le soglie delle porte e così via.
- Tenete le formiche lontane dalla casa mettendo dei chicchi di caffè intorno a porte e finestre.
- Allontanatele dalla casa sistemando chiodi di garofano interi nei punti da cui entrano. Infilatene un po' anche negli angoli delle credenze e sotto il lavello.
- Cercate di piantare della menta piperita all'ingresso del giardino, oppure sbriciolate delle foglie di menta o spargetele all'ingresso.
- Sistemate nei punti d'accesso foglie di pomodoro, sale, mezzo limone; per proteggere la dispensa, appendete dei ramoscelli di menta.
- Per allontanarle dalla dispensa possiamo sistemare, accanto agli alimenti, qualche rametto di lavanda o di basilico. Se poi, come spesso accade, vediamo le formiche provenire da un piccolo buco del muro, converrà chiudere questa apertura sistemandovi un pezzetto di canfora.
- Per evitare le formiche, prendete l'abitudine di lavare i pavimenti con aceto e di tenere molto prezzemolo nei vasi sul balcone. Sono odori che le formiche non gradiscono: cambieranno strada.
- Per liberarvi delle formiche, tritate e spargete delle foglie secche di tanaceto (*Tanacetum vulgare*) sui percorsi abituali e ricordate inoltre che non sopportano la cannella.

Forno e fornelli: manutenzione

- Per pulire senza fatica i fornelli strofinateli bene con aceto e per i casi più difficili lasciateli a bagno con aceto caldo per due ore.
- Per pulire l'unto che si forma attorno alle manopole dei fornelli e tutte le etichette di metallo, usate acqua e ammoniaca e un vecchio spazzolino da denti.
- Il forno deve essere pulito subito dopo l'uso, passando con cura del succo di limone su tutta la superficie. Quando sarà asciutto togliete gli ultimi residui di sporco con una spugna.
- Durante la cottura proteggete la piastra con fogli d'alluminio.
- Anche i forni autopulenti vanno passati, dopo l'uso, con una spugnetta umida.

ammoniaca pura e su quello inferiore un tegame largo pieno di acqua bollente e lasciateveli per una notte intera. La mattina aprite il forno rimanendo a distanza e fategli prendere aria per un po' prima di lavarlo con acqua saponata. Anche le incrostazioni più ostinate verranno via facilmente.

Le parti mobili Mettete tutte le parti del forno e dei fornelli che si possono togliere in un recipiente e versatevi dentro un paio di bicchieri di ammoniaca.

Coprite il recipiente e lasciate in ammollo per alcune ore.

Se si rovescia qualcosa Se si è rovesciato qualcosa, cospargete immediatamente la zona di sale. A forno freddo raschiate con una spazzola, quindi passatevi una spugna umida. Oppure mettete sul fondo del forno del detersivo per lavastoviglie e coprite con carta da cucina bagnata. Lasciate agire per alcune ore.

Fragole

Contro le rughe Fragole e fragoline di bosco sono molto efficaci per la cura delle rughe, per tonificare e rendere la pelle più morbida. Potete preparare una maschera per il viso schiacciando una tazza di fragole fresche e mescolandole con un cucchiaio di miele e uno di yogurt intero naturale. Applicate sul viso pulito e sul collo per 20 minuti. Eliminate poi con acqua fresca e tonificate con acqua di rose.

Francobolli

Se si sono incollati I francobolli che si sono incollati tra loro si possono staccare facilmente se si lasciano in frigorifero per poco. Si possono poi incollare ancora.

Frigorifero

Come pulirlo Almeno una volta il mese, pulite l'interno, prima con acqua e aceto, poi con acqua e bicarbonato di sodio (1 cucchiaio per ogni litro d'acqua oppure mezzo bicchiere d'aceto per un litro d'acqua); quindi asciugate.

Le guarnizioni si possono pulire con alcol o con borotalco.

Tenete puliti i forellini di scarico dello sbrinamento facendo sciogliere dei granelli di sale.

Sbrinate la cella frigorifera o il freezer almeno 4 volte l'anno. Lasciate sbrinare per qualche ora, poi, con abbondante acqua in cui avrete diluito dell'aceto, pulite bene.

Se fosse particolarmente sporco aggiungete un po' di detersivo e poi risciacquate, sempre con acqua e aceto.

Avvertenze per l'uso Evitate di lasciare dei cibi aperti senza protezione (basta la semplice pellicola trasparente).

Nella parte superiore vanno riposti i cibi più delicati, quali yogurt e salse; nella parte bassa quelli un po' più resistenti, oltre al formaggio, che richiede una scatola a sé, per evitare contaminazioni di odori con altri cibi.

Non lasciate mai aperta una confezione di latte già iniziata: è l'alimento che maggiormente assorbe gli odori, impregnandosi di aromi indesiderati.

Se volete ovviare ai cattivi odori, dividete in due un limone e lasciatene una metà nella parte bassa e l'altra metà nella parte superiore.

Non mettete alcun alimento a contatto con la parete di fondo.

Evitate di introdurre nel frigorifero cibi caldi. Apritelo il meno possibile, tirando fuori in una sola volta tutto quello di cui avete bisogno, e non ostacolate la circolazione d'aria tra le vivande: con queste attenzioni eviterete di dover sbrinare il frigorifero troppo di frequente.

Curate soprattutto la pulizia del vano destinato alla verdura, per evitare che le muffe e i marciumi intacchino le verdure fresche che riponete via via.

Periodicamente pulite con l'aspirapolvere la serpentina situata dietro il frigorifero: l'eccessivo accumulo di polvere infatti determina la messa in moto troppo frequente del gruppo refrigerante (come d'altra parte avviene anche quando la circolazione d'aria tra frigorifero e parete è insufficiente).

Nel freezer Per non far attaccare la vaschetta per i cubetti di ghiaccio al ripiano del freezer, strofinate la vaschetta (che sia ben asciutta) con una candela. Non mettete nel freezer le lattine di bibite gassate: potrebbero scoppiare.

Cattivi odori in frigorifero o nel freezer Un frigorifero o un freezer riempiti all'inverosimile avranno una cattiva circolazione d'aria e ristagno di cattivi odori, che possono essere eliminati mettendovi un barattolo forato contenente uno di questi 'mangiaodori': carbone vegetale, fondi di caffè essiccati, vaniglia in stecca o estratto di vaniglia su un pezzetto di cotone idrofilo, bicarbonato di sodio.

Frigorifero... in ferie Quando partite per le vacanze non dimenticate di pulire bene il frigo, svuotandolo delle provviste, lavandolo, e sbrinando il freezer. Per evitare che si formino cattivi odori, mettete su un ripiano una ciotola con carbonella o una lettiera per gatti.

Come risparmiare Collocatelo lontano da fonti di calore, per esempio lontano dal forno.

Il frigorifero non deve essere incassato tra gli altri componenti della cucina e comunque la sua griglia posteriore deve essere tenuta distante dalla parete non meno di 15 centimetri.

Il condensatore deve essere spesso spolverato e asciugato.

Se trovate la parete di fondo del frigo interessata da strati o blocchi di ghiaccio, vuol dire che c'è qualcosa che non va: per esempio le guarnizioni di chiusura dello sportello sono troppo rigide e non assicurano la perfetta chiusura. Provare ad ammorbidire le guarnizioni con la crema delle mani e un po' di alcol.

Il numero giornaliero di aperture del frigo (lo sportello non va mai spalancato) va ridotto al minimo e gli alimenti vanno sistemati in base alla frequenza con cui vengono usati; quando si rincasa con la spesa è utile predisporre tutto sul tavolo già in ordine per accelerare il trasferimento dei cibi nel frigo.

Non si deve assolutamente introdurre cibi ancora caldi, ma è necessario attendere che scendano a temperatura ambiente.

Il termostato deve essere impostato sui 4 °C, ed è utile verificare la sua precisione ponendo di tanto in tanto un termometro all'interno dell'apparecchio; se si scende sotto questa temperatura si avrà un aumento dei consumi senza alcun vantaggio nella conservazione.

La brina del freezer non deve mai superare i 5 mm: periodicamente, circa una volta il mese, effettuate lo sbrinamento.

Se manca la corrente Verificate che non sia mancata la corrente al frigorifero o al freezer (e quindi che gli alimenti non abbiano subìto uno scongelamento e un ricongelamento), mettendo in freezer alcuni cubetti di ghiaccio in un sacchetto di plastica prima di partire. Al ritorno capirete che è mancata la corrente se il ghiaccio ha cambiato forma.

Frullatore

Ghiaccio per le lame Duro lavoro, per il frullatore, nella stagione della frutta e della verdura. Se dovesse dare segni di cedimento, mettete nell'apparecchio qualche cubetto di ghiaccio e azionate l'interruttore. Al termine di questo trattamento, le lame saranno super-affilate.

Come lavarlo Lavare perfettamente l'interno del frullatore non è sempre facile. Possiamo versare nel bicchiere un po' di acqua calda, pochissimo detersivo per i piatti e un po' di aceto e mettere in moto per qualche secondo, poi sciacquare con acqua calda.

Frutta

Come conservare la frutta Se avete della frutta troppo matura che avanza, fatela cuocere prima che vada a male, tagliatela a pezzi, aggiungetevi un po' di zucchero, cannella e qualche amaretto: fatta raffreddare, diventa un ottimo dessert.

Per far maturare più in fretta le pere Mettetele in un sacchetto di carta marrone (come quelli usati dal fruttivendolo) assieme a una mela matura.

Riponete in luogo fresco e ombroso, assicurandovi di aver praticato prima alcuni fori nel sacchetto.

La mela matura emana un gas, l'etilene, che stimola la maturazione dell'altra frutta. Il sistema della mela matura funziona anche con le pesche e con i pomodori.

Oppure infilate la frutta in un sacchetto di plastica con qualche foglia di ortica. Il tempo di maturazione sarà notevolmente abbreviato.

Fumo

Come smettere di fumare La forza di volontà e l'autoconvincimento sono le uniche cose veramente fondamentali. Per questo, chi vuole davvero smettere è meglio che lo faccia di colpo, da un giorno all'altro, e non poco per volta, cercando di diminuire progressivamente il numero di sigarette giornaliere.

L'agopuntura esercita un benefico effetto generale, ma non riesce a togliere il disagio della dipendenza dalla nicotina.

Il metodo dell'ipnosi è solo un palliativo momentaneo.

Le pastiglie di acetato di argento, che rendono nauseante il fumo, in molti casi hanno avuto un certo successo.

Il chewing gum alla nicotina risulta efficace. Questa gomma libera una piccola dose di nicotina che viene assorbita dalla mucosa orale e soddisfa il bisogno fisiologico, che accompagna sempre quello psicologico, senza però nuocere. Se comunque non si è riusciti a smettere con questo metodo entro 3-4 mesi, è bene non consumare più tali gomme, altrimenti si innesca una nuova dipendenza.

Il cerotto alla nicotina fornisce all'organismo, attraverso la pelle, piccole dosi di questa sostanza. L'idea è quella di diminuire progressivamente la dimensione dei cerotti, fino a non usarli più.

Per far sparire il fumo da una stanza Fatevi roteare un asciugamano intriso d'acqua.

Oppure mettete delle coppette di aceto nei quattro angoli del locale.

Funghi

Consigli per i cercatori I funghi vanno conservati in un contenitore di vimini, poiché esso consente la libera circolazione dell'aria ed evita gli attriti e le compressioni che finirebbero per sciuparli. Vietate le buste di plastica.

I funghi non vanno brutalmente strappati, bensì delicatamente tagliati alla base. In questo modo, potrà svilupparsi un nuovo fungo.

Nel cestino vanno posti solo i funghi sicuramente commestibili; quando vi sono incertezze è meglio predisporre un altro contenitore dove deporre i funghi di dubbia commestibilità. Questo accorgimento è di vitale importanza, perché anche un solo frammento di un fungo velenoso può contaminare quelli commestibili con cui viene in contatto. Gli inesperti o gli incerti devono sempre far controllare i funghi raccolti da persone competenti.

I boschi e le radure possono celare l'insidia delle vipere: è quindi consigliabile calzare stivaletti, proteggere le mani con guanti robusti e munirsi di un bastone.

Funghi freschi Per essere certi che gli champignon che acquistate sono di prima qualità, scegliete solo quelli con le cappelle chiuse. Le lamelle non si dovrebbero vedere.

Come far seccare i funghi Ripuliteli bene dalla terra con un coltellino e uno spazzolino asciutti, senza lavarli.

Separate il gambo dalla testa e tagliateli separatamente a fette di mezzo centimetro.

Disponete le fette vicine, ma non a contatto tra di loro, su griglie di legno o su vassoi coperti con un telo e sistemateli al sole o in un luogo caldo, asciutto e aerato. Quando le fettine incominciano a seccare, vanno rivoltate.

Una volta asciutte, vanno riposte in sacchetti di tela. Non usate mai quelli di plastica.

Prima di cucinare i funghi, metteteli in acqua tiepida per dieci minuti e poi strizzateli.

L'acqua di ammollo, filtrata, si può utilizzare per la loro cottura.

Gabinetto

Per le incrostazioni Fate scorrere l'acqua per bagnare le pareti della tazza. Applicatevi un impasto di bucce e di succo di limone. Lasciate agire per 2 ore e poi strofinate bene.

WC intasato Rovesciatevi molti secchi di acqua calda, poi usate la pompa aspirante. L'odore scompare mettendo dell'aceto nell'acqua dello sciacquone.

Gatto

Allergie e toxoplasmosi Prima di adottare un gatto è bene accertarsi che nessuno in famiglia sia allergico al suo pelo. Un gatto, inoltre, può trasmettere, attraverso le feci, la toxoplasmosi, una malattia infettiva, il più delle volte a decorso asintomatico, ma molto pericolosa per le gestanti. È possibile scongiurare ogni eventuale forma di contagio attraverso un'adeguata profilassi, che consiste in vaccinazioni specifiche e precauzioni igieniche.

Salute Il gatto deve seguire una corretta alimentazione, in quanto soggetto a molte malattie intestinali. Contrae facilmente, infatti, la gastroenterite infettiva. Ricordate che potrete somministrargli un medicinale per bocca con una siringa priva di ago, oppure spalmandoglielo sulle zampette, in modo che lo lecchi.

Attenzione alle dermatiti e alle infezioni all'orecchio, entrambi disturbi tipici dei felini.

Igiene Un gatto può essere lavato una volta ogni sei mesi, mentre va spazzolato spesso, soprattutto in primavera, quando cambia il pelo.

Alimentazione Un cucciolo mangia quattro volte il giorno, prevalentemente latte, se di mucca, però non è abbastanza nutriente; quindi aggiungetevi ogni tanto un tuorlo d'uovo o qualche goccia di olio di fegato di merluzzo. Dopo i quattro mesi, i pasti si riducono a due.

Il gatto è un animale carnivoro, ma nella sua dieta devono essere compresi anche verdure, riso e pesce, di cui i gatti sono veramente ghiotti. Assolutamente vietati i dolci, perché per lui sono estremamente nocivi.

In generale l'alimentazione media di un gatto dovrà essere sobria e variata, non dimenticando la natura felina di questi animali. Non scandalizzatevi quindi se il vostro gatto fa un trofeo di un topolino, di un uccello, di un geco o di una lucertola, così come non dovete agitarvi se lo trovate sul balcone a cibarsi di qualche vostra pianta, specialmente i papiri o in genere le foglie filiformi.

Non dimenticate mai di mettere prodotti di bassa macelleria (polmone, cuore e frattaglie varie) e di pescheria, stando attenti a togliere accuratamente le lische.

I gatti non digeriscono gli amidi, quindi non date loro la pasta.

Evitate, quando è possibile, i cibi in scatola che, al di là dei confortanti messaggi pubblicitari, contengono materiali di scarto, conservanti chimici e sostanze sospette che ne aumentano l'appetibilità olfattiva ma non nutritiva.

Nell'uso di cibi inscatolati è sempre consigliata l'aggiunta di alimenti 'freschi', come riso soffiato o verdure cotte.

Evitate di nutrire i gatti con cibi per cani, con fritture, insaccati, patate, dolci e con ossa di pollo o lische di pesce.

Il gatto, a differenza del cane, mangia a più riprese, quindi è opportuno lasciare la ciotola del cibo sempre a sua disposizione.

Meglio i cuccioli Preferite i cuccioli, in quanto gli adulti hanno abitudini e ritmi quotidiani già ben strutturati: cambiare di colpo la loro vita potrebbe essere deleterio.

Evitate di comperarli nei negozi di animali, anche perché c'è sempre qualche amico o conoscente che ha urgenza di regalare i micini nati dall'ultima avventura della sua gatta.

Oppure leggete le inserzioni sui giornali per trovare il micio che cercate.

Il consiglio migliore è di adottare un trovatello evitando le razze feline più blasonate, non curandosi dei *pedigree* (che non garantiscono affatto l'obiettivo psicologico dell'adozione).

Educazione e cure Una volta dentro casa, il gatto non ha bisogno di particolari attenzioni, se non una preventiva visita veterinaria.

Organizzatevi per fargli trovare due ciotole (cibo e acqua), una cassettina (lettiera) con apposita sabbietta per raccogliere le deiezioni e un luogo-cuccia dove dormire.

Abituate subito l'animale a rispettare regole e norme di convivenza e nel fare ciò, soprattutto con i cuccioli, usate pazienza e amore. La vostra dedizione controllata ed equilibrata avrà prestissimo i suoi primi successi.

Per quanto riguarda il problema del 'farsi le unghie' sarà opportuno dotare il gatto di qualche cosa che lo attiri di più dei mobili o dei tappeti. Le soluzioni migliori sono un ciocco di legno da mettere sul balcone, sufficientemente lungo da permettere all'animale di allungarsi quando compie l'operazione.

Per tenerlo lontano da sedie e poltrone Mettete nell'imbottitura palline di naftalina.

Oppure ricoprite di plastica sedie e poltrone: il gatto odia la plastica, perciò non prenderà l'abitudine di salirvi.

Gattini non educati Se il micino non ha ancora imparato le buone maniere, gratta le porte, si fa le unghie sul divano, fa buchi nei vasi per i fiori, usate una pistola ad acqua e spruzzate il gatto tutte le volte che fa qualche cosa che non va. Capirà il messaggio.

Bagno A eccezione di alcune razze originarie dei Paesi nordici, la maggior parte dei gatti non ha un sottopelo idrorepellente, quindi si bagna molto tutta la pelle: occorre quindi fare attenzione ai bruschi sbalzi di temperatura che possono provocare bronchiti.

Porta e finestra della stanza in cui si fa il bagno vanno tenute chiuse, anche d'estate, perché le correnti d'aria possono farlo ammalare.

Il gatto non va immerso nell'acqua: per lavarlo bisogna usare un getto leggero di doccia.

L'acqua non deve mai essere fredda, ma tiepida. È meglio evitare di lavargli la testa, perché di solito ai gatti dà molto fastidio. Piuttosto gli si può pulire bene il muso, soprattutto nella zona intorno agli occhi, usando un batuffolo di cotone ben strizzato.

È consigliabile usare detergenti a pH acido, che non alterano la flora batterica cutanea con possibili dermatiti o aggressioni parassitarie.

Lontano dalle piante Una gran passione dei gatti è quella di scavare buche nella terra dei vasi... Per far perdere loro questa cattiva abitudine, è sufficiente spruzzare la zona martoriata con peperoncino della Cayenna. È innocuo sia per i vandali a quattro zampe sia per le piante, ma è molto efficace.

Genziana

Per vincere l'ansia Se vi svegliate oppressi dell'ansia e non ne avete motivo, allontanate subito questo senso di malessere che vi rovina la vita bevendo un decotto di genziana. Si prepara facendo bollire per 5 minuti la radice di questa pianta in una tazza d'acqua dolcificata con un cucchiaio di miele.

Per non mangiarsi le unghie Se i bambini

hanno l'abitudine di mordicchiare penne e matite o, peggio, di mangiarsi le unghie, spennellatele con la radice di genziana: è così amara che li convincerà a non metterle più in bocca. Si trova in erboristeria ed è assolutamente innocua.

Geranio

Consigli per gerani sempre sani Può succedere che anche un fiore 'forte' come il geranio accusi dei malesseri.

I gerani vanno piantati in vasi sufficientemente grandi, anche a riserva d'acqua, calcolando che a ogni pianta serve uno spazio di almeno 22 cm in larghezza e profondità.

Sul balcone di città non tenete i gerani esposti al sole per tutto il giorno.

Concimate regolarmente, senza mai eccedere nella dose e somministrando il prodotto sempre su terriccio già bagnato.

Innaffiando, non bagnate fiori e foglie.

Se, nonostante le cure, i gerani si ammalano, togliete subito le foglie colpite (anche quelle cadute sul terriccio) e poi, con cadenza trimestrale, praticate cure antiparassitarie naturali.

Se è attaccato da parassiti Muffa grigia: colpisce le foglie ma anche i boccioli.

Ruggine: compaiono pustole rossastre, poi nere nella parte inferiore delle foglie che, in seguito, possono disseccare e cadere.

Mal bianco: macchie bianche, polverulente, su foglie e altre parti della pianta.

Ingiallimenti e maculature indicano carenza o eccesso di sostanze chimiche o eccessiva insolazione.

➸ *Vedi anche* **Piante**

Germogli

Il cibo della giovinezza Quando le portiamo sulla nostra tavola, le verdure sono ormai poverissime di contenuti vitali (ogni ora, ogni giorno che passa dalla raccolta diminuisce il contenuto vitaminico di frutta e verdura). Per avere insalata sempre fresca e biologica c'è comunque una soluzione a portata di tutti e super-economica: i germogli.

Infatti, facendo germogliare in casa i semi delle leguminose e dei cereali si ottengono dei tenerissimi germogli che si possono consumare crudi in insalata.

I germogli vengono chiamati 'il cibo della giovinezza'. Sono un alimento disintossicante, nutriente, completo di tutti i princìpi nutritivi e, se consumato crudo, molto digeribile. Infatti, nel processo di germinazione le proteine contenute nei semi vengono scisse in aminoacidi, gli amidi trasformati in zuccheri e le vitamine aumentano enormemente.

L'incremento di vitamina A è di più del 300%, quello di vitamina C di più del 600%, ed è forte anche quello della vitamina E e di quelle del gruppo B. Inoltre, quasi tutti i germogli sono ricchi di ferro e molti anche di fosforo e potassio.

Sono quindi un toccasana per il sistema digestivo, il sistema nervoso e la pelle.

➸ *Vedi anche* **Minerali, Vitamine**

Un orto di giovinezza in casa

- Lavate accuratamente un pugnetto di semi e metteteli in una scodella, ricoperti di acqua minerale.
- Lasciateli macerare per circa 12 ore.
- Dopo la macerazione i germogli vanno scolati, sciacquati, distesi su un piatto piano e ricoperti con un panno sottile inumidito.
- L'unica accortezza sarà quella di lavarli ogni giorno e di tenerli al riparo dalla luce.
- La temperatura adatta (sopra i 20 °C) permetterà una germogliazione rapida e rigogliosa entro 3-4 giorni, per semi di lenticchie, fieno greco, frumento e fagioli; mentre occorrerà una settimana per l'erba medica.
- I germogli giovani (1-2 cm) sono teneri, dolci e ricchi di fattori vitali: mangiamoli subito, se vogliamo approfittare delle vitamine, dei sali minerali e degli enzimi che contengono.
- Ancora 1-2 giorni e la pianticella assumerà una brillante tonalità verde: è questo il momento giusto per rifornirsi di clorofilla, che ha proprietà rigeneranti, antianemiche e disintossicanti.

Ghiaccio

Cubetti in più Se avete bisogno di cubetti di ghiaccio supplementari, utilizzate i contenitori di plastica delle uova. Conservate poi questi blocchetti di ghiaccio nel congelatore dentro un sacchetto di plastica.

Ginnastica in casa

Per avere una vita sottile e flessuosa Ripetete ogni giorno questo esercizio: seduti su uno sgabello, con le mani sui fianchi, tracciate con il busto dieci ampi cerchi in senso orario, quindi altri dieci in senso antiorario, senza mai curvare la schiena.

Abitate al quinto piano? Fate con voi stessi il patto di non prendere mai l'ascensore: fare le scale è un'ottima ginnastica.

Davanti alla TV Se vi piace guardare la televisione, fatelo standovene seduti sulla cyclette e pedalando moderatamente: è un modo per combattere la sedentarietà.

Al telefono State chiacchierando al telefono? Non state seduti: alzatevi, toglietevi le scarpe e sollevatevi sulle punte dei piedi per 30-40 volte di fila.

È un esercizio rassodante che, in più, stimola la circolazione di ritorno.

Per il mal di schiena È un disturbo piuttosto frequente, specie se non si fanno attività fisiche equilibrate o se si guida a lungo.

Ecco alcuni consigli che possono aiutare a prevenire il mal di schiena.

Fate adeguati esercizi di stiramento della colonna vertebrale attraverso semplici piegamenti di schiena, toccando la punta dei piedi con le dita delle mani.

Riposate su un materasso rigido, dormendo sul dorso e senza cuscino, che va messo, invece, sotto le ginocchia.

Da seduti bisogna irrigidire la schiena spingendola spesso verso la spalliera.

Giocattoli

Al mare La sera, dopo una giornata al mare, non impazzite per togliere la sabbia dai giocattoli: riuniteli tutti in un sacchetto di rete e prima di tornare a casa, mettetelo sotto la doccia oppure immergetelo in una vasca piena d'acqua. Riemergeranno pulitissimi.

Giocattoli sicuri Un terzo degli incidenti domestici dei bambini avviene nei momenti di gioco. In questo campo i rivenditori di giocattoli non hanno dirette responsabilità, in quan-

Il decalogo della sicurezza

- **1:** la lunghezza e lo spessore delle corde per tirare i giocattoli devono essere tali da non procurare inciampi o trascinamenti di sedie o altri mobili.
- **2:** il materiale d'imbottitura dei pupazzi deve essere ignifugo, innocuo, senza muffe e senza acari.
- **3:** controllate la robustezza e l'accuratezza delle cuciture negli animali di pezza e nei vestiti delle bambole.
- **4:** quando fate un acquisto per bambini di età inferiore ai 3 anni, evitate giocattoli con parti piccole che possono essere ingerite, con punte e orli taglienti.
- **5:** assicuratevi che sonagli e massaggiagengive siano sempre grandi e non possano essere messi in bocca completamente.
- **6:** ferri da stiro e giocattoli elettrici devono riportare l'indicazione che ne raccomandi l'uso sotto la sorveglianza di un adulto.
- **7:** i giocattoli a proiettile, già sottoposti a limiti precisi, devono riportare istruzioni che sottolineino come non bisogna usare pallottole diverse da quelle fornite.
- **8:** rispettate le età consigliate sulle etichette, evitando che il giocattolo donato a un bambino sia poi usato magari dal fratellino più piccolo.
- **9:** i giocattoli con elementi riscaldanti o con reagenti chimici devono essere usati dal bambino solo sotto la sorveglianza degli adulti.
- **10:** frecce e dardi devono avere punte arrotondate e protette da ventose e non devono essere di metallo (assicuratevi anche che le ventose siano ben fissate alle aste).

to si fidano molto del marchio CE, che è un marchio di qualità ma non di sicurezza. Invece proprio sui giocattoli sarebbe importante vedere anche il marchio di 'giocattolo sicuro' (che purtroppo non è ancora obbligatorio).

Gioielli

Come pulire i gioielli I gioielli in oro con pietre preziose e quelli in argento si lavano con lo spazzolino morbido intinto nell'alcol e si asciugano con crusca oppure con pelle di daino.

Quelli di smalto si lavano con detersivo neutro delicato, si asciugano con segatura finissima e si lucidano con lo solita pelle di daino.

I brillanti e le altre pietre si puliscono immergendoli nell'acqua saponata con qualche goccia di ammoniaca. Si agita per un paio di minuti e si risciacqua asciugandoli con un panno morbido.

Come conservare al meglio i gioielli Se terrete i vostri gioielli d'oro in un portagioie pieno di borotalco si conserveranno splendenti. Ogni tanto lavateli con acqua e sapone, poi asciugateli con un panno di lana.

Glicerina

Contro le macchie Venduta in farmacia, la glicerina è utile per ammorbidire le macchie che si sono ormai solidificate e consente quindi di intervenire poi più efficacemente. La potete usare su tutti i tipi di tessuti, sia bianchi sia colorati. Mescolate glicerina e acqua calda in parti uguali, applicate alla macchia e lasciate agire per un'ora. Sciacquate abbondantemente con acqua tiepida.

Gomiti

Ammorbidire la pelle Per la pelle dei gomiti, di solito ruvida e che tende a essere scura, frizionate la sera con succo di limone e il mattino applicate un po' di crema emolliente.

Gomma

Come lavare gli oggetti di gomma Lavate con acqua calda e detersivi delicati: evitate qualsiasi smacchiante o detergente che contenga solventi alcolici che intacchino la gomma.

Sempre morbidi Gli oggetti di gomma rimangono morbidi e flessibili se li si friziona ogni tanto con glicerina. Non usate mai olio perché può danneggiare la gomma.

Gomma da masticare Mettete l'indumento in un sacchetto di plastica e quindi in freezer. Quando la gomma è surgelata, grattatela via.

Oppure, ammorbidite la gomma da masticare immergendola in aceto bianco o strofinandola con un uovo. Poi lavate l'indumento.

Guanti

Guanti di camoscio Quando si lavano è bene calzarli e usare per il lavaggio acqua quasi fredda e sapone in scaglie, con l'aggiunta di qualche goccia di glicerina per mantenere la pelle più elastica. L'asciugatura non dovrà avvenire in pieno sole e ogni tanto sarà bene stropicciarli perché si mantengano morbidi.

Guanti di pelle liscia Infilateli e strofinateli con benzina per togliere lo sporco e le macchie. Se non sono molto sporchi è sufficiente passarli con della mollica di pane. Se sono bianchi strofinateli, sempre dopo averli indossati, in una miscela formata da latte caldo insaponato e bianco d'uovo montato a neve.

Per lo sporco più resistente potete anche usare acqua insaponata e addizionata con un poco di candeggina.

I guanti delicati vanno strofinati con la parte interna di una buccia di banana.

Guanti di plastica Non buttate via i guanti che alcuni supermercati forniscono per pesare la frutta. Sono utili per proteggere le mani quando si lucidano scarpe o si pulisce il forno.

➽ *Vedi anche* **Macchie, Pellame**

HIJ

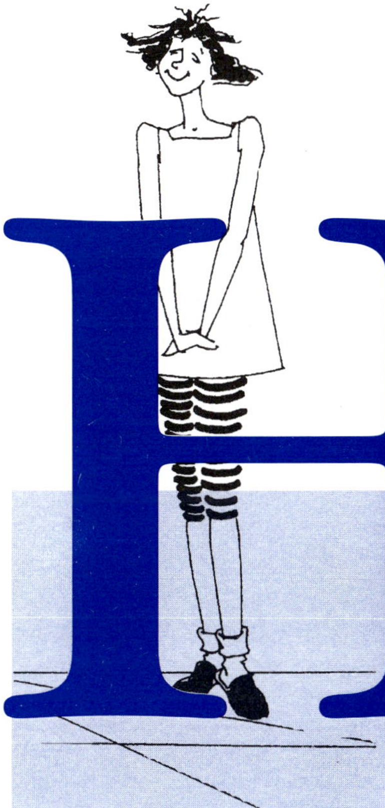

Herpes

Olio e miele per lenire Si prova sollievo applicando un'emulsione di olio di oliva e miele in parti uguali. Aiuta ad ammorbidire la pelle, in modo che la crosticina non continui più a rompersi. Ma attenzione: va applicata solo ed esclusivamente sulla zona colpita.

Limone per prevenire Appena vi accorgete che sta arrivando, e il sintomo è un forte e costante prurito con bruciore, applicate sulla parte una fettina di limone e sostituitela di tanto in tanto. L'herpes si blocca e si cicatrizza.

Idroterapia

Il bagno al sale è ottimo prima di dormire Usato nel bagno, il sale marino, ricco di oligoelementi, rivitalizza le funzioni cutanee e aiuta a eliminare le tossine.

Scioglietene un paio di manciate nell'acqua, oppure usatelo direttamente per frizionare il corpo (per chi ha una pelle che non teme irritazioni).

Restate nel bagno 20 minuti al massimo, quindi mettetevi a letto. Di notte la reazione di vasodilatazione continuerà, facendovi sentire piacevolmente rilassati.

Bagno contro il gonfiore alle gambe In acqua tiepida versate 30-50 g di argilla, 3 o 4 gocce di olio essenziale di salvia (deodorante) o di timo, rosmarino, frassino, eucalipto; immergete le gambe fino alle caviglie e rimanete così per almeno 10 minuti.

Bagno decongestionante È utile soprattutto dopo una giornata particolarmente stressante. Fate bollire 300 g di fiori di tiglio in 2 litri d'acqua, passate poi al setaccio e versate nell'acqua della vasca, che non dev'essere troppo calda. Rimanete immersi per non più di 5 minuti. Potete usare anche l'achillea millefoglie oppure la camomilla.

Bagno riducente Preparate la vasca con acqua molto calda e versatevi, oltre al vostro bagnoschiuma, 2 kg di sale da cucina; rimanete immersi per circa 20 minuti, poi asciugatevi con energia e avvolgetevi in un accappatoio caldo. È ideale per stimolare la sudorazione e perdere così parte dei liquidi. Altri bagni dimagranti si ottengono con estratti di edera o di alghe marine.

Bagno stimolante È stata una giornata faticosa? Avete bisogno di un bagno stimolante: immergetevi nell'acqua in cui avrete aggiunto il succo di un limone e 15 foglie di menta fresca e crogiolatevi a lungo nell'acqua tiepida. Ne uscirete rinvigoriti e riposati.

Bagno all'alloro Per un benefico bagno fate bollire per 15 minuti due manciate di foglie di alloro in 2 litri d'acqua; aggiungete all'acqua del bagno e immergetevi.

La spugnatura La spugnatura è un ottimo metodo per rivitalizzare la pelle. Si può fare il mattino al posto della doccia: l'importante è che il corpo sia ben caldo prima di iniziare.

Prendete uno strofinaccio ruvido in tessuto naturale (cotone, lino o canapa) e immergetelo in acqua fredda.

Strizzatelo e passatelo rapidamente su tutto il corpo con movimenti circolari, partendo da braccia e tronco, per poi scendere alle gambe.

Al termine, non asciugatevi ma vestitevi direttamente, oppure ritornate a letto per qualche minuto.

Sentirete un piacevole pizzicore, segno che la circolazione è attivata.

Il rito del vapore Un rito di bellezza giunto intatto fino a noi dal tempo delle nonne e, anzi, rivalutato dalla moderna estetica, è quello

Bagno contro l'insonnia

- Prima di andare a dormire usate essenze di pino, di fiori d'arancio o di camomilla in acqua calda.
- Rimanete immersi finché l'acqua non si raffredda, poi uscite e frizionatevi con cura.
- Terminate la serata con un bicchiere di latte.

del vapore. Il caldo umido provoca vasodilatazione periferica, accelera la circolazione locale e attiva il sistema di drenaggio nei tessuti. In altre parole, promuove una profonda depurazione della pelle.

Fate bollire una pentola d'acqua, unite le erbe o gli oli essenziali preferiti (ottimi camomilla, lavanda, limone, pompelmo) e mettetevi con la testa coperta da un asciugamano sopra il recipiente.

Restate così una decina di minuti respirando con calma, quindi sciacquate con acqua fredda. Sentirete la pelle tonificata e pulita.

➸ *Vedi anche* **Oli essenziali**

Igiene orale

Salvia e timo La salvia e il timo sono le erbe più indicate per l'igiene del cavo orale. Le loro foglie puliscono i denti, disinfettano la bocca e tonificano le gengive.

Nella salvia sono presenti oli essenziali e residui minerali: è abrasiva quanto basta per pulire i denti senza intaccarne lo smalto.

Il timo, invece, contiene un olio battericida che ritarda la formazione della placca.

In farmacia e in erboristeria si possono acquistare dentifrici a base di queste due erbe. Ma si può anche produrre, in casa, una polvere da spargere sullo spazzolino: basta essiccare all'ombra le foglie fresche delle due piante e poi sbriciolarle finemente.

Ottimi risultati, comunque, si possono ottenere anche solo strofinando sui denti una foglia di salvia inumidita.

➸ *Vedi anche* **Denti**

Impermeabili

Come lavarli Se molto sporchi debbono essere lavati in una soluzione di acqua saponaria alla quale saranno state aggiunte, a freddo, alcune gocce di ammoniaca. Spazzolateli bene, sciacquate abbondantemente e fate asciugare all'ombra.

Indumenti delicati

Come lavarli in lavatrice Infilate gli indumenti delicati in una federa e chiudete bene l'estremità aperta. Mettete la federa in lavatrice e avviate un ciclo delicato.

Inquinamento in casa

Indoor pollution È il termine inglese con cui si definisce l'inquinamento domestico.

Vegetali per l'igiene della bocca

- Il crescione masticato fresco mantiene bianchi i denti e decongestiona le gengive.
- Lo stesso risultato può essere ottenuto con le fette di patata: strofinate sui denti li sbiancano, li lucidano e rallentano la formazione della placca.
- Tutte le verdure dure, come le carote, e quelle aromatiche, come i finocchi, ottengono buoni risultati. Ma se non si è a tavola e non si ha a disposizione un pinzimonio, basterà sgranocchiare qualche seme di finocchio per sbiancare i denti, disinfettare la bocca e deodorare l'alito.
- È celeberrimo il potere sbiancante del limone: gli acidi che contiene sciolgono ogni macchia. Basta passare sullo smalto l'interno della buccia di un frutto spremuto o sciacquare la bocca con una soluzione costituita da una parte di succo e due di acqua.
- Analoghi risultati si possono ottenere con una fragola sfregata per qualche minuto sullo smalto.
- Le mele, come tutta la frutta e la verdura di consistenza solida, hanno un effetto detergente, determinato sia dalle sostanze acidule presenti nel frutto, sia dall'azione meccanica dell'attrito con il dente.
- Se desiderate avere sempre un alito profumato, imitate gli antichi mandarini cinesi che facevano grande consumo di chiodi di garofano prima dei loro appuntamenti galanti.

Come combattere gli agenti inquinanti		
FONTE	**PERICOLI**	**CHE COSA FARE**
Acqua	Piombo e altri metalli pesanti provenienti dalle tubature. Nitrati e tracce di altre sostanze inquinanti e chimiche. Batteri e radon nelle docce.	Eliminate le tubature di piombo e quelle con i giunti saldati a piombo. Fate esaminare l'acqua. Usate sistemi di filtraggio.
Aria Sistemi di condizionamento e di ventilazione, umidificatori, tubi di riscaldamento.	Microrganismi, funghi, batteri e muffe portati dall'aria. CFC liberati da alcune apparecchiature.	Mantenete una buona umidità all'interno e aerate gli ambienti. Fate controllare regolarmente i meccanismi.
Collanti Collanti, colle e mastici: usati per piastrelle, assemblaggio di mobili, guarnizioni a tenuta stagna, tappezzerie.	COV, in particolare formaldeide. Vapori tossici liberati durante l'applicazione e l'asciugatura.	Usate colle tradizionali non chimiche o acriliche a base di acqua con basso contenuto di solvente.
Elettricità Impianti elettrici, televisori, computer, frullatori, impastatrici, attrezzi elettrici, asciugacapelli, fotocopiatrici.	Radiazioni elettromagnetiche a basso livello. Ozono.	Usate meno apparecchiature elettriche possibili e non nelle camere da letto. Assicuratevi che gli impianti e i dispositivi di protezione siano sicuri.
Frigoriferi.	CFC liberati dal sistema di refrigerazione.	Sono in commercio nuovi modelli privi di CFC. Se è possibile acquistatene uno.
Forni a microonde.	Radiazioni da sportelli non perfettamente combacianti.	Fate controllare il forno. In alternativa usate altri metodi di cottura rapida come le pentole a pressione.
Illuminazione fluorescente (vecchie apparecchiature).	PCB da stabilizzatori ad accensione rapida.	Sostituite le lampade vecchie con quelle alogene o a incandescenza.
Legname e derivati Legno di pino, di abete rosso e di altre conifere.	Vapori resinosi.	Usate legname stagionato e riciclato o qualsiasi altro legname massiccio. Usate sigillanti atossici.
Truciolato, cartone, fibra e compensato, usati per mobili, componibili, scaffalature, pavimentazioni e rifiniture murarie.	Vapori di formaldeide generati dai leganti, specialmente se il prodotto è nuovo ed è usato nei climi caldi e umidi.	Usate legno massiccio o assi con formaldeide a bassa emissione. Comprate mobili di legno massiccio, di canna d'India, di bambù e di vimini.
Trattamenti del legno.	Lindano, pentaclorofenolo.	Evitatene l'uso.

Come combattere gli agenti inquinanti

FONTE	PERICOLI	CHE COSA FARE
Metalli Pentole, vernici, tubature, usi strutturali, mobili.	Tracce nell'acqua di piombo, cadmio, mercurio, alluminio, ferro, magnesio e rame. Il piombo e il cadmio sono ingredienti delle vernici, l'alluminio è il materiale con cui sono fatte certe pentole e può contaminare il cibo.	Usate vernici naturali. Utilizzate pentole di acciaio inossidabile, vetro o smalto.
Pesticidi e fungicidi	Sostanze tossiche e irritanti, possibili cancerogeni.	Praticate la disinfestazione biologica.
Plastica Imbottiture di sedie, materassi e cuscini.	Poliuretano: gravi pericoli di incendio.	Vietato in Gran Bretagna e in altri Paesi. Scegliete alternative sicure.
Vinile nelle piastrelle, nelle apparecchiature elettriche, nei pannelli di finto legno, nella carta da parati.	Formaldeide e altri vapori tossici. Cloruro di vinile.	Scegliete alternative naturali.
Acrilico usato per lastre di finto vetro e rivestimenti di stoffa.	Vapori tossici: sospetti cancerogeni.	Evitatelo: persino piccole quantità possono essere pericolose. Scegliete alternative sicure.
Materiali termoplastici usati in numerosi prodotti domestici (per esempio per conservare e impacchettare cibi).	Vapori, specialmente prodotti dal calore: contaminano il cibo.	Scegliete alternative naturali come cellophane e carta oleata. Conservate il cibo in contenitori di vetro, di terracotta e di porcellana.
Pulizie domestiche Detergenti per forni e tappeti, prodotti lucidanti, candeggianti, disinfettanti, deodoranti, prodotti per l'igiene personale.	Formaldeide. Fenoli, cloruro di vinile, aldeidi, benzene, toluene, chetone, ammoniaca, candeggina e lisciva. Se ingerite, sono tutte sostanze irritanti e tossiche. Spray con CFC.	Scegliete alternative naturali. Se dovete usare detergenti chimici, indossate guanti e proteggete la pelle dagli schizzi. Conservate tali sostanze in luogo sicuro, lontano dalla portata dei bambini. Aerate gli ambienti.

Come combattere gli agenti inquinanti

FONTE	PERICOLI	CHE COSA FARE
Riscaldamento		
Apparecchi per riscaldamento a cherosene e a gas in bombole.	Ossido di carbonio, biossido d'azoto, anidride carbonica, anidride solforosa.	Da non usare. Se è inevitabile, servitevene solo per periodi brevi. Aerate bene.
Fornelli e caldaie a gas e apparecchi di riscaldamento ad acqua.	Ossido di carbonio, biossido d'azoto, anidride carbonica, anidride solforosa. Perdite dalle fiamme-pilota.	Garantite sfoghi verso l'esterno per tutti gli apparecchi a gas. Sostituiteli con caldaie a gas a camere di combustione sigillata. Comprate apparecchi senza fiamma-pilota. Sottoponete a controlli regolari i bruciatori.
Caldaie a nafta.	Sottoprodotti della combustione: perdite di vapori.	Aerate. Sostituite con un sistema di riscaldamento elettrico o sigillate la stanza della caldaia.
Stufe e camini a legna; stufe e caldaie a carbone.	Ossido di carbonio, fumo e benzopirene.	Fate spazzare e controllare regolarmente le canne fumarie. Chiudete le fessurazioni prodottesi nel camino. Create una presa d'aria diretta per il camino.
Stoffe e fibre		
Materiali sintetici (per esempio polipropilene e poliestere usati per tappeti, carta impermeabile, imbottiture, biancheria e coperte per letti, vestiario).	Vapori di formaldeide. Anche insetticidi, materie plastiche morbide, ritardanti di fiamma, repellenti contro pieghe e macchie.	Evitate i prodotti sintetici, specialmente moquette da muro a muro. Usate materiali naturali non trattati, come il cotone, il lino, la lana e la tela ruvida. Lavate prima dell'uso.
Piume, piumino e crine.	Allergie in persone sensibili.	Usate cuscini e materassi di lattice naturale e proteggete con cotone naturale a trama fitta.
Vernici, coloranti e smacchiatori		
Usati in tutta la casa su pareti, pavimenti, soffitti, parti in legno e mobili.	COV. Vapori e odori tossici liberati durante l'asciugatura. Gli smacchiatori sono i più tossici. Fungicidi e insetticidi aggiunti. Metalli.	Evitate vernici derivate dalla lavorazione del petrolio. Se proprio non potete farne a meno, tenete le finestre spalancate e lasciate passare molto tempo prima di riutilizzare la stanza.

Questo concetto va allargato non solo all'aspetto chimico degli inquinanti, ma anche a quello fisico di tanti altri nostri 'nemici', come per esempio il gas radioattivo radon, le involontarie 'lastre' che ci facciamo passando nei metaldetector o portando semplicemente al polso un orologio fosforescente...

I fattori inquinanti Ma quali sono i principali fattori che mettono in pericolo la salubrità dell'ambiente domestico? I maggiori responsabili della perdita di qualità dell'aria sono il radon, i prodotti della combustione, il fumo, la formaldeide, i composti organici volatili emessi da molti materiali.

Nella tabella 'Come combattere gli agenti inquinanti' (*vedi* le pagine 76-78) sono state riassunte le principali sostanze nocive con cui coabitiamo, con i loro effetti negativi, e spesso gravi, sulla salute e con i rimedi da attuare per migliorare la nostra qualità della vita.

Inquinamento acustico in casa Moderate sempre il volume di tutte le fonti sonore che avete in casa: le occupazioni e il riposo delle persone vicine vanno tutelati.

Evitate di accendere più apparecchi insieme.

Insonorizzate con appositi pannelli la stanza dei bambini, specialmente se hanno meno di dodici anni.

Anche il rumore del pavimento che scricchiola può infastidire il sistema nervoso: a questo proposito potete applicare una goccia di olio minerale alle giunture oppure piantare chiodi 'a cavalletto' per serrare il pavimento.

Sistemate frigoriferi ed elettrodomestici rumorosi lontano dalle pareti divisorie.

Se abitate nelle vicinanze di un aeroporto, di una stazione ferroviaria, o anche di una via molto trafficata, mettete i doppi vetri alle finestre e insonorizzate le stanze più frequentate con pannelli fonoassorbenti: anche se la spesa potrà sembrare sostenuta, ne vale la pena.

Per attutire i rumori potete fare uso di diverse superfici morbide e porose come le tende, i tappeti o le moquettes.

➸ *Vedi anche* **Casa ecologica**

Insalata

Zucchero per far rinvenire l'insalata Se l'insalata si è leggermente appassita, può ritornare croccante e 'fresca' con il seguente sistema: aggiungete nell'acqua per sciacquarla un po' di zucchero.

Insetticidi naturali

Piante per curare le piante Il piretro, una pianta erbacea perenne, contiene particolari sostanze (piretine) dotate di una discreta azione insetticida.

Il tanaceto, l'assenzio, l'aglio, la quassia amara, ma anche la camomilla, la felce maschio, l'ortica, sono alcune delle erbe i cui estratti, in forma di decotti, polveri, macerati o oli essenziali, hanno proprietà insetticida, fungicida e anticrittogamica.

Neem Una pianta, che è oggi sotto osservazione per la sua azione insetticida, è il Neem, della famiglia delle Meliacee, un albero sempreverde, che produce un frutto a forma di drupa ellissoidale.

Originario di India e Birmania, è coltivato in tutti i Paesi tropicali.

Sotto l'ombra del Neem, uomini e animali possono riposare tranquillamente senza essere disturbati dagli insetti.

Conosciuto meglio con il nome di 'Margosa', il Neem conterrebbe una sostanza efficace come il DDT, senza però provocare effetti tossici secondari.

Dal macerato delle foglie si ricava un pesticida naturale, che è efficacissimo contro numerose specie di insetti.

Antiparassitari naturali Se proprio non potete fare a meno di affidarvi a qualche prodotto che attacchi e distrugga in fretta gli ospiti indesiderati delle vostre piante, ci sono dei pesticidi naturali che non sono nocivi per l'ambiente, pur svolgendo un'essenziale azione specifica: per esempio l'acqua saponata, la nicotina, il 'brodo d'ortiche', il 'brodo di felci', eccetera.

L'acqua saponata riesce a sciogliere il cerume protettivo degli afidi. La nicotina uccide cocciniglie e bruchi.

Brodo d'ortiche: mettere 100 g di ortiche fresche in un litro d'acqua e lasciare fermentare. Diluire con una quantità d'acqua dieci volte superiore prima di innaffiare o aspergere.

Brodo di felci: mettere 100 g di felci maschio o felce aquilina in un litro d'acqua; utilizzare senza diluire contro le cocciniglie, gli afidi e i pidocchi.

Brodo di bucce di cipolle: fare macerare da 20 a 50 g di bucce di cipolle per circa sei giorni in un litro d'acqua (meglio all'aperto perché emana cattivo odore); è efficace contro acari e micosi. Oppure fare un infuso con 75 g di cipolla o aglio tritati e dieci litri d'acqua. Utilizzare non diluito per aspergere le piante oppure il terreno.

Fondi di caffè: per proteggere azalee, gardenie e ortensie, mescolate alla terra dei vasi un po' di fondi di caffè e, per le piante che richiedono terra acida, spruzzatele con il fondo di una bottiglia di vino rosso.

Sambuco Si possono eliminare i pidocchi delle camelie anche senza veleno. Fate bollire 300 g di foglie di sambuco in 300 ml d'acqua. Filtrate e mettete il liquido in un vaporizzatore e spruzzate tre volte la settimana.

Erba cipollina Se è vero che i più comuni parassiti delle rose sono gli afidi, è altrettanto vero che questi possono essere facilmente tenuti lontani dall'erba cipollina, che va piantata accanto all'arbusto di rose.

Geranio, basilico, menta e piretro tengono lontani gli insetti Circondate perciò il terrazzo con queste piante aromatiche, che, oltre a insaporire i vostri piatti, renderanno più piacevole il vostro soggiorno all'aperto.

La salvia, il timo, il rosmarino e la menta piperita non faranno mai avvicinare cavolaie e limacce.

Lavanda: le piante e i fiori mettono in fuga le formiche.

L'assenzio, la calendula, l'aglio e la cipolla fanno sparire insetti e parassiti dal balcone.

➽ *Vedi anche* **Piante**

Consigli verdi

- Mettete sul terriccio delle piante d'appartamento una fetta di patata cruda e i vermi dannosi usciranno allo scoperto.
- Le erbe aromatiche sono insetticidi naturali. Mettete in giardino un mazzetto di basilico vicino ai pomodori: tiene lontane le larve dei parassiti.
- Menta, salvia, aneto e timo proteggono dalla cavolaia.
- Cipolle e aglio proteggono le vostre piante dalla *Popilia japonica*, dalle mosche delle carote e dagli afidi sulla lattuga e sui fagioli.
- Piantate il rafano: protegge le patate dal suo principale parassita (la dorifora).
- Anice e coriandolo tengono lontani gli afidi.
- I rapanelli, se piantati vicino ai cavoli, tengono lontani i bruchi.
- La schiuma di sapone è un ottimo insetticida. Usatene in abbondanza.
- Cintate il vostro orto con fiori o piante. Le radici secernono un olio che tiene lontana la maggior parte degli insetti.
- Afidi e ragni: lavate tutta la pianta con acqua e un detergente delicato.
- Mosche: versate 2 cucchiai di ammoniaca pura in 1 litro d'acqua. Annaffiate il terriccio.
- Mosche bianche: versate 2 cucchiai di detersivo liquido per i piatti in 4 litri d'acqua e bagnate la pianta con questa soluzione.
- Parassiti e insetti vari: piantate nello stesso vaso della pianta uno spicchio d'aglio. Man mano che cresce potatelo perché non nuoccia all'aspetto della pianta. L'aglio non fa male alle piante e gli insetti non lo sopportano.

Insonnia

Consigli per prevenire l'insonnia Consumate una cena leggera, evitando alcolici, caffè e sigarette.

Prima di coricarvi fate un bagno caldo aggiungendo all'acqua 4-5 gocce di olio essenziale (per esempio lavanda, fiori d'arancio, arancia amara, sandalo o verbena).

Come preparare una tisana calmante

- Sono efficaci a questo scopo 50 gocce di tiglio macerato e glicerinato, o 2 di tintura madre di avena, oppure, per soggetti ipersensibili, irritabili o nevrotici, 25 gocce di tintura madre di camomilla.
- Nel caso in cui si desideri semplicemente rendere il sonno più riposante e disteso, 30 gocce di tintura madre di *Escholtzia californiana* o di passiflora associata a 15 di valeriana possono essere un buon rimedio.

Tenete la stanza al buio e fate in modo di isolarvi il più possibile da ogni rumore.

La stanza da letto sarà stata prima ben aerata: quando andate a dormire la temperatura non deve superare i 20 °C.

Se il sonno dovesse tardare è meglio alzarsi e svolgere qualche semplice attività; al primo accenno di sonnolenza coricatevi.

Un infuso o una tisana per combatterla Invece della camomilla preparatevi un infuso ottenuto mettendo un cucchiaio di foglioline secche di origano in una tazza di acqua bollente.

Lo stesso infuso, preso subito dopo i pasti, funziona da digestivo.

Intossicazioni

Con i prodotti di pulizia È bene ricordare che un gran numero di prodotti utilizzati per lavare, smacchiare, sbiancare e disinfettare sono tossici e sono quindi causa di malesseri e incidenti domestici. Si tratta di prodotti chimici a base di acidi, di soda, di cloro, di derivati del petrolio e altro. Facilmente le vittime di questi incidenti sono bambini alla cui portata si lasciano bottiglie e confezioni che incuriosiscono: i bambini aprono, assaggiano e non sempre l'adulto riesce a bloccare l'iniziativa del piccolo prima che sia troppo tardi.

Ma anche gli adulti sono vittime di incidenti dovuti a errori o semplicemente a un uso non corretto o poco prudente di questi prodotti che, per la loro grande diffusione, non sempre vengono percepiti come pericolosi. In alcuni casi infatti la semplice inalazione di vapori durante l'uso può essere causa di malori.

I bambini e la candeggina Può succedere che un bambino beva della candeggina: raramente può assumerne grandi quantità, perché al primo contatto con le labbra sente un intenso bruciore che lo fa desistere subito dal suo tentativo. In ogni caso si possono verificare ustioni alla gola, all'esofago o allo stomaco.

In caso di assunzione di candeggina o di prodotti a base di sodio o potassio, seguite queste indicazioni: non cercate di far vomitare il bambino, perché provochereste solo altre bruciature all'esofago e al cavo orale.

Non fategli bere niente senza aver consultato il medico, a meno che non abbiate in casa un prodotto specifico per la protezione dell'esofago e dello stomaco.

Portate subito il bambino al Pronto Soccorso oppure telefonate al medico.

Una manciata di detersivo Può succedere anche questo: che un bambino si mangi un po' di detersivo. Sia quelli per il lavaggio a mano, sia quelli per la lavabiancheria, non sono molto tossici: probabilmente gli procureranno solo diarrea e vomito.

Più pericolosi possono rivelarsi gli shampoo e i detergenti in polvere, come peraltro i detergenti antisettici e disinfettanti: in questo caso si può verificare anche un coma con arresto respiratorio.

In tutti questi casi non cercate di far vomitare il bambino e tanto meno di dargli da bere, neppure l'acqua: provochereste la formazione di schiuma che potrebbe passare nelle vie respiratorie provocando asfissia.

Chiamate immediatamente il medico o un centro antiveleni oppure portate direttamente il bambino al Pronto Soccorso.

Attenzione ai derivati del petrolio Tutti i prodotti derivati dal petrolio (e ce ne sono molti tra i detergenti e gli smacchianti) sono particolarmente dannosi per l'apparato respiratorio.

Anche gli adulti quindi sono esposti a conseguenze dannose per semplice inalazione di vapori tossici se li usano senza le precauzioni necessarie, cioè principalmente in locali non sufficientemente aerati. Le conseguenze possono portare all'asfissia e al coma.

Tavolette di alcol solido Particolarmente dannose sono le tavolette di alcol solido per accendere stufe, camini e barbecue: anche una sola tavoletta, se introdotta nello stomaco, può provocare l'arresto cardiaco o quello respiratorio ed essere quindi mortale. In questo caso bisogna evitare di far vomitare la persona infortunata e di farle bere qualsiasi tipo di liquido (specialmente il latte). Bisogna rivolgersi immediatamente a un medico, a un centro antiveleni o ad un Pronto Soccorso.

Il tabacco fa male anche se non si fuma In molti casi il pericolo è determinato dalla presenza di nicotina. Pensate che anche un paio di sigarette ingerite possono provocare a un bambino gravi ustioni allo stomaco, vomito e diarrea. In questi casi dovete tentare di provocare il vomito per liberare lo stomaco. Comunque è necessario rivolgersi immediatamente a un medico o ad un Pronto Soccorso.

La prevenzione Non lasciate mai prodotti nocivi alla portata dei bambini.

Teneteli in un armadietto chiuso a chiave, almeno finché i bambini sono piccoli.

Se li state usando, non lasciateli incustoditi e a portata delle loro mani, quando vi allontanate dalla stanza.

Spiegate ai bambini, anche se sono molto piccoli, di non portare alla bocca tutto quello che trovano ed educateli al concetto di pericolo.

Tenete tutti i prodotti tossici nelle confezioni originali e soprattutto non travasateli in contenitori di prodotti alimentari.

Se dovete travasarli, etichettate subito il nuovo contenitore: non fidatevi della memoria e soprattutto pensate che altre persone possono venire a contatto con quelle confezioni.

➽ *Vedi anche* **Bambini**

Isolamento termico

Pareti Nella scelta dei materiali per l'isolamento dei muri vanno preferiti: l'argilla espansa (per le intercapedini), la lana di cellulosa (fatta di carta di giornale selezionata e riciclata ecologicamente, perché non lascia emissioni nocive nell'aria e nell'acqua) e il sughero.

Pavimenti Per quanto riguarda la pavimentazione, la moquette, di lana o sintetica, se da una parte migliora l'isolamento termico e acustico, dall'altra può originare manifestazioni allergiche dovute alla polvere trattenuta. Perciò la si potrebbe sostituire con fibre di cocco non solo sulle verande, ma anche nell'arredo di salotti e studi, oppure con il cotto, il più classico dei pavimenti, naturale e resistente.

Jeans

Per non farli scolorire I jeans non scoloriranno se, prima del lavaggio, li lascerete per un'ora immersi in acqua fredda salata (un cucchiaio di sale grosso da cucina ogni 2 litri di acqua). Il sale vi servirà pure a mantenerli morbidi anche dopo tanti lavaggi: aggiungete nell'ultimo risciacquo del sale sciolto in un po' di acqua calda.

Cuciture sui jeans Se il tessuto da cucire a macchina è pesante (come quello dei jeans, per esempio) basta strofinare un pezzo di sapone lungo tutta la linea della cucitura perché l'ago entri nella stoffa senza sforzo.

Segno dell'orlo Se dovete allungare dei vecchi jeans, provate questo trucchetto. Se il segno è di vecchia data, passateci sopra abbondante aceto bianco e stirate con ferro tiepido. Il segno bianco dell'orlo precedente sparirà se diluirete dell'inchiostro blu indelebile in un po' d'acqua (continuate ad aggiungere acqua finché otterrete la gradazione di blu desiderata). Poi applicate questa tintura sul segno con uno spazzolino. Lasciate asciugare e non ci sarà più traccia del vecchio orlo.

L, M

Labbra
Lacca
Ladri
Lana
Latte
Lavare i tessuti
Lavastoviglie
Lavatrice
Lavelli
Legno
Lievito
Limone
Luce
Macchie
Mandorle
Mani
Maniglie
Marmo
Maschere per il viso
Menta
Miele
Minerali
Mobili
Mode pericolose
Moquette
Monete
Mosche
Muffa
Muri
Musicoterapia

Labbra

Contro le labbra screpolate Con il vento le labbra si screpolano. Potete rimediare con succo di limone e glicerina in parti uguali. Spalmate sulle labbra e... sorridete!

Lacca

Come pulire gli oggetti in lacca Si tratta di oggetti, o piccoli mobili di produzione o di gusto orientale, ricoperti di questa preziosa vernice impermeabile. Per pulire le lacche, fate una miscela al 50% di olio di lino e acquaragia. aggiungete un poco di farina e passate questo impasto cremoso con uno straccio morbido, facendo movimenti circolari. Evitate invece di lavare con acqua, perché questa tende a togliere lucentezza alla lacca.

Ladri

Misure di sicurezza Non aprite mai la porta agli sconosciuti: potrebbe essere un sopralluogo per un furto.

Attenzione a segni e simboli geometrici incisi sulla porta o sul citofono: sono segni convenzionali usati dai ladri per identificare le case meno protette o più... appetibili.

Proteggete sempre tutti gli ingressi: non solo la porta, ma anche le finestre.

Se ci sono grondaie, ringhiere o impalcature scalabili da ladri-acrobati spalmate di grasso ogni possibile appiglio.

Quando ci si fa installare un sistema di allarme, chiedete che i segnalatori luminosi e le sirene siano sistemati in alto: sarà più difficile neutralizzarli.

Fate molta attenzione nella scelta della domestica o della *baby sitter*: potrebbero rivelare, anche del tutto involontariamente, i punti deboli della casa.

Non spargete la voce che siete in partenza.

Evitate di consegnare le chiavi al custode prima di andare in vacanza: rubarle da una portineria per duplicarle è facilissimo.

Non custodite oggetti di valore o armi in casa. Se non si può farne a meno, usate una cassaforte: i ladri d'appartamento difficilmente hanno il tempo e la capacità di scassinarla.

Non dormite con le finestre aperte.

Lana

Per non fare infeltrire la lana La lana non diventa ruvida e infeltrita se si fa attenzione che l'acqua di risciacquo abbia la stessa temperatura di quella di lavaggio. La lana dovrebbe essere lavata unicamente con un apposito detersivo.

Se dovete lavare a mano dei golfini, per ottenere i migliori risultati aggiungete all'acqua del risciacquo un po' di balsamo per capelli.

Lana d'angora Lavate con acqua tiepida addizionata di detersivo per tessuti delicati, risciacquate alla stessa temperatura, non strizzate né sfregate. Avvolgete in una salvietta di spugna e lasciate asciugare. Quando è asciutta, spazzolate con una spazzola morbida, una volta in senso normale e una volta contropelo. Se il golfino di angora perde i peli, mettetelo, chiuso in un sacchetto di plastica, nel congelatore e lasciatelo per qualche ora.

Capi di lana scuri Un metodo per ravvivare il colore di giacche di lana nere o blu è quello di far bollire due manciate di foglie di edera per cinque minuti e poi immergervi il capo da trattare agitando bene, affinché si impregni in modo uniforme. Poi sciacquate con acqua e ammoniaca, che fungerà da antinfeltrente.

Distinguere la lana dalle altre fibre La buona lana non deve sgualcirsi. Si distingue dal cotone bruciandone un filo. Al contrario della lana, il cotone bruciato non ha odore e non lascia residui. La lana ha l'odore di capelli bruciati e svanisce con fiamma chiara.

Latte

No al cappuccino La colazione con il cappuccino non è raccomandabile: il tannino e la caffeina del caffè creano con le proteine del latte un alimento di difficile digeribilità.

Disintossica? Un mito da sfatare riguarda la presunta attività disintossicante: il latte non esercita nessun potere nei confronti di sostanze chimiche come cloroformio o acetone; anzi, in presenza di piombo, per esempio, ne favorisce l'assorbimento da parte dell'organismo.

Per evitare che trabocchi Il latte non traboccherà durante la bollitura se strofinerete con il burro il bordo della pentola.

Lavare i tessuti

Lavaggio errato Se inavvertitamente avete lavato un capo colorato che ha tinto il bucato, provate a eliminare questo disastro lasciando, anche per 12-15 ore, i capi macchiati in ammollo in acqua calda e bicarbonato.

Acetato In lavatrice con acqua tiepida, risciacquo freddo e centrifuga breve.

Acrilico Sciacquo freddo e centrifuga breve.

Angora A mano in acqua fredda con detersivo per capi delicati, senza strofinare; risciacquare abbondantemente.

Cachemire A mano in acqua fredda con detersivo per capi delicati; sciacquare abbondantemente.

Cotone In lavatrice il cotone bianco sopporta alte temperature e forti centrifughe. Lavare con attenzione il cotone colorato, controllando prima che non stinga. Se il cotone è misto va trattato tenendo conto della fibra più delicata di cui è composto.

Flanella Trattamento delicato, in caso di dubbi lavare a secco.

Foulard Anche nel caso di lavaggio a freddo fare attenzione perché alcuni perdono colore.

Gabardine A secco.

Jeans In lavatrice, meglio in acqua tiepida. Lavarlo da solo, al rovescio, fino a che non si è certi che non perda più colore.

Jersey Trattare a seconda della composizione.

Lana I capi in tessuto vanno lavati a secco. Per quelli di maglia si usa acqua fredda e detersivo delicato; non devono essere strizzati o lasciati in ammollo. Qualche lana può essere lavata con il programma delicato della lavatrice (controllate l'etichetta). I capi di lana e i pullover di mohair rimangono morbidi se si aggiungono 3 gocce di glicerina nell'ultimo risciacquo.

Lino In lavatrice, se è bianco sopporta le alte temperature e le centrifughe; quello colorato deve essere lavato in acqua tiepida. Fare attenzione ai ricami di lino.

Poliestere In lavatrice con acqua calda, risciacquo a freddo e breve centrifuga.

Raso Va trattato a seconda della composizione; quello da arredo sempre a secco.

Seta Da lavare a secco, a meno che non sia stata trattata per il lavaggio a mano delicato.

Taffettà Ridiventa rigido se lo si immerge in una soluzione di acqua zuccherata tiepida.

Velluto Quello trattato per il lavaggio va in lavatrice, in acqua calda con breve centrifuga o si lava a mano; gli altri a secco.

Viscosa Lavare a mano in acqua fredda, senza strizzare.

Lavastoviglie

Manutenzione dei modelli recenti Gli ultimi modelli non richiedono più alcuna manutenzione speciale, poiché la vasca di lavaggio è autopulente. È comunque importante pulire regolarmente la guarnizione in gomma con un panno umido, per eliminare eventuali tracce di cibo o di brillantante.

I modelli più recenti hanno un ciclo molto rapido e sono privi di decalcificatore: si elimina così il 'rito' periodico dell'aggiunta del sale.

Casi particolari Se la vostra lavastoviglie, malgrado le pulizie, vi restituisce stoviglie o pentole non sufficientemente lavate o sciacquate, controllate gli ugelli dei bracci, che potrebbero essere otturati da residui di sporco.

In caso di lunghi periodi di assenza da casa, isolate la macchina dalla rete idrica e da quella elettrica.

Ogni due mesi, fate fare un lavaggio alla lavastoviglie: basta un ciclo a vuoto, con un litro di aceto bianco al posto del detersivo. Risultato: è pulita, sgrassata, senza strani odori.

Dopo l'uso, ricordatevi di lavare il filtro sotto l'acqua corrente.

Periodicamente sturate con uno stuzzicadenti i fori dell'emissione dell'acqua. Passate del borotalco sulle guarnizioni di gomma.

Lavatrice

Manutenzione e uso La manutenzione consiste solo nella pulizia periodica del filtro, nei modelli in cui non avviene automaticamente.

Non caricate troppo la macchina: in linea generale avrete risultati migliori se metterete carichi inferiori a quelli previsti dal costruttore.

Per pulire e fare una buona manutenzione alla lavatrice scegliete un programma a 30 °C e versate nella macchina 4 litri di aceto. Fate fare alla lavatrice un ciclo completo. L'aceto pulirà i tubi e le manichette ed eliminerà i residui di sapone.

Se notate che lascia qualche traccia di ruggine provate ad aggiungere tre cucchiai di bicarbonato di sodio al normale detersivo. In due settimane dovrebbe risolversi tutto.

Per evitare che nella lavatrice si formino residui di calcare aggiungete bicarbonato al detersivo.

Centrifuga Durante la centrifuga dei capi delicati aggiungete, a seconda delle quantità, una spugna o un asciugamano asciutto nella lavatrice. Potrete effettuare una centrifugazione più breve.

Lavelli

Contro il calcare Mettete delle strisce di carta da cucina intorno ai rubinetti dove si accumula il calcare. Versatevi sopra dell'aceto e lasciate agire per un'ora. Le incrostazioni si ammorbidiranno e sarà più facile toglierle.

Lavelli di acciaio Adoperate un panno imbevuto di aceto bianco per togliere l'alone lasciato dall'acqua nei lavelli di acciaio inossidabile.

Parti cromate Per far splendere le parti cromate lucidatele con un panno morbido imbevuto di alcol denaturato.

Legno

Pulizia dei mobili Se il mobile non ha bisogno di restauri, ma solo di una pulitura, si può procedere come segue: spolverate con l'aiuto di un aspirapolvere e di un pennello non troppo morbido. Togliete lo sporco con un panno imbevuto di un rivitalizzatore per legno, che non intaccherà la finitura del legno ma solo il vecchio strato di cera.

Dopo la pulizia ripassate uno strato di cera.

Legno naturale Il legno naturale assorbe molto facilmente la polvere, quindi va spolverato di frequente: se si è macchiato, passate con carta vetrata fine, lavate con acqua tiepida insaponata, spazzolando, risciacquate e tamponate per asciugare.

Ricordate che per tutti i tipi di legno è importante tamponare subito le eventuali macchie: se sono state assorbite in profondità non possono più essere eliminate, se non asportando gli strati superficiali del legno.

Legno lucidato a cera Spolverate con cura ed eliminate aloni di bicchieri ed eventuali macchie con acqua calda leggermente saponata, infine lucidate. Un paio di volte l'anno, pulitelo con uno straccio intinto nell'aceto.

Ripristinate quindi la finitura stendendo della cera liquida e passando prima con un panno morbido, e poi lucidate con uno di lana.

Legno verniciato Va semplicemente spolverato, senza passare cere che appannano la superficie. Se il legno è laccato si può lavare, in caso di necessità, con acqua e un detersivo delicato, risciacquando e asciugando.

Quando il legno è finito a olio, pulitelo con una miscela di olio di lino e acquaragia.

Legno dorato Usate una spazzola morbida e strofinate con acqua e sapone o con alcol o acqua ragia: lucidate con un panno morbido o con pelle di daino.

Per riccioli e decorazioni usate un pennellino a setole morbide. Attenzione: non usate mai acqua che potrebbe danneggiare seriamente la doratura. Ritocchi con vernice dorata vanno fatti soltanto se siete sicuri di voi stessi, altrimenti è meglio rivolgersi a un restauratore.

Legno intarsiato Spolverate i mobili decorati con questa preziosa lavorazione e passateli ogni tanto con una pelle di daino. Un paio di volte l'anno lucidateli con cera vergine.

Bruciature Usate un foglio di carta vetrata fine, spolverate e trattate con cera d'api.

Carta appiccicata Non raschiatela, ma mettete un paio di gocce di olio, lasciate agire per qualche minuto e sfregate leggermente.

➻ *Vedi anche* **Macchie**

Lievito

Un rimedio contro l'acne Quasi mai ne facciamo uso allo stato puro, eppure è altamente nutritivo e molto utile al nostro organismo. Quello migliore è considerato il lievito di birra: lo trovate in pastiglie, in polvere da sciogliere, in granuli... Dà benefici visibili sulla pelle (per chi soffre di acne), in caso di mancanza di vitamine e di anemie.

Lievito veloce Ecco il sistema per accorciare i tempi di lievitazione della pasta. Preparare l'impasto come al solito e riporlo in un grande contenitore a chiusura ermetica. Dopo 20 minuti la pasta è pronta per essere lavorata.

Lievito e bucato La biancheria sarà candida con metà dose di detersivo e metà di lievito.

Limone

Limone contro la febbre Con una febbre leggera mettete una fetta di limone ghiacciata sulle tempie. Questo abbasserà la temperatura e farà scomparire il mal di testa.

Limoni da conservare Lo sapete che per conservarli al meglio basta tenerli in frigorifero chiusi in un vaso riempito d'acqua?

Per condire l'insalata Usate il limone per condire l'insalata invece dell'aceto. È stato accertato infatti che l'acido ascorbico (vitamina C) contenuto in tutti gli agrumi impedisce in parte la formazione di nitriti dai nitrati.

Ricette di bellezza

- Chi ha pelle grassa e acneica o brufoletti, può passare qualche goccia di limone sul viso: ha una funzione astringente e detergente.
- Può essere usato insieme con qualche goccia di acqua salata per schiarire le lentiggini e si usa anche per sbiancare i denti, ma attenzione a non farne troppo uso perché alla fine corrode lo smalto.
- Con il limone si fa un peeling adatto per pelli grasse da usare una volta la settimana per asportare le cellule morte. Si prepara con 3 cucchiai di zucchero semolato a grana non troppo grossa, bagnati con succo di limone. Si massaggia il viso con questo composto facendo dei movimenti circolari, evitando la zona della bocca e il contorno degli occhi e poi si sciacqua (è controindicato per pelli sensibili che si irriterebbero).
- Ottima la maschera rimineralizzante al limone e madreperla: mettete a bagno in un bicchierino di vetro 6 bottoni di madreperla in succo di limone. Usate la pappetta ottenuta per una maschera da tenere 15 minuti e sciacquate con acqua minerale gasata.
- Le nonne per avere capelli lucenti aggiungevano all'ultimo risciacquo succo di limone.

Luce

Risparmio Che ci crediate o no, la polvere che si deposita su una lampadina di un lampadario sporco può ridurre del 10% il livello di illuminazione, inducendovi a pensare che avete bisogno di lampadine più potenti o con un maggior numero di candele.

Anche il colore delle pareti può influenzare il consumo. Un muro bianco riflette l'80% della luce che lo colpisce; uno scuro solo il 10%.

Le tende aperte durante il giorno fanno risparmiare energia per l'illuminazione. La luce diretta del sole è 100 volte più luminosa di quella emessa da una potente lampada da tavolo.

Quando uscite da una stanza spegnete la luce. Non è così fastidioso come potrebbe sembrare. Di solito la gente pensa che è più dispendioso riaccendere una luce che lasciarla accesa. Ma non è vero.

Un altro consiglio è quello di non installare lampadari con molte lampadine: una da 100 watt fornisce la stessa illuminazione di 6 lampadine da 15 watt, consumando il 50% in meno.

Macchie

Pronto soccorso naturale Nel corso di questo *Dizionario*, voce dopo voce, sono state segnalate le tecniche più semplici per pulire e rinnovare tessuti e altri materiali, senza ricorrere ai costosi prodotti in commercio, e soprattutto senza rischi per la salute e l'ambiente. Ma quando si tratta di una macchia molto specifica, a volte non basta un consiglio generale... Nella tabella 'Le ricette naturali contro le macchie' (*vedi* le pagine 89-91) troviamo riassunte le più comuni macchie a cui ci si può trovare di fronte, con le indicazioni naturali più semplici ed efficaci per eliminarle.

Smacchiare: le regole generali

- Una macchia fresca è sempre più facile da togliere di una macchia che si è asciugata, in cui la sostanza è penetrata in profondità nelle fibre del tessuto. Intervenite quindi al più presto tamponando con carta assorbente per eliminare la maggior parte della sostanza.
- Le macchie non grasse vanno lavate sotto l'acqua fredda.
- Le macchie grasse vanno cosparse di talco per impedire che si allarghino.
- Il sale impedisce alle macchie di vino, di frutta e di barbabietola di allargarsi, ma tende a scolorire la tintura delle stoffe.
- I colori delle sostanze proteiche sono fissati dal calore: quindi lavate sempre in acqua fredda macchie di sangue, cioccolato e uova.
- Prima di procedere alla smacchiatura, fate sempre un test di prova in un punto nascosto del tessuto: è un'operazione che vi porta via pochi minuti, ma vi può impedire di rovinare definitivamente il capo. Non sempre infatti si conosce appieno la composizione di un tessuto, soprattutto non si conoscono i procedimenti di tintura e di finissaggio a cui la stoffa è stata sottoposta, e non si può quindi prevedere come reagirà ai trattamenti di smacchiatura.
- Siate prudenti e procedete per piccoli passi. La ripetizione, anche più e più volte, di trattamenti blandi è sempre più efficace di un solo intervento violento, che oltre tutto può danneggiare seriamente il tessuto. Ripetendo un trattamento, invece, è facile tenere sotto controllo la situazione e fermarsi al momento opportuno.
- La smacchiatura va effettuata sempre prima del lavaggio in acqua. Tenete presente che in alcuni casi il calore fissa le macchie e in generale la smacchiatura lascia tracce e aloni che vengono poi eliminati con il lavaggio. Se dunque individuate delle macchie, che prevedete resistenti al lavaggio, smacchiate prima e così non correrete il rischio di dover ripetere il lavoro due volte.
- Spesso è utile tamponare da dietro la macchia con un supporto assorbente (carta o panno bianco), soprattutto per le macchie di un certo spessore. Tamponate dall'esterno verso il centro della macchia, per evitare che si espanda. Usate sempre una pezzuola pulita di cotone bianco, oppure del cotone idrofilo: sarete così sicuri di non lasciare ulteriori macchie sul tessuto da smacchiare.

Le ricette naturali contro le macchie

SUPERFICIE	TIPO DI MACCHIA	COME FARE
Acciaio	Acqua	Se sul lavello si sono formate macchie di acqua, passatele con aceto.
	Ruggine	Strofinate le macchie con metà cipolla ricoperta di zucchero.
Argento	Uovo	Strofinate l'oggetto con sale fino, poi lavatelo con l'acqua di cottura delle patate.
Bronzo	Verderame	Spazzolate la macchie con sale sciolto in un po' di aceto.
Ceramica	Caffè	Strofinate con acqua e bicarbonato di sodio.
	Tè	Strofinate con acqua e bicarbonato di sodio.
	Unto	Strofinate le macchie con aceto puro; asciugate poi con un panno di cotone.
Cuoio	Inchiostro	Strofinate la macchia con alcol.
	Unto	Strofinate la macchia con una miscela di acqua e ammoniaca.
Ferro	Ruggine	Strofinate energicamente la zona corrosa con una paglietta di ferro imbevuta di aceto.
Legno	Bruciato	Mettete una piccola quantità di maionese sulla bruciatura. Lasciatela agire e toglietela poi con un panno morbido.
	Cera	Passate le macchie di cera con il phon; poi le potete togliere con un panno di lino.
	Frutta	Strofinate le macchie con un batuffolo di ovatta imbevuto di olio e sale.
	Inchiostro	Strofinate la macchia con poco alcol.
	Muffa	Potete rimuovere le macchie di muffa con una soluzione di aceto e alcol.
	Unto	Ricoprite la macchia con borotalco e con un foglio di carta assorbente sul quale passerete il ferro da stiro non troppo caldo.
Marmo	Bruciato	Strofinate le macchie con mezzo limone e un po' di sale fino.
	Inchiostro	Tamponate la macchia con una miscela di acqua ossigenata e ammoniaca.
	Unto	Lo sporco tenace si toglie strofinando energicamente sulle macchie un sacchetto di tela contenente sale grosso leggermente inumidito.

Le ricette naturali contro le macchie

SUPERFICIE	TIPO DI MACCHIA	COME FARE
Pellame		
	Acqua	Strofinate le macchie di acqua con un panno bagnato di aceto.
	Catrame	Tamponate con benzina.
	Fango	Lasciate asciugare, quindi spazzolate per togliere l'eccesso di fango. Cancellate i segni rimasti con una gomma per matita e infine lucidate con lucido incolore.
	Unto	Coprite la macchia con saponaria e, dopo mezz'ora, spazzolate delicatamente. Togliete gli eventuali residui con trielina e lucidate con lucido incolore.
Tappezzeria		
	Fumo	Strofinate sulla tappezzeria annerita della mollica di pane.
	Pennarelli	Sciogliete della fecola di patate in acqua fredda, applicate e lasciate asciugare.
Tessuti (*)		
	Arancia	Ammorbidite la macchia con un po' di glicerina, risciacquate quindi con acqua tiepida.
	Bruciato	Trattate subito con acqua e aceto e sciacquate. Appoggiate sulla macchia per un quarto d'ora una fetta di cipolla cruda.
	Caffè	Strofinate la macchia con sapone di Marsiglia leggermente umido; fate ammorbidire in acqua, poi risciacquate bene.
	Catrame	Trattate con acqua e sapone di Marsiglia e sfregate i resti con alcol puro. Lasciate un tuorlo d'uovo sulla macchia per almeno due ore; quindi lavate con acqua.
	Ciliegie	Lavate con acqua e sapone di Marsiglia; tamponate le macchie rimaste con un po' di latte. Lasciate agire e, dopo due ore, risciacquate.
	Cioccolato	Lasciate agire sulla macchia, per un paio d'ore, un miscuglio di glicerina e tuorlo d'uovo. Sciacquate quindi con acqua tiepida più volte. Per le fibre sintetiche usate acqua ossigenata.
	Colla	Lino e cotone: ammorbidite con acqua calda. Passate poi aceto caldo e risciacquate. Se il capo è in lana, bagnate con acqua fredda, raschiate delicatamente con un coltellino, quindi smacchiate con acqua e ammoniaca.
	Erba	Strofinate la macchia con latte freddo; risciacquate quindi con acqua e aceto. Sfregate con succo di limone; risciacquate con acqua tiepida.

* I consigli (quando non è specificato diversamente) riguardano le fibre naturali: lino, cotone, lana e seta.

Le ricette naturali contro le macchie

SUPERFICIE	TIPO DI MACCHIA	COME FARE
	Fango	Spazzolate energicamente, quando la macchia è asciutta, quindi strofinate il tessuto con mezza patata cruda.
	Frutta	Trattate la macchia con latte intero fresco. Lasciate asciugare e risciacquate con acqua fredda.
	Inchiostro	Strofinate la macchia con alcol denaturato. Strofinate la macchia con acqua di cottura (non salata) dei fagioli bianchi.
	Mirtilli	Immergete nel latte la parte interessata e risciacquate con acqua.
	Pennarelli	Sciogliete fecola in acqua fredda, applicate e lasciate asciugare. Spazzolate e, se necessario, ripetete l'operazione.
	Pesca	Mettete glicerina sopra la macchia. Lasciate agire, quindi lavate con acqua e sapone di Marsiglia e risciacquate.
	Pomodori	Ammorbidite la macchia con acqua saponata tiepida e risciacquate.
	Profumo	Strofinate la macchia con ammoniaca e risciacquate.
	Rossetto	Strofinate la macchia con glicerina e lavate con acqua.
	Ruggine	Mettete sulla macchia sale fino e succo di limone e lasciate al sole per un'ora.
	Sangue	Lavate la parte macchiata con acqua fredda (il calore fissa la macchia alla fibra!) Se la macchia è secca, potete prima ammorbidirla con un po' di glicerina.
	Spinaci	Strofinate la macchia con una patata cruda e lavate con sapone di Marsiglia in acqua tiepida.
	Sudore	Mettete la parte macchiata tra due panni imbevuti con aceto puro e passatela delicatamente con il ferro a vapore.
	Trucco	Se vi capita di macchiare i tessuti con fondotinta, fard, rossetto o rimmel, passate le parti interessate con latte detergente, prima di effettuare il normale lavaggio.
	Unto	Applicate borotalco sulla macchia e spazzolate. Agite subito.
	Vino rosso	Cospargete di sale, quindi lavate con acqua calda.
Vetro	Calcare	Sostituite il brillantante della lavastoviglie con aceto: le stoviglie diventano lucide e l'aceto elimina il calcare dalla macchina. Immergete gli oggetti (o riempiteli) in acqua e ammoniaca e lasciateli a bagno per due o tre ore. Quindi sciacquateli a fondo in acqua fredda.

Mandorle

Una miniera di energia La mandorla è molto energetica e adatta quindi agli sportivi, a chi allatta, ai bambini, a chi accusa astenie fisiche e intellettuali.

Olio di mandorle come cosmetico L'olio di mandorle dolci è usato per i massaggi; previene le smagliature della gravidanza e delle diete dimagranti.

Chi ha la pelle secca può applicarlo anche sul viso due volte la settimana, è ottimo per pruriti e screpolature.

Impacco per i capelli Per curare i capelli sfibrati le nonne usavano fare prima dello shampoo un impacco (da tenere almeno 30 minuti) con 1 tuorlo d'uovo mescolato a 3 cucchiai di olio di mandorle.

Mani

Mani morbide e belle Le mani trascurate provocano un'impressione sgradevole, eppure bastano pochi minuti il giorno per migliorarne l'aspetto. Vediamo come.

Ogni sera stendete una crema protettiva andando dalla punta delle dita verso il polso.

Quando fate le pulizie mettete i guanti di gomma. Se non li sopportate, graffiate una saponetta così che il sapone penetri sotto le unghie proteggendole e spalmate le mani con la crema.

Alcuni lavori domestici, soprattutto in cucina, scuriscono le mani: riportatele candide strofinandole con un po' di olio e zucchero, poi sciacquatele con acqua tiepida.

Maniglie

Maniglie d'ottone Si puliscono con acqua e sapone oppure con aceto e sale, ma vengono benissimo anche se le strofinate con yogurt magro; per togliere il verderame, usate bianco di Spagna e ammoniaca, oppure sale e aceto.

Marmo

Come pulire il marmo Tenete presente che il marmo è un materiale resistente e durevole, ma è assai sensibile alle abrasioni degli acidi (anche l'aceto e il limone) e si graffia facilmente. È anche molto poroso: assorbe facilmente i liquidi e perde lucentezza, quindi, per le pulizie, usate poca acqua saponata, risciacquate e stendete una piccola quantità di olio di lino.

Ripiani e oggetti possono essere lucidati con uno straccio imbevuto in un po' di olio di lino.

Per pulire a fondo oggetti di marmo passateli con acqua in cui avrete disciolto un poco di sapone di Marsiglia e qualche goccia di ammoniaca; lasciate agire, quindi risciacquate.

Marmo bianco da cucina Sfregate con una patata tagliata a metà, quindi lavate con acqua saponata, sciacquate e lucidate con un panno imbevuto di poco olio.

Marmo colorato Lavate con acqua saponata, passate un panno imbevuto di olio di lino, quindi lucidate con pelle di daino.

Aceto e limone sul marmo Attenzione a non macchiare le superfici di marmo con sostanze come limone o aceto che corrodono la lucentezza del marmo. Se questo dovesse succedere, asciugate subito, sciacquate e stendete olio di lino.

Il marmo ritroverà il suo splendore se strofinato anche con succo di limone o sale grosso inumidito e racchiuso in una pezza; poi lucidate con un po' di olio di lino.

➸ *Vedi anche* **Macchie**

Maschere per il viso

Al kiwi Per ridare luminosità alla pelle del viso, ecco una maschera molto efficace: si schiaccia la polpa di un kiwi maturo, si aggiunge un cucchiaio di miele e si emulsiona mescolando con energia. Si applica sul viso, evitando la zona degli occhi. Si lascia agire per 20 minuti e poi si sciacqua.

Al lievito Belle e luminose senza spendere? Impastate un pezzo di lievito di birra con mezzo cucchiaio di miele, stendete sul viso e lasciate in posa per 20 minuti. Infine, sciacquate delicatamente con acqua tiepida.

Al miele Applicare due cucchiaini di miele fluido sul viso inumidito e lasciate agire per 15 minuti. Risciacquate poi con acqua tiepida. La pelle diventerà rosea, liscia e delicata.

Antirughe Chi non teme le tanto odiate rughe? Per prevenirle è bene iniziare fin da giovani a curare la nostra pelle con prodotti specifici, oppure ricorrere a quei prodotti che la natura ci offre. Mescolate due cucchiai da tè di panna fresca con un cucchiaio da tè di miele; sbattete o frullate gli ingredienti fino ad amalgamarli, poi applicate sul viso pulito e lasciate che l'impasto asciughi per 15-20 minuti; sciacquate con acqua tiepida; grattugiate alcune carote e applicatele sulla pelle; fate bollire e poi grattugiate alcune bucce d'arancia, applicate il composto sul viso, poi sciacquate.

Latte e miele Con latte e miele si prepara un'efficacissima maschera di bellezza per la pelle denutrita. Si amalgamano bene mezzo bicchiere di latte e due cucchiai di miele puro, fino a ottenere una crema. Si spalma sul viso e si tiene per circa 30 minuti. Poi si toglie con acqua tiepida.

Maschere per pelli normali

- Preparate una pappetta con succo di cetriolo e farina bianca (o crusca), applicatela sul viso (evitando sempre la zona degli occhi) e lasciate agire almeno per mezz'ora; quindi sciacquate con acqua di rose.
- Mescolate due cucchiai di fiocchi d'avena con un po' di latte caldo e lasciate riposare per 30 minuti circa; applicate sulla pelle, lasciate per 20 minuti e sciacquate con acqua fredda.
- Immergete per un attimo alcune foglie di lattuga in olio d'oliva, versatevi sopra qualche goccia di limone e applicatele sul viso, coprendo poi il tutto con compresse imbevute d'acqua tiepida; lasciate agire per 25 minuti.

Maschere per pelli miste

- Frullate due carote e aggiungete un albume montato a neve; stendete sul viso e lasciate per 40 minuti.
- Mescolate della crusca a un infuso di equiseto, stendete il tutto sul viso dopo la pulizia serale e tenetelo per tutta la notte.
- Spremete un limone, aggiungete un albume montato a neve, stendetelo sul viso e lasciate agire per 10 minuti.

Al cetriolo Il sole, che ci cura dall'eccesso di umidità le ossa, ci invecchia, però, l'epidermide. Un rimedio? Sbucciate un cetriolo e frizionate la pelle del viso con la parte interna della buccia. A parte frullate il cetriolo e conservatene il succo, che applicherete tutte le sere con un batuffolo di ovatta, più volte imbevuto di liquido.

All'argilla Tra smog e pulviscolo, eccesso di sebo e tossine, la pelle subisce ogni giorno attacchi pesanti. Per difenderla, almeno una volta la settimana è bene applicare una maschera all'argilla: in un attimo assorbirà le impurità di superficie cedendo i suoi preziosi minerali.

Alle carote Se avete la pelle arrossata, dal sole per esempio, potete grattugiare delle carote da applicare come un benefico impacco; l'effetto decongestionante sarà immediato. La polpa di carota grattugiata sarà utile anche per acne e brufoli.

Tonificante Un'efficace maschera tonificante per il viso si può fare in casa con una manciata di foglie di menta piperita. Spezzettatele o frullatele e unitele a mezza tazza di yogurt. Questa indicazione andrà bene per le pelli normali. Per le pelli secche, invece dello yogurt, usate la panna liquida.

Per riattivare la circolazione La circolazione della pelle del viso è importantissima, al fine di mantenere quest'ultima giovane e sana il più a lungo possibile. Proprio per questo necessita di interventi periodici e va aiutata nelle sue funzioni con trattamenti mirati. Applicate

Maschere per pelli secche

- Mescolate un po' di lievito (da pasticceria) con un rosso d'uovo e olio d'oliva, poi frullate il tutto cercando di ottenere una crema densa; applicate sul viso, lasciate agire per 20 minuti e sciacquate con acqua tiepida.
- Preparate una maschera con uguali dosi di miele e latte, stendete sul viso, lasciate per 10 minuti e risciacquate.
- Applicate un velo di yogurt per qualche minuto, poi sciacquate.
- Mescolate panna e miele, stendete la maschera sul viso e, dopo 10 minuti, lavate con acqua di rose.
- Mescolate un cucchiaino di glicerina con tre cucchiai di semi di lino macinati, stendete il composto sul viso, lasciate agire per 10 minuti e sciacquate con latte diluito con acqua.

su viso e collo per 20 minuti: ciliegie schiacciate; fragole schiacciate, lamponi schiacciati; succo di ribes rosso non maturo; succo d'uva.

➽ *Vedi anche* **Couperose, Epidermide**

Menta

Per digerire Spesso è difficile digerire un pasto sostanzioso. Ma c'è un piacevole rimedio: succhiare lentamente uno zuccherino alla menta. Ci si sente subito meglio.

Un aceto speciale Per rendere più gustose e saporite le insalate conditele con aceto di menta, che potete preparare così: lavate accuratamente 100 g di foglie di menta, fatele asciugare, poi mettetele in infusione nell'aceto. Lasciatele così per tre settimane, poi filtrate.

Miele

Miele o zucchero Al posto del cucchiaino di zucchero, nel caffè o nel tè o nel latte mettiamo un cucchiaino di miele pensando che faccia ingrassare di meno? Rispondiamo scientificamente.

In un etto di miele troviamo: 300 calorie, 20% di acqua, 0,4 g di proteine, 0 grassi, 80 g di zuccheri, 6 mg di sodio e 51 di potassio, tracce di vitamina B.

Nello zucchero: 385 calorie, tracce di acqua, 0 proteine, 0 grassi, 99,5 g di zuccheri e 0 di tutto il resto. Giudicate voi!

➽ *Vedi anche* **Zucchero**

Minerali

Quali minerali per la salute? In una corretta alimentazione sono necessari apporti quotidiani di alcuni minerali e oligoelementi (i cosiddetti 'minerali traccia'). Nella tabella 'Impariamo a conoscere i sali minerali' (*vedi* pagina 95) vengono elencati i minerali e gli oligoelementi utili per la nostra salute, con le fonti alimentari che li contengono in maggior misura, per poterli assumere direttamente attraverso i cibi (o per evitarli, come nel caso del sodio).

Mobili

Lucidare i mobili Se volete mobili di legno perfettamente lucidi, strofinateli con uno straccio imbevuto di alcol e olio di lino mescolati. Ecco una ricetta per un eccezionale lucido per i mobili: mescolate dell'olio di semi di lino cotto, della trementina e dell'aceto in parti uguali e agitate bene. Distribuite sulla superficie con un panno morbido e continuate a strofinare finché il liquido non sia stato completamente assorbito. Ripassate con un panno morbido.

Oppure aggiungete un cucchiaino di aceto di mele al prodotto che usate di solito per pulire i mobili.

Per far tornare belli i mobili di legno scuro, non laccati, mescolate in parti uguali olio di palma e petrolio. Stendetelo con una spugna, prima inumidita, aspettate che si asciughi un po' e poi strofinateli energicamente con un panno morbido e pulito.

Mobili di legno esotico I mobili di legno esotico (tek, palissandro, ebano) non vanno lucidati con la cera.

Impariamo a conoscere i sali minerali

MINERALI	ATTIVITÀ PRINCIPALI	DOVE SI TROVANO
Calcio	Favorisce la formazione delle ossa e dei denti. Contribuisce alla coagulazione del sangue e al funzionamento dei muscoli.	Latte e formaggi (parmigiano, pecorino, caciocavallo, gorgonzola). Sardine e acciughe con lische. Crescione, cicoria, spinaci.
Cromo	Consente il funzionamento dell'insulina permettendo alle cellule di utilizzare il glucosio.	Cereali integrali, arachidi e germe di grano.
Ferro	Contribuisce alla formazione dell'emoglobina e al rifornimento di ossigeno delle cellule. Partecipa al metabolismo di carboidrati e proteine. Garantisce il trasporto di energia e partecipa alla produzione di anticorpi.	Pomodori secchi, prezzemolo, menta. Fegato di maiale e di bovino. Soia, fagioli, lenticchie, ceci, fave e piselli secchi. Molluschi, fiocchi di avena, fichi, uvetta e prugne secchi. Uova e verdure a foglia larga.
Fluoro	È necessario per la formazione e il buono stato di ossa e denti.	Tè, caffè, acciughe e sardine con lisca, cereali integrali e carne.
Fosforo	Partecipa alla costruzione di ossa e denti. Collabora a trasformare il cibo in energia.	Latte, formaggi, pollame, pesce, cereali integrali, noci e affini, carni e leguminose.
Iodio	Viene utilizzato dalla tiroide per produrre gli ormoni tiroidei.	Sale marino, baccalà, salmone fresco, cozze, uova, bietole e ananas fresco.
Magnesio	È importante per la salute delle ossa e dei denti. Mantiene efficienti cuore e vasi sanguigni. Regola il funzionamento del sistema nervoso. Aiuta a produrre energia.	Germe di grano, girasole, soia, cioccolata e verdure a foglia larga. Noci, fichi secchi, mandorle e nocciole. Cereali integrali, fiocchi di avena, fagioli, lenticchie, piselli secchi.
Manganese	È necessario alla formazione del tessuto osseo. Partecipa a molte reazioni enzimatiche.	Tè, caffè, cereali integrali, mandorle, nocciole, albicocche e cipolle.
Potassio	Come il sodio regola l'equilibrio dei liquidi. Contribuisce al buon funzionamento dei muscoli e regola la pressione arteriosa.	Banane, prugne secche, uvette, patate, cereali e leguminose.
Rame	Attiva l'assorbimento del ferro e quindi partecipa alla formazione dell'emoglobina. Entra nella formazione di tessuti e fibre nervose.	Fegato e interiora varie, ostriche, noci e affini, leguminose, spinaci, cipolle, rape, cavoli, crescione, segale e lievito di birra.
Selenio	È in stretta correlazione con il metabolismo della vitamina E.	Tonno, acciughe, merluzzo, lievito di birra, germe di grano, funghi e cipolle.
Sodio	Regola l'equilibrio dei liquidi nell'organismo. Tutti gli alimenti contengono sodio e quindi il suo fabbisogno è coperto dall'alimentazione anche non aggiungendo sale.	Sale da cucina, cibi industriali, formaggi come provolone, parmigiano e groviera. Prodotti da forno e cibi conservati.
Zinco	È importante per la sintesi delle proteine ed entra nella composizione dell'insulina e di vari enzimi. Contribuisce a regolare lo sviluppo sessuale.	Molluschi e frutti di mare e tra questi ostriche, cozze e vongole. Germe di grano, crusca, soia fagioli, lenticchie, piselli secchi. Aringa, tuorlo d'uovo e lievito di birra.
Zolfo	Partecipa alla formazione di molti tessuti, dei capelli, delle unghie e delle cartilagini.	Pesce, tuorlo d'uovo, molluschi, germe di grano, leguminose e carni.

Restauro fai da te

- Se avete un mobile antico e volete riverniciarlo, provare a farlo da soli non è difficile.
- Prima si deve pulire senza togliere tutta la vernice preesistente; rimuovete solo lo strato più superficiale.
- Preparate un composto con 50 ml di essenza di trementina, 30 ml di olio paglierino, 20 ml di alcol etilico.
- Impregnate un panno di cotone pulito con la soluzione ottenuta e passate sulla superficie con movimenti uniformi ed energici.
- Quindi, ripassate esercitando una minore pressione.
- Per le eventuali piccole riparazioni comperate in un colorificio lo stucco pronto, disponibile in diverse sfumature di colore.
- Applicate la parte necessaria a coprire buchi o fessure con l'aiuto di una spatolina.
- Lasciatene un po' in eccesso, lo toglierete prima di verniciare, carteggiando. Invece di inquinare l'aria di casa con gli spray proteggilegno, vi do una ricetta per lucidare i vostri mobili con una cera incolore. Riscaldate lentamente a bagnomaria 5 g di cera d'api e 50 ml di olio di soia fino a ottenere una massa fluida e limpida. Raffreddate e conservate in un barattolo.
- Una piccola quantità di questa cera farà miracoli sul vostro tavolo di legno, se la distribuirete con un panno senza peli.

Mobili antichi Se sono intagliati, usate uno spazzolino da denti morbido per le piccole scanalature. Passate un panno intinto nel latte tiepido, asciugate con un panno asciutto e lucidate con olio di lino incolore specifico per mobili.

Come alternativa all'olio di lino potete utilizzare una mistura costituita da due parti di olio d'oliva e una parte di trementina.

Mobili di noce Spolverate accuratamente, poi passate uno straccio imbevuto di latte freddo.

Mobili di quercia Se si sono sbiaditi con la luce, tornano come nuovi se vengono strofinati con qualche goccia di baby-olio.

Lasciate agire e in seguito lucidate con un panno di lana.

I tavoli di quercia si puliscono con uno strofinaccio immerso nella birra. Lucidate poi con un panno morbido.

Mobili macchiati di umidità Strofinate la zona con uno straccio bagnato con olio d'oliva, fatto riscaldare e steso ancora caldo oppure lucidate gli scaffali di legno con un po' di trementina.

Mobili verniciati e porte bianche Si puliscono con l'acqua di cottura delle patate.

Mobili di mogano Si rinnovano strofinandoli con un panno umido che sia stato precedentemente immerso in tè nero o in una soluzione di aceto. Lucidate con un panno morbido.

Mobile ammaccato Se avete danneggiato un mobile con un colpo vibrato accidentalmente potete eliminarlo ricoprendo il legno con cotone idrofilo bagnato, quindi passate il ferro da stiro (temperatura per il lino) sull'ovatta bagnata. Il vapore liberato fa gonfiare leggermente il legno facendo scomparire il segno del colpo. Se necessario ripetete l'operazione. Lasciate asciugare e passate la cera d'api.

Per togliere l'eccesso di lucido Mescolate 1/2 bicchiere di aceto con 1/2 bicchiere di acqua. Strofinate poi con un panno morbido inumidito con questa soluzione, ma ben strizzato.

Asciugate subito utilizzando un altro panno morbido.

Segni dei bicchieri Tre idee per togliere i segni e le macchie: inumidite un panno morbido e versateci sopra un po' di dentifricio. Se le macchie sono ostinate, aggiungete al dentifricio un pizzico di bicarbonato di sodio.

Un'alternativa è quella di mescolare del burro o della maionese con un po' di cenere di sigaretta. Spalmate l'impasto sulla macchia e strofinate con un panno leggermente umido. Quindi lucidate come al solito.

Oppure mescolate dell'olio d'oliva e del sale e spalmate sulla macchia. Lasciate agire per un po'. Strofinate e lucidate.

Come rimediare ai graffi

- **Graffi piccoli:** copriteli abbondantemente di vaselina. Lasciatela sul graffio per 24 ore, quindi strofinate fino a che venga assorbita ed eventualmente togliete quella eccedente. Lucidate.
- **Graffi estesi:** strofinatevi sopra della gommalacca (disponibile in tutti i colori presso i colorifici) o un pastello del colore del legno.
- **Noce:** togliete il gheriglio da una noce fresca. Spezzatela a metà e strofinate il graffio con il lato che è stato spezzato.
- **Mogano:** potete strofinare il graffio sia con un pastello marrone scuro sia con una cera solida scura.
- **Mogano rosso:** applicate della comune tintura di iodio con un pennello.
- **Acero:** mescolate della tintura di iodio e dell'alcol denaturato in parti uguali e applicate con un cotton-fioc. Asciugate, passate la cera e lucidate.
- **Ebano:** usate del lucido da scarpe nero o una matita nera.
- **Teak:** strofinatelo molto delicatamente con della lana d'acciaio imbevuta di olio di lino e di trementina in parti uguali.
- **Legno chiaro lucidato:** i graffi possono essere mascherati usando del lucido da scarpe marrone chiaro (solo su legno lucidato).

Colla e mastice Per togliere colla e mastice dai mobili strofinate la superficie macchiata con della crema idratante o con olio d'oliva.

Graffi Quando cercate di rimediare a un graffio, seguite sempre la venatura del legno.

➸ *Vedi anche* **Macchie**

Mode pericolose

Attenzione agli indumenti troppo stretti Pantaloni, gonne, bustini, reggicalze e cinture troppo stretti tendono a schiacciare la vena femorale, che riporta il sangue dalle gambe al cuore. Le gambe si gonfiano e alla lunga si possono formare piccoli edemi e vene varicose. In caso di cellulite, l'uso di questi abiti è senza dubbio un fattore peggiorativo.

Gli indumenti intimi troppo stretti sono responsabili delle affezioni della cute; slip e reggiseni di taglia ridotta e magari di tessuti sintetici, come nella maggior parte dei casi, aumentano la sudorazione trattenendo in loco l'umidità. Ciò modifica il pH della pelle, favorendo lo sviluppo di microrganismi dannosi, che possono portare all'insorgere di micosi nelle zone genitali.

I pantaloni troppo stretti, in particolare i jeans, che sono molto rigidi, oltre alle conseguenze sulla circolazione, possono provocare un ristagno di secrezioni vaginali, che, se rimangono troppo a lungo a contatto con la pelle e le mucose, determinano pericolose infezioni di funghi e batteri.

Gravi sono i danni che ci si può procurare nel desiderio di esasperare la forma dei glutei, oggi tanto diffuso. Le fibre sintetiche di cui sono fatti i collant che 'tengono su il sedere', come dicono apertamente gli slogan, assieme al continuo sfregamento e all'eccessiva pressione, attaccano il gluteo soprattutto nella sua parte inferiore, scatenando reazioni allergiche a volte molto serie.

Allergie da nichel I ferretti dei reggiseni e dei reggicalze possono determinare allergia da nichel, se vengono a contatto con la pelle.

Formaldeide nei coloranti per tessuti Semplici T-shirt colorate possono dare allergie. Nell'industria dei tessuti sintetici, per ottenere colori sempre più brillanti e vivaci, si fa uso anche di formaldeide, che, in determinate condizioni, per esempio sotto il sole a picco, può essere rilasciata sulla pelle.

Moquette

Come pulire la moquette Pulitela passando regolarmente l'aspirapolvere e quindi uno straccio pulito e umido. Per ridare tutto lo splendore alla vostra vecchia moquette, passatela con uno straccio imbevuto di acqua e alcol o acqua e ammoniaca.

Come togliere le macchie dalla moquette

- **Caffè:** tamponare con un panno imbevuto in una soluzione di alcol e aceto bianco in parti uguali.
- **Vernice:** non strofinare; se la vernice è ad acqua tamponate con acqua tiepida, se è a smalto provate con solvente, facendo una prova su un angolo.
- **Vino:** bagnate con acqua gassata o aceto bianco, pulite con acqua calda.
- **Coca Cola:** tamponate con 1/4 d'acqua e 3/4 di alcol denaturato.
- **Liquori:** asciugate il liquore con un panno o carta da cucina, tamponare con un po' di detersivo per tessuti delicati diluito in acqua.
- **Olio o grassi:** intervenite subito e pulite con carta da cucina assorbente, poi con acqua e ammoniaca e uno smacchiatore spray.
- **Chewing-gum:** indurite la gomma con ghiaccio togliendola con le mani; passate poi una soluzione di ammoniaca e aceto.
- **Inchiostro:** cercate di assorbire subito l'inchiostro con carta assorbente imbevuta di alcol a 90 gradi, poi passate una soluzione d'acqua con ammorbidente e ancora acqua con aceto al 10%. Infine sciacquate.
- **Sangue:** tamponate con un panno imbevuto di acqua in cui avrete sciolto una compressa di aspirina. Sciacquate accuratamente.

Per le pulizie quotidiane è indispensabile il battitappeto o anche una scopa di saggina.

Lavate la moquette almeno una volta l'anno, usando un detersivo specifico: shampoo liquido o schiuma secca.

Lavaggio a macchina Periodicamente va fatto un lavaggio con l'apparecchio lavamoquette affidando l'intera operazione a un'impresa specializzata.

Per neutralizzare l'elettricità statica Mettete in uno spruzzatore 1 parte di ammorbidente per 5 parti d'acqua.

Nebulizzate il liquido sulla moquette e lasciate asciugare. I peli del gatto e quelli della moquette non vi si attaccheranno più ai vestiti.

➽ *Vedi anche* **Macchie**

Monete

Per pulire le monete antiche Per ridare nuova vita alla vostra collezione di monete antiche pulitele ma non lucidatele.

Tenetele a bagno nel succo di limone per una giornata intera e asciugatele poi accuratamente con un panno morbido.

Mosche

Misure preventive contro le mosche Vivono ovunque sia presente l'uomo. Arrivano a percorrere chilometri dal luogo di nascita che è, di solito, un cumulo di letame o di spazzatura. In condizioni ottimali, si calcolano 70 generazioni l'anno con centinaia di uova deposte, generalmente in sostanze in decomposizione, da ogni femmina. Considerando i luoghi di nascita e la predilezione per gli ambienti più sporchi, ogni mosca può trasportare sulle zampe milioni di batteri che distribuisce ovunque si posi.

La prevenzione si basa essenzialmente sull'allontanamento dei cibi e dei rifiuti.

Le misure igieniche sono la chiave per il controllo delle mosche.

Gettate via regolarmente la spazzatura e pulite la pattumiera.

All'interno della pattumiera spargete del sapone secco; pulite e gettate via il cibo che gli animali domestici non hanno mangiato, un'ora dopo che glielo avete dato.

Insetticida senza vittime

- Volete un'indicazione per un insetticida che non fa vittime ma vi libera dalle fastidiosissime mosche?
- Amano la luce per cui, se non volete usare sostanze chimiche, che possono nuocere ai vostri bambini, chiudete il locale per qualche tempo, poi aprite uno spiraglio da cui entri la luce: le mosche, attratte, usciranno.
- Anche la colorazione azzurra dei vetri le allontana, perché è simile al buio.

Se tenete della frutta a temperatura ambiente controllate il portafrutta quotidianamente ed eliminate i frutti troppo maturi.

Per evitare i moschicidi Per non far entrare in casa le mosche, mettete dei chiodi di garofano in sacchettini di tulle e appendeteli nelle stanze.

Mescolate, in quantità uguali, foglie di alloro in pezzetti, chiodi di garofano sbriciolati, foglie di eucalipto e germogli di quadrifoglio. Mettete il composto in sacchettini di rete, o qualunque altro materiale a maglie larghe, e appendeteli vicino alle porte d'ingresso.

Si dice che il basilico dolce e il tanaceto respingano le mosche. Piantateli vicino ai vialetti d'ingresso, al patio e alle zone che usate per i pic-nic.

Oppure piantate del basilico dolce in vasetti da tenere in cucina.

In cucina e in camera da letto Per tenerle lontane in casa mantenete pulite le superfici della cucina e coprite tutti gli alimenti, lasciate i locali in ombra e applicate le zanzariere; le mosche detestano l'odore del sambuco, dell'aceto, dei pomodori e della lavanda.

Se volete che le mosche restino alla larga dalle vostre stanze, ponete negli ambienti un piattino con una spugnetta imbevuta di essenza di lavanda. Le noiose mosche, che detestano questo profumo, non si avvicineranno.

Per cacciare le mosche, nella cucina di campagna, appendere alle pareti rami di pomodoro; sostituiteli appena seccano: funzionano anche con le zanzare.

Ricordate poi che come altri insetti le mosche si allontanano con un'arancia o un limone trafitto con chiodi di garofano che potete appendere nelle stanze. Oppure appendete dei fiori di sambuco.

Muffa

Odore di muffa Per togliere l'odore di muffa dai vecchi armadi o dai mobili mettetevi una scatola aperta con caffè macinato.

Oppure, perché profumino di buono, appendetevi dentro una vecchia calza di nylon piena di trucioli di legno di cedro, che è anche un ottimo tarmicida.

Per togliere l'odore di muffa dai bauli, lasciatevi dentro per una notte una latta di caffè piena di deodorante per la sabbia del gatto.

Muffa sul muro Le macchie di muffa sui muri spariscono pulendole con uno straccio bagnato di alcol denaturato.

Un ottimo rimedio per far sparire la muffa dai muri consiste nel mettere della candeggina in un comune spruzzino per inumidire la biancheria e spruzzarla sulle macchie. Se necessario ripetete nei giorni successivi.

Muffa sulla gomma Per togliere la patina viscida dalle pareti della piscina gonfiabile o del gommone lavateli con acqua e amuchina. Fate asciugare prima di sgonfiarli, cospargeteli di borotalco e ripiegateli.

Muffa sulla carta A volte si riesce a togliere la muffa da carta e libri cospargendoli di farina di mais. Lasciatela agire per alcuni giorni prima di toglierla con molta delicatezza.

Muri

Togliere le macchie dal muro Può capitare che una macchia di unto vada a deturpare la tappezzeria (non lavabile): allora tamponate subito con carta assorbente su cui avrete spruzzato 10 gocce di etere.

Fumo sulle pareti Se la parete è annerita dai termosifoni o dal fumo, si può strofinare la parte sporca con mollica di pane.

Prevenire gli aloni dei quadri Un trucco per non far rimanere gli aloni sui muri a riprova della presenza di un quadro che è stato spostato: fissate quattro grosse puntine da disegno sul retro della cornice, in modo che il quadro non poggi direttamente sul muro.

Come togliere la carta da parati Per gli amanti del 'fai da te' ecco un suggerimento per

Quale colore per le pareti?

- **Arancio:** è difficile conviverci.
- **Bianco:** è leggero, puro, sterile e freddo.
- **Blu:** è il colore antistress per eccellenza; sollecita un rallentamento dell'attività metabolica; combatte l'insonnia e gli sbalzi d'umore; allunga la respirazione e rallenta il battito cardiaco, favorendo la concentrazione mentale. È un colore serio, tranquillo, discreto, rilassante, freddo, e forse sarà per questo che, inconsciamente, il 'manager' veste prevalentemente di blu. È odiato dalle mosche (non a caso, le stalle e i soffitti delle verande venivano spesso dipinti di blu).
- **Giallo:** poiché sembra stimolare l'ansia e la perdita del controllo, non è adatto agli interni. Tuttavia funziona nelle zone di passaggio, come gli ingressi. Il giallo è raggiante, rischiarante; accentua l'ottimismo e l'allegria.
- **Lilla:** per creare un'atmosfera allegra, calda e tenue, dipingete le pareti del salotto in lilla (il resto dell'arredamento dovrebbe essere grigio).
- **Marrone:** è un colore stabilizzante e caldo. Sembra che le persone lavorino meglio nelle stanze dipinte di marrone chiaro.
- **Nero:** è triste, cupo, negativo, deprimente. È privo di frequenza d'onda, e cioè è senza energia. Riesce però ad assorbire l'emotività in eccesso e quindi calma l'irrequietudine.
- **Rosa:** pensateci prima di dipingere di rosa la camera di vostra figlia perché è un colore che andrebbe bandito dalle stanze in cui si dorme (induce insonnia anche se è rasserenante).
- **Rosso:** è adatto alla nursery. I neonati sono attratti dal rosso più che da altri colori (e il rosso, nello stesso tempo, stimola il loro sviluppo cerebrale). È vivace, stimolante e caldo.
- **Verde:** è rilassante, antistress, disinfettante e germicida. Determina uno stato di quiete psicologica e abbassa la pressione sanguigna: è controindicato per l'ipotensione o la depressione. Attenua il nervosismo, cura l'asma e favorisce il sonno. Nella bioarchitettura è indicato come il colore per le pareti della camera da letto.
- **Viola:** è segreto, mistico, deprimente, introverso, molto freddo.

rimuovere la vecchia carta da parati. Preparate una miscela con 2 cucchiai di sapone in scaglie, 200 ml di acqua e 200 ml di alcol. Sbattete il composto con un frustino da cucina per amalgamare gli ingredienti, poi distribuite sulla parete e lasciate agire per alcuni minuti, in modo che non si asciughi troppo. Togliete poi la carta con l'aiuto di una spatola.

Pareti 'ecologiche' Per i muri i materiali più indicati sono la pietra, i mattoni di argilla, il gesso, il legno, la calce, il vetro e il sughero.

Il cemento armato possiede invece strutture metalliche che, come antenne, possono catturare le radiazioni elettromagnetiche.

Isolamento dei muri Per la coibetanzione i truciolati sono da evitare, poiché contengono formaldeide. Sono invece raccomandabili la fibra di cocco, l'argilla espansa e il poliuretano.

Musicoterapia

Musica come medicina Vi sarà capitato di sentirvi invadere di energia o di buonumore ascoltando una musica allegra... oppure di rilassarvi, dopo una giornata particolarmente stressante, con l'aiuto di un brano di musica classica... È questo un fenomeno del tutto normale: è stato dimostrato infatti che i suoni influiscono sull'umore e sulle funzioni fisiologiche, come respirazione e frequenza cardiaca. In esperimenti condotti in ospedali americani, si è visto che una musica rilassante (con un ritmo di settanta-ottanta battiti il minuto, quelli del polso a riposo) fa diminuire la pressione sanguigna nei pazienti con disturbi coronarici.

Per quali disturbi è adatta? La musicoterapia è molto adatta per chi ha un handicap fisico o mentale, per esempio per i bambini con difficoltà visive, uditive o di linguaggio. È un utile strumento per chi si occupa di ragazzi autistici o schizofrenici, in quanto fornisce un 'linguaggio' in più per favorire la comunicazione. Può inoltre aiutare le persone molto introverse a sentirsi più sicure di sé.

N, O

Naftalina

Nell'immondizia D'estate il sacchetto della spazzatura può diventare un problema perché si accentuano i cattivi odori che da esso fuoriescono inevitabilmente. Per eliminare i cattivi odori basta mettere sul fondo del sacchetto una o due palline di naftalina: con questo accorgimento, assieme agli odori sgradevoli ci libereremo anche dalle formiche.

Natura

Riallacciamo i legami Si tratti di una passeggiata ai giardinetti o di un esercizio di ginnastica fatelo con impegno e con lentezza, per ritrovare la quieta soddisfazione che la fretta toglie alla vita di tutti i giorni. Uscire, respirare all'aria aperta è una fonte insostituibile di energia per il corpo e per lo spirito.

Anche camminare sotto la pioggia è uno dei modi più efficaci, e divertenti, per rigenerare corpo e mente. Quando piove, invece di lamentarvi per la brutta giornata, indossate qualcosa di leggero uscite a camminare sotto la pioggia. Non cercate di ripararvi: il contatto con gli elementi può riportare il corpo a emozioni dimenticate. Lasciatevi bagnare e apprezzate fino in fondo la comunione con la natura.

Nespole

Contro i radicali liberi Per combattere i radicali liberi, responsabili di certi processi di invecchiamento dell'organismo, mangiate le nespole. La loro polpa è ricca di carotenoidi, che hanno una spiccata azione antiossidante.

Nicotina

Per chi fuma molto La nicotina ha lasciato il segno sulle vostre dita? Sui polpastrelli ingialliti passate un batuffolo di cotone imbevuto con succo di limone e con acqua ossigenata a 10 volumi. Il risultato è assicurato.

Nitriti e nitrati

Che cosa sono? Sono sali minerali, composti dell'azoto, presenti in tutti i terreni: sono benefici per lo sviluppo delle piante, ma possono essere pericolosi se assunti dall'uomo in dosi eccessive. Nell'agricoltura intensiva, per accelerare le produzioni dei vegetali, si infarciscono i terreni di nitrati e nitriti, ed è qui che iniziano i guai, perché le piante non riescono a metabolizzare il surplus di sostanze azotate che arrivano poi fin sulle nostre tavole.

Come è possibile difendersi? Nelle farmacie o nei negozi di prodotti chimici sono in vendita cartine test che ci dicono se quella verdura è commestibile o meno. In linea di massima non si devono superare i 500-1000 mg per kg di cavolo, verza, cima di rapa e radicchio; i 1000-2500 mg per kg di rapa, finocchio, cicoria, porro, prezzemolo, indivia, scarola e sedano; i 2500 mg per kg di bietola, lattuga, ravanello, rucola, e spinaci.

Nodi di Hartmann

Che cosa sono? Il medico tedesco Ernest Hartmann ha approfondito la relazione fra campi magnetici, radiazioni terrestri (combinate con quelle cosmiche) e malattie. In seguito ai suoi studi, è riuscito a formulare una teoria: esiste una vera e propria 'rete' energetica nei cui punti di intersezione (i cosiddetti 'nodi') si generano situazioni pericolose per la salute.

Come orientare il letto L'orientamento del letto nella stanza è corretto solo se in direzione Nord-Sud (testa-piedi) e comunque non va mai posto in corrispondenza di un nodo di Hartmann (che si può scoprire, oltre che con un apparecchio chiamato geomagnetometro anche tramite la posizione di un gatto: se osserviamo il luogo dove si accoccola, possiamo stare certi che lì c'è un nodo di Hartmann).

Come orientare poltrone e divani Si consiglia di orientare a Ovest la scrivania e le poltrone sulle quali si studia o si guarda la televisione, mentre i divani vanno preferibilmente orientati a Est; armadi e cassapanche vanno posizionati sui nodi.

➽ *Vedi anche* **Casa ecologica**

Occhi

Occhi stanchi e arrossati Preparate mezzo bicchiere di acqua distillata con 3/4 gocce di succo di limone; versate il liquido in un recipiente piccolo, appoggiatelo sull'occhio aperto e roteate il globo oculare.

Per gli occhi stanchi provate a massaggiarvi appoggiando sulle palpebre chiuse le palme delle mani, poi eseguite lievi pressioni e rotazioni in senso orario.

Un rimedio lampo contro gli occhi gonfi, specie se dovete uscire per lavoro o per un appuntamento, è quello di tamponare più volte le palpebre con un cubetto di ghiaccio.

Occhiaie e palpebre gonfie Esistono prodotti specifici che, spalmati sulla zona ogni sera, agiscono durante la notte raggiungendo i tessuti interessati. Da evitare, invece, le creme troppo grasse, che possono causare ulteriore gonfiore intorno agli occhi.

Anche la cosmesi naturale propone rimedi mirati a combattere tali inconvenienti: impacchi di camomilla tiepida, di cetrioli, di patate.

Per chi soffre costantemente di questo tipo di disturbi, può essere utile il seguente infuso da applicare in impacchi la mattina e la sera. Preparate una miscela di rosa gallica, foglie di ippocastano, foglie di noce, rosmarino, semi di finocchio, fiori di camomilla, eufrasia, il tutto in parti uguali; fate bollire un cucchiaio di questa miscela in mezzo litro d'acqua. Alla fine filtrate: l'infuso è pronto per l'applicazione.

Oppure preparate impacchi di patate crude grattugiate (ogni 3 giorni applicate per 10 minuti delle sottili fette di patate crude sugli occhi), impacchi con decotto di petali di rose e timo, cataplasmi con decotto di semi di prezzemolo, impacchi con infuso di fiordaliso.

Se il gonfiore delle palpebre è dovuto all'insonnia, oltre a bere qualche tisana rilassante, applicate sugli occhi compresse di tè nero freddo e lasciate agire per 10 minuti.

Per far durare il trucco Volete che il vostro trucco duri a lungo, soprattutto nella zona attorno agli occhi dove spesso si accentuano le odiose zampe di gallina? Prima di iniziare il trucco intingete le dita nella chiara d'uovo e mettetene qualche goccia attorno agli occhi, poi picchiettate bene togliendone l'eccesso e lasciate asciugare; In questo modo si formerà una sottilissima pellicola che manterrà la pelle ben tesa per molte ore.

Occhiali

Lenti appannate Le lenti non si appannano anche con grandi sbalzi di temperatura se si strofinano regolarmente con glicerina e poi con una pelle di daino.

Come pulire gli occhiali Per pulire gli occhiali senza lasciare aloni versate su ciascuna lente una goccia di aceto o di vodka.

La cenere ancora calda delle sigarette è utile per togliere da vetri, occhiali e quadranti di orologi antipatici graffi.

Oppure applicatevi sopra un po' di dentifricio e lucidate con un panno morbido.

Come aggiustare gli occhiali Attenzione alle piccole viti delle montature: quando cominciano ad andare fuori posto, è facile ritrovarsi con gli occhiali sgangherati. Risistematele bene con un piccolo cacciavite e poi fissatele con una mano di smalto trasparente. Staranno ferme e faranno il loro lavoro

Odori sgradevoli

Odori di cucina Per debellare l'odore di fritto o di cavoli che ristagna in cucina durante la preparazione dei cibi, vaporizzate l'ambiente facendo bollire per alcuni minuti dell'acqua in cui getterete delle erbe aromatiche. Andranno bene quelle usate abitualmente in cucina (salvia, rosmarino, timo, finocchio selvatico), oppure qualche bacca di ginepro.

Tutti odiano l'odore del cavolo che bolle. E tutti cercano di contenerlo. Ecco un consiglio in proposito: fatelo lessare insieme con un gambo di sedano ben lavato. Ricordate anche che l'odore di cottura di cavoli e cavolfiori se ne va quasi completamente gettando nella pentola qualche noce con il guscio.

Odore di fritto Come evitare l'inconveniente? Prima di iniziare la frittura, si butta nell'olio bollente una fettina di mela che si toglie quando comincia a dorarsi.

Odore di fumo Per eliminare l'odore sgradevole delle sigarette bastano alcune semplici precauzioni: mettete in casa qualche ciotolina con aceto o con una miscela di ammoniaca e acqua, oppure potete mettete un panno imbevuto in acqua e aceto sul calorifero.

Sono efficaci anche le candele profumate.

Odore di pesce L'odore di pesce sulle mani sparisce strofinandole con dei fondi di caffè.

Odore di vernice Non basta aprire le finestre per far sparire il persistente odore che rimane dopo aver imbiancato, soprattutto se il tempo è umido. Provate allora con il ginepro: pestate una manciata di bacche secche e bruciatele nel caminetto, se l'avete, o in un recipiente resistente al calore posto al centro del locale.

Oppure ponete al centro della stanza un catino d'acqua in cui avrete versato un cucchiaio di ammoniaca e lasciatevelo tutta la notte; si può anche utilizzare una grossa cipolla tagliata e immersa in un recipiente con acqua fredda.

Potete anche appoggiare semplicemente qualche ciotola con acqua e sale nelle stanze.

Odore di chiuso Riaprite la casa in montagna e notate che negli armadi c'è un odore di chiuso poco piacevole? Svuotateli, puliteli e sistemate su ogni ripiano un bicchiere pieno di latte bollente. Richiudete e lasciate così tutta la notte. Il mattino dopo arieggiate e controllate: l'odore non c'è più.

Odore di naftalina Dà fastidio l'odore di naftalina che ha impregnato l'armadio? Lavate bene i ripiani e le pareti usando alcol e succo di limone in parti uguali e ripassate poi con un panno asciugando con cura. Aspettate che tutto sia perfettamente asciutto prima di riporre nuovamente i vestiti.

Olestra

Olio senza grassi È stato inventato in America. Si tratta di un olio senza grassi e con calorie quasi zero che dovrebbe permetterci di gustare i cibi 'come se' fossero conditi o cucinati con i grassi naturali. Il rovescio della medaglia sta nel fatto che l'Olestra potrebbe ridurre l'assorbimento delle vitamine A, D, E e K e causare infiammazioni intestinali.

➽ *Vedi anche* **Vitamine**

Oli essenziali

Aromaterapia fai da te Gli oli essenziali per l'aromaterapia si possono usare anche in casa. Basta aggiungerne alcune gocce a un bagno caldo, per esempio, e distendersi nell'acqua per

Oli secondo il momento e l'umore

- Per darvi una buona scossa, di primo mattino, potreste gradire aromi freschi come menta, pino, salvia, rosmarino.
- Se vi sentite un po' tesi, usate *petit-grain*, maggiorana, neroli.
- Se, al contrario, il mondo appare tutto grigio, usate salvia sclarea, incenso, cedro.
- Non ricordate che cosa dovevate fare di tanto urgente? Magari basilico, ginepro o rosmarino vi danno una mano.
- Se la vostra pressione sanguigna è alta, usate oli essenziali di *ylang-ylang*, lavanda, maggiorana, limone.
- Se invece è troppo bassa, tiratevi su con salvia, timo, rosmarino, issopo.
- La sera, rilassatevi e preparatevi a un buon sonno con lavanda, maggiorana, camomilla e neroli.

almeno dieci minuti, oppure profumare ogni stanza spruzzando una goccia o due negli appositi vaporizzatori.

Si possono aggiungere oli anche ai saponi, alle cere, alle candele, ai vasetti di erbe, ai sacchetti e cuscinetti di fiori e di erbe.

Lavanda Ha proprietà cicatrizzanti ed è anche un efficace rilassante. Diluitene una goccia e aggiungetela al bagno del vostro bambino per aiutarlo a prendere sonno.

Rosa L'olio delle varietà di rosa damascena, centifolia e comune è molto apprezzato per le sue proprietà antistress e antidepressive. Ha anche proprietà antisettiche maggiori dell'acido fenico ed è molto astringente.

Legno di sandalo Questo raffinato olio libera dalla tensione e dall'ansia. Usatene alcune gocce in un vaporizzatore alla sera.

Camomilla È usata frequentemente in aromaterapia come calmante. Usatene 5 o 6 gocce nel bagno o aggiungetene 2 gocce a 5 cucchiaini di olio di soia per il massaggio.

Neroli È ricavato dall'arancio amaro e viene usato per le sue proprietà calmanti e ansiolitiche. Per massaggiare aggiungete 5 gocce a 2 cucchiaini di olio di soia.

➽ *Vedi anche* **Profumi**

Olio

Olio di oliva: meglio di qualsiasi altro L'olio di oliva (normale, vergine, extravergine) sia crudo sia cucinato è molto più salubre di qualunque altro olio. Sfatato il mito che vorrebbe gli oli di semi più adatti a friggere dobbiamo riflettere ancora più seriamente sulle forzature pubblicitarie che hanno presentato gli oli di semi come più magri e più leggeri. Qualunque olio è costituito al 100% da lipidi e tutti apportano mediamente 9 calorie per grammo: la leggerezza degli oli di semi non va quindi oltre l'impressione derivata dalla colorazione sbiadita e dalla mancanza di sapore.

Ma quando è 'extravergine'? Un olio di oliva, per avere delle proprietà ideali dal punto di vista gastronomico e curativo, deve essere extravergine, ossia ottenuto dalla spremitura a freddo delle olive, con un livello di acidità inferiore all'1%.

Va infine precisato qualcosa che riguarda il termine di olio di 'prima spremitura' riportato su alcune etichette. La prima spremitura non garantisce che si tratti di un olio extravergine, cioè con un grado di acidità inferiore all'1%, come prescritto dalla legge comunitaria.

Come conservare al meglio l'olio di oliva Buona regola è consumare l'olio nello stesso anno di produzione, tenendo il contenitore sempre ben tappato e al riparo dalla luce, per evitare fenomeni di irrancidimento, che comunque non farebbero che dimostrare la genuinità del prodotto.

Ma che olio è? Per controllare l'origine dell'olio esiste un trucco: se ne versa giusto un dito in un bicchiere di vetro trasparente e si aggiungono poche gocce di acqua ossigenata: se si tratta di olio di oliva, diventerà di colore verdastro, se è olio di arachidi si colorerà di grigio-giallo, e addirittura diventerà di colore rosso se si tratta di olio di sesamo.

Oro

Come pulire gli oggetti d'oro In linea generale questo prezioso metallo non subisce alterazioni: è sufficiente lavarlo con acqua e sapone, usando eventualmente una spazzolina morbida. Non usate invece prodotti abrasivi.

Per pulire catenine d'oro, o bracciali a maglia, preparare una soluzione di aceto e sale nella quale porrete gli oggetti per una decina di minuti. Sciacquate con acqua, asciugate e lucidate con un panno morbido.

Potete anche pulire i vostri gioielli strofinandoli con mollica di pane.

Oro e platino si strofinano con una morbidissima pelle di daino.

Se non ci sono pietre, potete lavare i gioielli in acqua e detersivo (va bene anche quello per la lana).

Per pulire bene rilievi e incisioni, usate uno spazzolino da denti da bambino. Quindi, sciacquate e asciugate.

Potete anche immergere l'oggetto d'oro per qualche istante in alcol a 90 gradi; sciacquate e asciugate con un panno.

➤➤ *Vedi anche* **Gioielli**

Ortiche

Per lenire il prurito Se, facendo una passeggiata, vi siete imbattuti in ortiche importune, strofinate una cipolla sulla parte 'pizzicata': il sollievo è assicurato e il dolore sparirà come per incanto.

Osso

Manici di posate Toglierete il giallo mettendoli a bagno per 24 ore in acqua ossigenata diluita, quindi sciacquate con acqua pura e asciugate. Non usate acqua calda che farebbe gonfiare l'osso.

Ostriche

Un bizzarro fenomeno Il più celebrato tra i frutti di mare, l'ostrica, è un bizzarro fenomeno della natura: può essere più volte maschio o femmina nello stesso anno, modificando le funzioni della sua ghiandola genitale in base alla temperatura dell'acqua e al plancton di cui si nutre. Le più pregiate sono quelle bretoni, grazie all'ambiente in cui sono allevate. A incidere sul prezzo, che comunque si sta progressivamente abbassando, oltre ai costi di allevamento ci sono il trasporto e i controlli pretesi dalla legislazione italiana.

Un pasto importante Si tratta di un alimento che può rappresentare il pasto principale: le ostriche, infatti, contengono il 10% di proteine, niente grassi e tutte le vitamine che servono.

Come consumarle C'è chi le cuoce, in varie maniere, ma gli intenditori sostengono che vanno servite appena scaldate.

Chi mangia ostriche resta giovane Merito dello zinco, un oligoelemento che combatte l'azione dei radicali liberi, quelle sostanze che danneggiano le cellule facendole invecchiare precocemente.

Ottone

Come pulire gli oggetti di ottone Preparate una pasta detergente mescolando sale, farina e un po' di aceto in parti uguali. Spalmatene uno strato spesso sull'ottone e fate asciugare. Risciacquate e togliete la pasta con un panno. Lavate poi con acqua e ammoniaca, sciacquate e asciugate bene.

Usate una soluzione salata di aceto (un cucchiaio di sale e due di aceto per un litro d'acqua) per una pulizia più a fondo: risciacquate e lucidate passando un po' di olio con un panno morbido.

Contro le macchie usate aceto caldo salato.

Se invece l'ottone è molto corroso lavatelo in acqua calda e soda.

Nel caso di macchie molto ostinate non resta che usare tela smeriglio molto fine, sfregando sempre nella stessa direzione.

Se possedete un letto di ottone, potete pulirlo bene e molto facilmente passando su tutta la superficie una spugna imbevuta di ammoniaca pura.

Oppure sciogliere 100 grammi di sale in mezzo litro di acqua e aggiungere il succo di mezzo limone. Lavare, sciacquare e asciugare.

Per le macchie di verderame: passate un batuffolo imbevuto d'alcol, oppure spazzolate con una spazzola bagnata nel vino rosso.

Come lucidare l'ottone L'ottone si lucida con bicarbonato e sale grosso (un cucchiaio ciascuno), sciolti in un litro di acqua.

Poi asciugatelo bene, strofinando con un panno di lana.

P

Paglia
Palline
Palloncini
Pane
Panni per spolverare
Pannolini
Pareti
Pastiglie
Patata
Pavimenti
Peeling
Pellame
Pellicce
Peltro
Pelucchi
Peluche
Penne biro
Pennelli
Pentole
Peperoni
Perle
Pesce
Pesciolini
Pesticidi
Pianoforte
Piante
Piastrelle
Piccioni
Piedi
Pietra pomice
Pipe
Pizzi
Plastica
Porcellana
Porte
Portulache
Potassio
Pot-pourri
Prezzemolo
Profumi
Propoli
Proteine
Punture d'insetti

Paglia

Come pulire gli oggetti di paglia Spazzolate con una spazzola rigida, poi con una spazzola imbevuta di acqua salata e ammoniaca, tamponate con un panno, quindi lasciate asciugare all'ombra.

Se è anche un po' sporca di grasso pulitela con acqua leggermente insaponata.

Per schiarirla aggiungete succo di limone.

Palline

Da tennis Le palline da tennis non rimbalzano più? Accendete il forno al minimo e fatelo riscaldare per circa 15 minuti, poi spegnetelo e mettetevi dentro l'intera scatola delle palline, senza coperchio. Lasciatevela per tutta la notte. Il calore le rimetterà in forma.

Palloncini

Un originale 'invito' Se vostro figlio non gioca più con i palloncini da gonfiare e ne sono rimasti parecchi in fondo a qualche cassetto, potete utilizzarli come originale invito per la prossima festicciola in casa. Gonfiateli e con un pennarello di colore adatto scrivete su ognuno il nome del destinatario, il motivo della festa e l'indirizzo. Poi sgonfiate il palloncino, chiudetelo in un foglio su cui avrete scritto: «Per piacere, soffia». Mettete in una busta e spedite.

Pane

Come sceglierlo La scelta di un buon pane è importante, specie se si considera che la panificazione, a causa dell'alta temperatura, diminuisce ancora di più il contenuto nutritivo della farina.

Il pane integrale, oltre a presentare un valore calorico più ridotto e un elevato contenuto di fibra, risulta molto più ricco di vitamine (soprattutto C, B e B_2) e di sali minerali (come calcio, magnesio, fosforo, ferro) del pane 'bianco', in cui tali sostanze vengono in gran parte a mancare in seguito ai processi di raffinazione. Il valore nutritivo del pane integrale non dipende però solamente dalla qualità della farina (operazione intermedia di setacciatura), ma anche dal tipo di lievitazione adottato.

La lievitazione naturale mediante l'utilizzo della pastella acida assicura la completa degradazione dell'unico componente indesiderato della crusca: l'acido fitico.

Per gli alimenti integrali è importante la coltivazione biologica, poiché i rivestimenti esterni dei cereali trattengono eventuali residui di fitofarmaci, concimi chimici e diserbanti.

Per coloro che vogliono seguire una via di mezzo tra pane bianco e integrale, consiglio il tipo 'casereccio', in filoni o pagnotte, con la mollica leggermente bigia, ma comunque compatta sotto la crosta e senza 'bolle', possibilmente fatto con farine poco raffinate.

Il pane della tradizione Chi ama scoprire le antiche tradizioni, sarà felice di sapere che, nel caso del pane, qualcuna ancora sopravvive, anche se in molti casi è stata sostituita la farina raffinata a quella integrale. Forme di pane antico che ancora resistono alla cavalcata modernista sono le friselle dell'Italia del Sud, la 'carta da musica' della Sardegna, la stessa pizza napoletana e la piadina romagnola.

Come conservare il pane Per avere il pane sempre fresco riponetelo, appena acquistato, nel freezer, meglio se già tagliato a fette. Basterà tirarlo fuori due ore prima di mangiarlo.

Se lo preferite croccante, passatelo qualche minuto in forno.

Non mettetelo nei sacchetti di plastica: la crosta si rammollirebbe, poi ammuffirebbe.

Due consigli per risparmiare Potete tagliare le fette a dadini e conservare i crostini per qualche giorno, per poi farli dorare nel burro o nell'olio. Serviranno per le minestre o per le zuppe di verdure.

Per ammorbidire il pane duro avvolgetelo per un'ora in un panno umido, poi scaldatelo in forno a 100 gradi: sarà di nuovo friabile.

Panni per spolverare

Per spolverare senza fatica Aggiungete due cucchiaini di trementina a un litro d'acqua saponata molto calda. Immergetevi per una notte alcuni stracci puliti e lasciateli a mollo, quindi strizzateli e fateli asciugare. Vedrete che attireranno la polvere in modo insuperabile.

Pannolini

Non eccedete con i 'salva-slip' Usate i pannolini, e soprattutto gli assorbenti, solo quando servono effettivamente. Questo può essere un monito per quelle donne che usano gli assorbenti tutti i giorni, i cosiddetti 'salva-slip': in condizioni di normale fisiologia femminile non servono assolutamente a nulla, anzi possono ostacolare la respirazione delle mucose.

Pannolini e bilancio familiare Sapete quanto incide il sederino di un bambino sul bilancio familiare? Quasi 1 milione l'anno... e poi ci sono i costi sociali e ambientali che paghiamo tutti (abbattimento degli alberi, discariche...). Il problema si può risolvere abbandonando la pigrizia e la cosiddetta 'praticità' e ripristinando all'età giusta (verso i 18 mesi) il 'rito del vasino'.

Dermatite da pannolino È frequente che la pelle dei bambini si arrossi per il pannolino. In genere si tratta di una banale irritazione ed è sufficiente cambiare il bambino con maggiore frequenza, lavarlo con un sapone leggermente acido (pH 5,5) e non usare le mutandine di plastica, che peggiorerebbero la situazione. Eventualmente applicare una pasta all'ossido di zinco per 3-4 giorni. Se l'arrossamento persiste, potrebbe trattarsi di un'infezione: in questo caso è meglio consultare il pediatra.

Pareti

Come pulire le pareti Le pareti si sporcano giorno per giorno in maniera quasi invisibile, per l'accumulo di polvere, fumi, vapori unti, che formano con il tempo una patina che toglie luce alle stanze. È bene dunque spolverare di tanto in tanto i muri.

Se le pareti sono tinteggiate con idropittura verificate che questa sia lavabile facendo una prova con una spugna umida.

Se il colore tiene continuate, usando acqua pura, evitando di bagnare troppo le pareti e asciugando dopo il lavaggio. Anche cementite e smalto sono lavabili, mentre l'unico sistema per pulire le pareti a tempera rimane la periodica imbiancatura.

Per pulire le pareti

- Versate 1/2 bicchiere di ammoniaca, 1/4 di bicchiere di aceto bianco, 1/4 di bicchiere di soda per lavare in 4 litri di acqua tiepida.
- È una soluzione eccezionale per pulire a fondo le pareti.

Per staccare la carta Immergete un rullo, o una spugna, in acqua calda e aceto in parti uguali e bagnate la carta: dopo un paio di applicazioni dovrebbe staccarsi. Se userete un rullo di quelli per imbiancare, farete meno fatica.

Prima di ritappezzare un muro Spalmate della ceralacca su tutte le macchie di unto e lasciate asciugare perfettamente. Ciò eviterà che le macchie si riaffaccino.

Per tappezzare il bagno o la cucina Dopo aver tappezzato stanze in cui facilmente il vapore si condensa, passate una mano di vernice trasparente sulle giunture della carta per evitare che si scollino.

Per eliminare le bolle d'aria Incidete la bolla con una lametta. Con la lama di un coltello fate penetrare un po' di colla sotto la carta e passatevi sopra una spugna bagnata.

I segni di pastello sulle pareti Si tolgono strofinando con una paglietta insaponata e asciutta, oppure passando un panno umido cosparso di bicarbonato di sodio.

➸ *Vedi anche* **Muri**

Pastiglie

Come assumere le pastiglie Si dovrebbero prendere le pastiglie stando seduti o in piedi, dicono i medici americani. In questo modo arrivano nello stomaco dopo cinque secondi. Se si prendono stando coricati, metà pastiglia si scioglie nell'esofago e non nello stomaco.

Ricordate comunque che le pastiglie si ingoiano facilmente se incorporate a un pezzetto di banana.

Patata

Rimedio naturale In caso di pelle disidratata, infiammazioni cutanee e scottature solari è efficace la polpa di patata grattugiata. Le foglie di questo tubero, usate in decotto, sono utili a chi soffre di nevralgie, gotta, reumatismi. Il succo viene usato in fitoterapia per curare l'ulcera e la gastrite e come antiacido.

È opinione comune che la patata sia alimento sconsigliabile per chi soffre di obesità; in realtà, consumata senza condimento non ha controindicazioni.

Per lavare Vi siete accorti all'ultimo momento che non avete più detersivo per lavare a mano la biancheria? Potete sostituirlo con una patata lessata da sfregare sui capi. Con questo trattamento quelli di lino e di cotone diventeranno bianchissimi.

Come conservare le patate Le patate sbucciate si possono conservare in frigorifero per 3-4 giorni se immerse in una ciotola chiusa con acqua fredda e un po' di gocce d'aceto.

Se vi accorgete che le patate in dispensa sono diventate molli, mettetele in acqua molto fredda per mezz'ora e torneranno sode.

Germogli di patate In primavera le patate tendono a germogliare. Invece di arrabbiarvi e buttarle, tagliate la parte con il germoglio e interratela. Il germoglio crescerà e a giugno raccoglierete patatine novelle di vostra produzione!

Contro le punture Le patate sono anche efficaci contro il bruciore delle punture d'insetto. Stendete un po' di patata cruda grattugiata sulla parte infiammata.

Patate espresso Volete un trucco per far lessare le patate più in fretta? Infilzatele da parte a parte con un ferro da calza.

Pavimenti

Come pulire i pavimenti L'acqua calda è il miglior detergente, anche perché non esiste solo lo sporco 'grasso', ma soprattutto quello causato da zuccheri, amidi e proteine, che, a differenza dei grassi, sono solubili in acqua.

I pavimenti incerati si possono pulire con tè freddo. Così spariscono persino i piccoli graffi.

Pavimenti di marmo Pur se bellissimi, i pavimenti in marmo richiedono maggior cura e attenzione, in quanto vi si evidenziano più facilmente macchie, striature, segni di scarpe, eccetera. Lavate accuratamente con acqua tiepida e detersivo, lasciate asciugare, quindi stendete con uno straccio umido la cera; quando il pavimento sarà perfettamente asciutto, passate la lucidatrice. Utilizzando una cera liquida con effetto per sei mesi, potrete lavare sovente il pavimento con alcol e acqua tiepida e, una volta asciutto, passare la lucidatrice: il vostro marmo tornerà splendente e lucido.

Pavimenti di maiolica Per avere i pavimenti di maiolica lucidissimi e sgrassati aggiungete all'acqua tiepida alcune gocce di bagnoschiuma; otterrete anche il risultato di avere la casa profumata.

Un ottimo detersivo

- Diluite 1/2 bicchiere di candeggina, 1/4 di bicchiere di aceto bianco distillato e 1/4 di bicchiere di soda in 4 litri scarsi di acqua calda. Avrete la soluzione perfetta per i pavimenti. (non adoperatela per il sughero).
- Se il pavimento è rimasto opaco risciacquatelo diluendo 1 bicchiere di aceto bianco in un secchio d'acqua.

Pavimenti di legno Passate regolarmente l'aspirapolvere e la lucidatrice, aggiungendo cera di tanto in tanto per mantenere la superficie ben protetta.

Periodicamente va rinnovato completamente lo strato di cera.

Per i pavimenti che scricchiolano Fateli tacere mettendo nelle fessure un po' di borotalco o della colla liquida.

Per far sparire i graffi Passate con una matassina di lana d'acciaio imbevuta di cera.

Pavimenti lucidi Passate lo spazzolone con sotto un pezzo di carta oleata; anche lo sporco vi si attaccherà.

Per salvare lo spazzolone: avvolgete lo spazzolone con una calza di nylon. Quando avete finito di pulire per terra, togliete la calza e vi ritroverete lo spazzolone pulito.

Pavimenti di mosaico Dopo averli puliti con acqua saponata e averli ben asciugati, spalmatevi dell'olio di lino, lucidate con un panno di cotone, ma non usate cera per pavimenti, perché li rende troppo scivolosi.

Le macchie si possono togliere con del succo di limone.

Pavimenti di cotto È più poroso del grès, quindi si macchia facilmente. Normalmente basta passare l'aspirapolvere e lavare con acqua e aceto bianco caldo; lucidate con uno straccio di lana imbevuto di olio di paraffina oppure di olio di lino crudo.

Pavimenti del box Per togliere le macchie d'olio dal cemento, versateci sopra un po' di acquaragia minerale, lasciate agire per 30 minuti, quindi sfregate con una spazzola dura continuando ad aggiungere l'acquaragia. Subito dopo avere strofinato, tamponate il grasso con dei giornali. Lasciate asciugare il cemento, quindi lavate il pavimento con una soluzione composta da 1 bicchiere di candeggina e del detersivo per il bucato sciolti in 4 litri di acqua fredda. Ripetete l'operazione finché le macchie saranno sparite. Stendete diversi strati di giornali sulla macchia d'olio. Inzuppate i giornali di acqua e schiacciateli contro il pavimento. Fate asciugare bene, togliete i giornali e vedrete che le macchie saranno sparite.

Nella casa 'ecologica' La cosa migliore è sempre il marmo (non il basalto e il granito, che possono rilasciare il radon, gas radioattivo).

Anche il legno è sempre una soluzione sicura. Le moquettes sono invece da evitare dal momento che attirano e trattengono polveri, funghi e microrganismi, e si caricano di corrente elettrostatica.

Peeling

Farina di mandorle e sale La farina di mandorle aggiunta e fatta sciogliere nel latte detergente diventa un'ottima crema per togliere le impurità producendo anche un 'effetto *peeling*'.

Peeling eccezionale ed economico

- Fate un impasto di farina di avena e acqua.
- Applicatelo sul viso e lasciatelo asciugare finché la pelle 'tira'.
- Toglietelo massaggiando il viso con movimenti rotatori dei polpastrelli.
- Questa maschera elimina la pelle morta e i punti neri.

➻ *Vedi anche* **Epidermide**

Pellame

Borse e capi di abbigliamento Pulite le pelli chiare con benzina e quando la pelle è asciutta passatela con lucido neutro e lasciate agire per una notte. Quindi lucidate con un panno morbido per asportare i residui di lucido.

Se si tratta di pelle scura Ecco una ricetta portentosa per ridare splendore alle pelli logore: fondete a bagnomaria 30 g di vaselina pura e 30 g di cera: quindi aggiungete 20 g di trementina e 20 g di vernice per legno nella tinta adatta. Passate questa miscela sulla pelle con

Pelle scamosciata

- La pelle scamosciata può essere pulita e rigenerata con questo preparato: mettete in una scodella 15 ml di alcol, 15 ml di aceto di mele e 70 ml di acqua.
- Mescolate bene e versate la soluzione in un contenitore con vaporizzatore.
- Spruzzate sulla pelle scamosciata il preparato e spazzolate con una spazzola adatta.

uno straccio e lasciate asciugare perfettamente: quindi lucidate con un panno morbido per asportare i residui non assorbiti.

Capi in pelle liscia Quando si macchiano rappresentano un vero problema, specialmente se i segni sono di biro, gelato o caffè. Mentre i primi si tolgono con un po' di lucido neutro in crema, tamponando con delicatezza, per quelli di gelato o caffè è meglio intervenire subito con un tovagliolo pulito imbevuto d'acqua.

Borse e portafogli Tornano nuovi se li si passa con la parte interna di una buccia d'arancia.

Pantaloni di pelle Tornano morbidi se li si immerge in 4 l d'acqua nella quale sono stati versati 2 cucchiai d'olio d'oliva. Premeteli bene.

Pelle lavabile Si lava con sapone duro o detersivo per tessuti delicati, si mette un poco di aceto nell'acqua dell'ultimo risciacquo e la si appende all'aria.

Pelle bianca Le cinture di pelle bianca diventano come nuove se si puliscono con un panno di lana imbevuto di una mistura di bianco d'uovo sbattuto e latte.

Nappa Borse e capi di nappa sono molto delicati: vanno appena sfiorati con un panno morbido con olio di ricino.

Muffa La pelle non ammuffirà nei luoghi umidi se la si friziona con trementina pura.

Non buttate via i vecchi stivali La pelle va benissimo per piccoli lavori, come le toppe dei pantaloni dei bambini o delle giacche.

Pellicce

Come mantenere in ordine le pellicce Pulizia e manutenzione vanno in genere affidate a personale specializzato, ma alcuni consigli casalinghi possono essere sufficienti nel caso di pellicce non molto sporche e che non necessitano di particolari cure.

Come regola generale non fate mai asciugare la pelliccia bagnata vicino a fonti di calore: il pelo diventa più fragile e può facilmente spezzarsi. Evitate anche di esporla al sole.

D'estate riponetela in un luogo fresco protetta da un involucro di cotone e da un antitarme naturale.

Per assorbire la polvere e la patina untuosa dello smog scaldate qualche pugno di crusca in forno o in una padella e passate sulla pelliccia. Lasciate agire per un'ora strofinando anche contropelo, poi scuotete via la crusca. Per i punti più sporchi potete tamponare con trementina.

Peltro

Come pulire gli oggetti di peltro Lavatelo in acqua e soda oppure con acetone o alcol e ripassatelo con petrolio.

Ricordate anche che per mantenere bene gli oggetti di peltro non dovete porli vicini a fonti di calore.

Peltro moderno Lavate con birra calda e lucidate con pelle di daino.

Peltro antico Diluite bianco di Spagna con alcol e passatelo con un panno umido; lucidate con pelle di daino. Bagnatelo il meno possibi-

Ricetta verde

- Per pulire il peltro potete usare delle foglie di cavolo che strofinerete sull'oggetto.
- Oppure usate cenere mista a un po' di acqua e strofinate.
- Risciacquate, asciugate e passate con un panno morbido.

le, ma spolveratelo tutti i giorni con un panno morbido.

Per togliere eventuali annerimenti usate un po' di birra calda, quindi lucidate con un panno di lana.

Se le macchie sono ribelli, strofinatele delicatamente con paglietta di ferro, quindi passate un velo di olio di oliva.

Pelucchi

Eliminare i pelucchi Eliminerete il problema dei pelucchi aggiungendo un bicchiere di aceto bianco all'acqua dell'ultimo risciacquo.

Velluto a coste Per toglierli dal velluto a coste, mentre è ancora umido, spazzolatelo con una spazzola per abiti. I pelucchi verranno via, ma è indispensabile che il tessuto sia umido.

Lana I capi di lana, con l'uso, tendono a formare dei pallini. Per rimediare a questo antiestetico inconveniente stendete bene il capo di lana e passate sulla maglia un rasoio di sicurezza con la lama nuova: riuscirete, passandolo tre o quattro volte, a togliere la maggior parte degli antipatici pallini.

Fibre sintetiche Anche sulle maglie di fibra acrilica si formano molto facilmente pallini dovuti allo sfregamento sui punti più esposti. Per queste maglie si potrà usare una spazzola abbastanza dura e poi passare anche una spazzola adesiva che raccoglierà molti dei pallini sollevati dalla spazzolatura. Oppure potete pettinare la lana con una spazzola con le setole di metallo (quella che si usa per pulire le scarpe in camoscio). Funziona meglio se il maglione è ancora bagnato.

Peluche

Patate per l'orsetto L'orsetto prediletto del vostro bambino ha bisogno di essere sempre pulito e in forma perfetta?

Schiacciate una patata lessa e passatela con cura sul pelo dell'orsetto.

Lasciate riposare per tutta una nottata: il giorno dopo spazzolate con una spazzola di saggina. Il pelo tornerà pulito.

Penne biro

Biro Se la punta è sporca o l'inchiostro è trasudato in maniera eccessiva, infilatela nel filtro di una sigaretta.

Fatela ruotare un paio di volte e sarà di nuovo pronta per l'uso.

Pennelli

Come far durare i pennelli I pennelli riposti per lungo tempo senza essere stati ben puliti si induriscono e sembrano non poter servire più, ma potranno nuovamente essere utilizzati se li farete bollire in aceto puro.

I pennelli si ripuliscono da tempera e idropittura tenendoli a bagno in acqua calda saponata e risciacquandoli più volte; per la vernice a smalto utilizzate acquaragia o trementina.

Riservate sempre gli stessi pennelli per il bianco: se li usate per altre tinte, difficilmente riuscirete a lavarli tanto da poterli riutilizzare per il bianco senza lasciare tracce.

Per risparmiare tempo Se state facendo un lavoro che si protrarrà per un paio di giorni, anziché pulire i pennelli di volta in volta avvolgeteli in un foglio di carta stagnola e metteteli nel freezer. Fateli scongelare per un'ora o più prima di riprendere a verniciare.

Se usate il rullo, mettete un sacchetto di plastica grande nella bacinella della vernice prima di versarvela. Quando avete finito il lavoro buttate via il sacchetto.

Pentole

Cibi che attaccano Per eliminare il cibo attaccato al fondo fateci bollire acqua e sale oppure ricoprite il fondo bruciato con dell'aceto e lasciate agire per mezz'ora.

Alluminio Pulite le pentole di alluminio con acqua e detersivo, evitando l'uso di pagliette di ferro o spugne abrasive: metterebbero a nudo il metallo che poi, durante la cottura, verrebbe ceduto agli alimenti. Le superfici di alluminio potranno essere lucidate passandovi sopra un'emulsione composta di olio e alcol denaturato e strofinando con un panno morbido.

Se diventano scure per l'uso, strofinate con succo di limone e di tanto in tanto fate bollire dell'acqua e aceto, oppure fatevi cuocere per poco tempo delle foglie fresche di rabarbaro o delle bucce di mela.

Pentole smaltate Lo smalto sarà più resistente se prima dell'uso si mette la pentola, o altro oggetto smaltato, in una pentola più grossa e la si fa bollire nell'acqua. Quando sono scurite fateci bollire acqua e candeggina, poi lavate accuratamente. Le macchie sulle pentole di smalto si tolgono facilmente.

Pentole antiaderenti Le macchie ostinate sulle pentole antiaderenti si possono togliere facendo bollire nella pentola stessa per 15 minuti 2 cucchiai di bicarbonato di sodio, 1/2 bicchiere di aceto e 1 bicchiere d'acqua.

Ungete quindi la pentola con olio di oliva.

Acciaio Per far brillare come uno specchio le pentole di acciaio inossidabile, mettete 1/4 di bicchiere di candeggina sul fondo della lavastoviglie all'inizio del ciclo di lavaggio.

Oppure, cuocetevi dei pomodori. L'acido che contengono ridarà lucentezza alla pentola.

Quale pentola per i carciofi? Non usate pentole di alluminio o di ferro per cucinare i carciofi perché diventano opache e scure.

Padella di ferro Non arrugginisce se dopo l'uso si strofina con carta da casa e con del sale.

Paioli di rame In che modo le nonne riuscivano a rendere brillanti i paioli della polenta? Con la cenere e con un po' di olio di gomito! Se avete un caminetto, provate questo sistema: non cambierete più.

Pentola a pressione La prima pentola a pressione fu ideata da Denis Papin nel 1682. Disponeva di un coperchio e di una valvola a pressione per la fuoriuscita del vapore.

Questa pentola fa davvero risparmiare; i cibi cuociono in un terzo del tempo, con notevole risparmio di gas.

Inoltre il sapore dei cibi non si perde con il vapore; il minor tempo di cottura fa in modo che ci sia meno dispersione di vitamine e sali minerali.

Quando si cuoce la verdura è bene evitare di lasciare intere le foglie troppo grandi perché, per effetto del vapore, potrebbero 'salire' e ostruire la valvola di scarico. Per lo stesso motivo, anche i cibi da cuocere avvolti in una tela dovranno essere legati saldamente.

Ricordate che, scaricando la pentola in un luogo aperto, si sporcherà meno la cucina.

Se entro un tempo normale non udite il sibilo caratteristico, dovete controllare se ciò non dipende dalla valvola sporca o ostruita. In questo caso togliete la pentola dal fuoco, scaricate il vapore e controllate. A proposito di ciò, comunque, non abbiate timore, perché la pentola a pressione ha garanzia di altissima sicurezza e non può scoppiare, in quanto oltre alla valvola di servizio c'è anche una doppia valvola di sicurezza.

➳ *Vedi anche* **Cottura**

Peperoni

Vitamina C nei peperoni Questi ortaggi sono ricchi di acido ascorbico: 150 mg ogni 100 g, tre volte più dei limoni. Ecco perché è bene approfittarne e consumarli spesso. Crudi, ovviamente, perché cuocendoli la vitamina C finirebbe distrutta. Nessun'altra verdura regge il confronto. Per ottenere 150 mg di vitamina C ci vogliono, per esempio, un chilo e mezzo di porri. Un peperone da 100 g = 3 limoni = 1,5 kg di porri.

Come spellarli La tecnica più veloce per spellare i peperoni arrostiti senza scottarsi le mani è questa: si mettono in una pentola con il coperchio e si lasciano riposare per un'oretta. Dopo di che si può procedere all'operazione senza problemi.

Perle

Come tenere le perle Si conservano perfette se tenute immerse in magnesia in polvere; per lucidarle usate seta o un panno morbido.

Non usate assolutamente ammoniaca, che disintegrerebbe le perle.

Le perle che sono diventate opache si mettono per un giorno o due nella fecola di patate e poi si strofinano con un panno morbido: ritorneranno splendenti come prima.

Se mettete un po' di riso nel portagioie, le perle manterranno l'originario splendore.

Non tenete le vostre perle su un piano di marmo: esse non amano il freddo. È meglio sistemarle a riposare in un portaoggetti foderato di panno, di velluto o di camoscio. Una sorta di 'caldo nido'.

Pesce

Riconoscere la sua freschezza Il pesce fresco deve avere la pelle tesa e brillante, umida al tatto, l'addome turgido, le branchie rosso vivo, le scaglie ben aderenti alla carne e lucenti, la coda rigida, l'occhio vivace e in rilievo.

Segni della sua scarsa freschezza sono invece il ventre molle e gonfio, la consistenza flaccida, le branchie rosso-mattone o marroni, le scaglie che si sfaldano facilmente, l'occhio infossato e opaco.

Se il pesce, invece di odorare di alghe e di salmastro, emana un sentore dolciastro e di ammoniaca, non ci sono dubbi: è stato pescato da vari giorni e non è da acquistare. Meglio ripiegare su un prodotto surgelato, magari meno buono ma più sicuro.

L'odore di ammoniaca è un indizio per scartare i crostacei, così come il guscio troppo secco e macchiato da sfumature verdastre.

Polpi, seppie, calamari, moscardini sono freschi se si presentano umidi, con le carni sode e un tenue profumo di mare.

I molluschi conchigliferi devono essere venduti in confezioni sigillate con tagliando di garanzia e relativa data di scadenza.

Pesce surgelato Nessuno si accorgerà che il pesce è surgelato se lo scongelerete immergendolo nel latte, che assorbirà il tipico sapore del cibo surgelato restituendo il buon sapore del mare.

Pesciolini

'Pesciolini d'argento' I 'pesciolini d'argento' (*Lepisma saccharina*) si nutrono dell'amido della pasta della carta da parati e delle rilegature dei libri in ambienti molto umidi. Per evitarli aumentate l'aerazione e riducete l'umidità nel bagno e in cantina.

Sostituite la vecchia carta da parati, se si sta scollando.

Conservate i libri in un luogo asciutto.

Si può fare una trappola per i 'pesciolini d'argento' rivestendo un barattolo di vetro con del nastro adesivo, in modo da formare una superficie ruvida sulla quale l'insetto riesce ad arrampicarsi.

Un'esca fatta con farina di grano, zucchero e pezzetti di carne all'interno del barattolo li attirerà, ma una volta dentro non riusciranno più a uscire.

Per evitare che si intrufolino nella vostra libreria, mescolate dell'acido borico con dello zucchero e spargete il miscuglio sulle coste dei libri, che saranno così fuori pericolo.

Pesciolini rossi Quando cambiate l'acqua al vostro pesciolino rosso, lavate bene la vaschetta ma, attenzione, senza ricorrere al detersivo: basta una spugnetta con un po' di bicarbonato, sciacquando la prima volta con acqua e aceto e poi più volte con acqua pura.

All'acqua pulita aggiungete due gocce (non di più!) di limone.

Provate ad aggiungere al mangime dei pesci rossi qualche strisciolina finissima di lattuga.

Non esagerate, ne basta proprio pochissima! Arricchirà di vitamine la loro dieta piuttosto povera e li aiuterà a mantenere colori brillanti.

Pesticidi

Come evitarli Per quanto riguarda il vino, bevetene pure, ma non più di 2-3 bicchieri a pasto. Ma usate solo quello di qualità, perché è soggetto a maggiori controlli (siccome la presenza di pesticidi varia in peggio il *bouquet*, i produttori stanno molto attenti ai vari lavaggi dell'uva).

Contro i pesticidi: due metodi

- Un metodo utile per eliminare almeno una parte dei residui di pesticidi dalla frutta e dalla verdura può essere quello di sciogliere un cucchiaio di argilla verde nell'acqua utilizzata per il lavaggio. L'argilla è senza dubbio più efficace del bicarbonato, ma questo procedimento non è quasi mai sufficiente per eliminare completamente gli eventuali residui tossici presenti.
- Un altro metodo è quello di usare un nuovo prodotto, che si trova facilmente nelle erboristerie e nelle farmacie, composto da acqua, sale, olio di cocco, alcol alimentare e acido lattico. È un liquido incolore, inodore e che non altera i sapori. Basta immergervi la frutta e la verdura per 5 minuti in una soluzione di 1 l d'acqua e una dose-bicchierino di questa soluzione.

Per quanto riguarda pomodori, mele, pere, agrumi, frutti esotici come mango, kiwi e ananas, lavateli almeno due volte con acqua e bicarbonato. Asciugateli strofinandoli con vigore e poi rimetteteli in acqua corrente per almeno mezz'ora. Asciugateli di nuovo e mangiateli dopo averli comunque sempre sbucciati. È vero che così facendo si perdono molte sostanze nutritive che si trovano sotto la buccia, ma vi assicuro che è meglio perdere, insieme con queste, le eventuali tracce di pesticidi.

➸ *Vedi anche* **Verdure**

Pianoforte

Come pulire il pianoforte Mettete un po' di dentifricio su un panno umido. Strofinate con cura la tastiera, fatela asciugare e lucidate con un panno morbido asciutto.

Se i tasti sono ingialliti I tasti del pianoforte ingialliti tornano bianchi se li si strofina con un poco di alcol o con del succo di limone. Se sono molto sporchi si puliscono con dell'ovatta imbevuta di trementina; sciacquate con acqua pulita e asciugate bene.

Piante

In casa Evitate che le piante vengano investite da correnti d'aria quando si aprono le finestre per arieggiare i locali.

Se la temperatura esterna lo consente, portate le piante sul balcone.

Se si temono sbalzi di temperatura, è meglio addossarle al muro.

Eliminate le cocciniglie strofinando fusti e foglie (dracene, ficus, filodendri) con un batuffolo di cotone imbevuto in acqua e alcol.

La temperatura non deve mai scendere al di sotto dei 15 °C né deve superare i 23 °C.

Le piante da appartamento amano molto la luce, ma non devono ricevere direttamente i raggi del sole; grandi nemici delle piante sono le correnti d'aria e gli spifferi, quindi posizionatele lontano da porte, finestre e termosifoni, in luoghi riparati ma pieni di luce; una volta trovata la sistemazione migliore, non cambiate loro posizione; infatti le foglie si piegano e si orientano verso la luce e, spostando la pianta troppo spesso, costringereste le foglie a torcersi per ritrovare la posizione; potrebbero crearsi strozzature nei gambi che interrompono il passaggio della linfa.

Cercate di mantenere nell'appartamento l'aria pulita con un ricambio frequente: aerate soprattutto in presenza di fumo di sigaretta o di fumi di cucina, che nuocciono particolarmente alle piante.

Le foglie e la terra Pulite periodicamente le foglie con uno straccetto inumidito; esse infatti costituiscono i polmoni delle piante, che respirano attraverso di loro.

Ogni tanto è necessario anche smuovere la terra dei vasi, affinché l'acqua con cui innaffiate arrivi alle radici; una volta il mese, poi, aggiungete nell'acqua un fertilizzante liquido, usando le dosi prescritte sulla confezione.

Il drenaggio È utile usare portavasi; tra questi e il vaso potete mettere un po' di sassolini: permetteranno un buon drenaggio, evitando che l'acqua ristagni.

Luce alle piante Fate ruotare di frequente i vasi di circa 45° in modo che la pianta assorba la luce equamente. Le piante tendono a piegarsi verso la luce.

Piante grasse Non amano l'acqua e se volete vederle rigogliose, sistematele in una ciotola bassa piena di sabbia, che inumidirete solo quando sarà molto asciutta.

Piante in vaso Tutte le piante in vaso hanno bisogno di un buon drenaggio per prosperare nelle case o sui nostri balconi. Per migliorare il drenaggio, senza svasare la pianta che, fuori stagione potrebbe soffrirne, potete praticare qualche foro laterale sul vaso di terracotta, con il trapano di casa.

Piante lasciate sole Se avete il problema di lasciare le vostre piante incustodite durante le vacanze, potete risolverlo interrando nel vaso un capo di una cinghia da tapparella: l'altro capo lo immergerete in un secchio pieno di acqua. L'umidità passerà attraverso il nastro e si trasmetterà al terreno.

Pianta affaticata Se l'inverno ha 'segnato' le vostre piante, rinchiuse in un appartamento dall'aria troppo secca, nutritele tagliando la buccia di una banana a pezzetti e mescolandola con la nuova terra che utilizzerete per rinvasare. Ve ne saranno molto grate.

Ragnetto rosso Se trovate dei ragnetti rossi sul rovescio delle foglie delle rose o di altre piante, nebulizzateli con acqua saponata, tutti i giorni, per almeno due settimane.

➤ *Vedi anche* **Fiori**

Piante e salute

Le piante più note che fanno bene alla nostra salute sono le seguenti.

- **Aglio:** abbassa la pressione arteriosa.
- **Arpago:** meglio noto come 'artiglio del diavolo', è antinfiammatorio e antireumatico.
- **Echinacea:** un febbrifugo.
- **Eleuterococco:** ha un'azione antistress.
- **Equiseto:** leggero diuretico, è anche consigliato per consolidare le fratture ingessate.
- **Ginseng:** rivitalizzante del tono fisico e mentale, sconsigliato per chi ha la sciatica.
- **Ortica:** diuretica e adatta per la gotta.
- **Propoli:** il migliore antibiotico naturale senza controindicazioni.
- **Tarassaco:** è un epatoprotettore e un leggero lassativo
- **Uva ursina:** adatta per le infezioni urinarie.

Piastrelle

Come pulire le piastrelle di ceramica Prima di cominciare a pulire le piastrelle o le pareti, fate scorrere per un po' l'acqua calda, alla massima temperatura. Lo sporco, con l'aiuto del vapore, verrà via più facilmente.

Se non sono molto sporche, lavatele con una soluzione fatta di 1/2 bicchiere di ammoniaca, 1/2 bicchiere di aceto bianco, 1/2 bicchiere di soda per lavare in 4 litri di acqua tiepida.

Se le macchie sono estese, mescolate del bicarbonato di sodio con del candeggiante e strofinate con uno spazzolino. Sciacquate bene.

Le scanalature delle piastrelle tornano bianche se si trattano con ammoniaca diluita.

Per i pavimenti in piastrelle non usate i soliti detersivi, perché tendono a lasciare sul pavimento residui scivolosi: è sufficiente una spazzola morbida.

Lavate con uno spazzolone e acqua tiepida nella quale sia stato sciolto un po' di detersivo neutro e privo di solfati, oppure lavate con acqua calda, sapone di potassa e ammoniaca (non è necessario risciacquare).

Se il pavimento è in grès, lavate con acqua e detersivo e usate una cera autolucidante.

Piccioni

Come allontanare i piccioni Se i piccioni frequentano volentieri il vostro terrazzo, lasciando ricordini poco gradevoli, mettete in un angolo un recipiente pieno di naftalina: non ne sopportano l'odore.

Ma attenzione ai bambini!

Piedi

Cure quotidiane Abbiate ogni giorno cura dei piedi: vi devono 'portare' per tutta la vita.

Quali scarpe? Indossate soltanto scarpe che siano veramente comode.

Non acquistate modelli a buon mercato: spesso la loro pelle è dura.

Le scarpe di tela sono comode ma non adatte per lunghi percorsi perché non sostengono bene il piede.

Non indossate le scarpe senza le calze.

Prevenire e curare le vesciche Mettete del borotalco sui piedi per evitare le vesciche.

Le vesciche scompaiono presto se, durante la notte, ci mettete sopra un panno imbevuto di alcol.

Curate i vostre piedi regolarmente, togliendo calli e duroni.

In primavera hanno spesso bisogno di maggiori cure: la sera frizionateli con glicerina e limone o con olio di mandorle e indossate calze di cotone. Fate bagni caldi in acqua salata con un po' di alcol.

Una ginnastica appropriata rinforza i piedi: durante la colazione, o sotto la scrivania, fate ruotare spesso i piedi e piegate le dita.

La sera fate dei pediluvi con sali deodoranti e rinfrescanti per attivare la circolazione.

Piedi gonfi Un bel pediluvio con acqua e timo vi rimetterà in perfetta forma.

Oppure sciogliete in acqua calda 400 g di bicarbonato di sodio e 100 g di allume in polvere. Restate in 'ammollo' per mezz'ora.

Un altro metodo è quello di fare un lungo pediluvio alternando acqua fredda e calda

C'è anche il metodo 'piccante': sciogliete un cucchiaino di senape in una tazzina di acqua bollente e versate il tutto in un catino. Aggiungete acqua fredda e immergete i piedi per dieci minuti.

Piedi doloranti Potete praticare un efficace e semplice massaggio ai vostri piedi affaticati servendovi di una pallina da tennis. Potete farlo stando in piedi, e allora fate scorrere il vostro piede, su e giù, sulla palla; se invece siete seduti, al telefono o davanti al televisore, potete fare la stessa cosa, alternando pressioni più leggere a pressioni più intense.

Pietra pomice

Gli usi principali Questo minerale abrasivo viene usato spesso per levigare le ginocchia e i gomiti, ma è utile anche per togliere le macchie lasciate dall'acqua sui sanitari e in molti casi in cui si richiede una modesta abrasione.

Pipe

Come pulire le pipe Per pulire e deodorare usate lo scovolino bagnato in una soluzione al 50% di alcol e acetone.

Pizzi

Pizzi neri Per rinfrescare pizzi neri che sono diventati rossicci, cuocere una manciata di ortiche in acqua dolce per circa mezz'ora. Lasciate raffreddare e metteteci per un po' di tempo i pizzi, strizzandoli mentre sono a bagno. Infine sciacquate con acqua pulita. Stirate i pizzi ancora umidi dal rovescio.

Pizzi bianchi Pizzi e merletti, che siano fatti a macchina o a mano, per essere mantenuti sempre bianchi, vanno lavati immergendoli nel latte bollito e lasciato intiepidire. Sciacquateli molto bene in acqua fredda, aggiungendo, al penultimo risciacquo, un pizzico di zucchero per apprettarli leggermente.

➽ *Vedi anche* **Macchie**

Plastica

Togliere i cattivi odori dai contenitori di plastica Per levare dai recipienti di plastica il cattivo odore che spesso si forma, lavateli con una soluzione di tre cucchiai di bicarbonato per ogni litro d'acqua. Risciacquate con cura e asciugate subito.

Laminati plastici Generalmente non assorbono i liquidi e quindi sono molto resistenti alle macchie. Gli acidi però possono intaccarli: fate attenzione soprattutto all'acetone, al vino rosso, al limone. In caso di macchie, cercate di attenuarle con acqua e ammoniaca. Non usate mai prodotti derivati dal petrolio che intaccano questi materiali.

Mobili e oggetti in plastica Gli oggetti di arredamento in plastica sono inaccettabili non soltanto dal punto di vista ecologico, ma anche a causa degli effetti negativi che hanno all'interno dell'ambiente familiare. Oltre ai colori freddi e artificiali che presentano, attirano la polvere, accumulano cariche elettrostatiche, hanno un odore sgradevole e rilasciano vapori tossici.

Altri svantaggi sono quelli recati direttamente al corpo umano; l'influsso di alcuni materiali di rivestimento sulla termoregolazione corporea è uno di questi.

Negli esperimenti con materie plastiche, oltre all'aumento della sudorazione cutanea, si è osservata anche una significativa accelerazione della frequenza cardiaca rispetto ai materiali naturali.

In un ambiente ricco di materiale plastico il nostro organismo è costretto ad attivare un diverso meccanismo di regolazione per mantenere l'equilibrio termico del corpo.

Piatti e bicchieri di plastica Non usateli troppo spesso; preferite quelli di carta che sono maggiormente biodegradabili.

Portasacchetti Tutti quei sacchetti di plastica che si accumulano, spesa dopo spesa, si possono riutilizzare in mille modi, ma dove sistemarli perché non scivolino sempre fuori dall'armadio?

Preparatevi un rettangolo di stoffa colorata, unite i due lati lunghi e formate un tubo, alle cui estremità cucite un elastico. Nell'apertura superiore sistemate i sacchetti che si aggiungono alla riserva e da sotto prendete quelli che servono di volta in volta.

Un altro sistema è quello di piegarli e infilarli in una boccia di vetro, oppure in un grande barattolo senza tappo.

Sacchetti di plastica Non usate indiscriminatamente le buste di plastica. Usate la vecchia retina che dura almeno un paio d'anni, e che sta comodamente in tasca.

Tubi di plastica Per far aderire al rubinetto un tubo di plastica basta immergerlo nell'acqua bollente e poi infilarlo.

I tubi del giardino si ammorbidiscono lasciandoli a bagno in una miscela di acqua e ammoniaca.

➽ *Vedi anche* **Casa ecologica, Riciclaggio**

Porcellana

Come pulire gli oggetti di porcellana Ritornano splendenti se si immerge un panno morbido nel sale e li si lucida con esso.

Per una pulizia approfondita, immergeteli in acqua fredda con succo di limone.

Lavate piatti e vasi solo con acqua, maneggiandoli il meno possibile.

Statuine e soprammobili possono essere puliti con un panno inumidito di acqua; meglio ancora sarebbe usare acqua distillata. È importante non ricorrere mai a detersivi e a spugnette abrasive.

Se proprio vi sono macchie o segni, usate acqua e qualche goccia di limone.

Pulite rilievi, incisioni e decorazioni aiutandovi con un pennellino morbido.

Piatti di porcellana Se tenete a non sciupare il vostro prezioso servizio di porcellana, quando li mettete via, mettete fra un piatto e l'altro dei piatti di carta o dei tovaglioli.

Per recuperare un piatto che si è incrinato, anche molto vistosamente, è sufficiente farlo bollire per circa un'ora nel latte.

Porte

Porte di compensato Pulite usando una pezzuola bagnata con cera e trementina.

Porte laccate Se sono bianche, lavatele con acqua e ammoniaca (due cucchiai per ogni litro d'acqua); se sono scure, usate dell'acqua in cui avete fatto bollire un po' di crusca.

Porte trattate a olio Utilizzate lo stesso metodo delle porte laccate; oppure passate una spugnetta umida cosparsa di finissima polvere di pomice, poi un'altra spugnetta umida, infine asciugate con una pezzuola di lana. Se vi sono impronte, utilizzate mollica di pane.

Porte in legno bianco Strofinatele con mollica di pane; se sono molto sporche, lavatele con acqua calda e sapone, aggiungendo un po' di borace.

Porte verniciate Pulite con acqua e sale oppure con acqua e calce.

Porte in ferro Usate olio di lino crudo.

Cardini La pulizia delle porte non sarà completa se non lubrificherete ogni tanto i cardini con borotalco oppure qualche goccia di petrolio, di olio d'oliva, di olio di vaselina: adoperate un oliatore o un batuffolo d'ovatta.

➳ *Vedi anche* **Legno, Macchie**

Portulache

In piccola serra Seminate le portulache? Fatelo nei contenitori delle uova: saranno una piccola serra, molto confortevole. Bucherellate la parte che fa da 'tetto' ed esponetele alla luce. Quando le piantine saranno cresciute a sufficienza, potrete travasarle tagliando semplicemente il pezzetto di plastica e interrandole così come sono.

Potassio

Un minerale essenziale Il potassio è l'elemento più importante fra quelli presenti all'interno della cellula. La quantità media necessaria è di 2-3 g il giorno. Il potassio viene continuamente eliminato per via renale, per cui deve essere ripreso attraverso l'alimentazione. È essenziale per il buon funzionamento dei muscoli, per la conduzione degli impulsi elettrici del cuore e per il mantenimento della giusta pressione arteriosa. È contenuto nei legumi secchi, nella frutta (banane, albicocche, arance, cachi, uva) e nella verdura.

Pot-pourri

Fai da te Se nel vostro giardino le rose stanno sfiorendo, raccogliete i petali, fateli essiccare all'ombra e mescolateli a semi di coriandolo e anice stellata, a foglie d'alloro e a pezzetti di cannella. Otterrete un fragrante pot-pourri.

Prezzemolo

Molti usi Del prezzemolo si usano tutte le parti: le foglie, le radici e i semi.

Le foglie di questa pianta, oltre che per insaporire le pietanze, si possono usare, ben pestate, per alleviare le punture di insetti come api, vespe e zanzare.

Per un alito sempre fresco Prendete l'abitudine di masticare qualche fogliolina di prezzemolo dopo i pasti, perché è antisettico ed elimina i batteri dal cavo orale.

Come conservarlo Per mantenere a lungo fresco e verde il prezzemolo basta tenere il mazzetto in un vasetto con l'acqua, dove dovete immergere anche un tappo di sughero.

Profumi

Profumatori d'ambienti Si può comprare o preparare da sé un deodorante naturale a base di fiori secchi profumati come la lavanda, la rosa, il garofano e la camomilla. Si versano i fiori in un vaso e si aggiunge qualche goccia di un olio essenziale complementare, come quello di lavanda. Si possono bruciare gli oli essenziali preferiti anche in un incensiere o in un vaporizzatore: il sandalo è rilassante, il limone e il pino sono rinfrescanti. Mazzi di fiori e vasi di erbe coltivate sono un metodo efficace per profumare l'aria, e lo stesso vale per la semplice aggiunta di chiodi di garofano e cannella in acqua che bolle a fuoco lento.

Profumatori per biancheria Come facevano le nonne, profumate la biancheria di casa inserendo tra lenzuola e asciugamani una saponetta profumata, o una busta di borotalco aperta in un angolo.

Profumo di bontà Prima che arrivino gli ospiti profumate la vostra casa con quel profumo che fa dire agli ospiti: «Che cosa hai cotto di buono?» Cospargete il fondo di una teglia con cannella e zucchero e riscaldate sul fornello a bagnomaria o a fiamma molto bassa.

➸ *Vedi anche* **Oli essenziali**

A ogni ambiente il suo profumo

Le ricette che seguono sono solo uno spunto per le prime prove. Sicuramente le adatterete presto ai vostri gusti e alle vostre esigenze specifiche. Ancora una volta cominciate con dosi molto piccole, e anche quando vi sembra di non avvertire più il profumo, ricordate che esso continua ad agire. Del resto basta uscire dalla stanza e rientrare per accorgersi di nuovo della presenza della fragranza.

- **Nella stanza dei bambini:** olio essenziale di lavanda, rose, agrumi (mandarino, arancio), cannella, con una netta prevalenza della lavanda (5 gocce, per 1 goccia delle altre essenze).
- **Nel periodo in cui i bambini sono maggiormente esposti a infezioni:** usate anche oli essenziali di timo, eucalipto e *cajeput*.
- **In soggiorno:** scegliete essenze dall'effetto 'gentile', rilassante, accogliente come *petit-grain*, bergamotto, limone, arancio, neroli; erba lemoncina, salvia sclarea, *vetiver*, geranio, rosa, lavanda, melissa; cedro o fragranze alpine o di bosco (miscele).
- **In occasione di una serata con gli amici:** potete scegliere salvia sclarea per rendere tutti socievoli e loquaci, oppure bergamotto, *petit-grain* e/o legno di rosa per una serata estiva sul terrazzo; in questo caso vi difenderete da zanzare e moscerini anche con olio essenziale di geranio, menta, eucalipto, garofano, cedro; *patchouli* o legno di sandalo per un tocco esotico; pino, arancio e incenso in inverno, geranio per un tè del pomeriggio...
- **Il mattino, dopo un'invasione di ospiti fumatori:** purificate l'aria con pino, eucalipto, salvia, erba cedrata, *petit-grain*.
- **In corridoio e nel bagno:** fragranze fresche, agrumate come limone, bergamotto, erba lemoncina, ma anche melissa, menta, o legno di rosa.
- **In cucina:** piuttosto che farla odorare di candeggina, ammoniaca e detersivo per piatti (con profumo di limone sintetico), datele un tocco personale con oli essenziali di piante aromatiche o semi come anice, melissa, salvia, macis, finocchio, limone, rosmarino, citronella, cannella, erba cedrata, menta, garofano o arancio. Sono oli essenziali che probabilmente usate già in cucina per la preparazione di condimenti e salse speciali.
- **In camera:** potete scegliere oli essenziali rilassanti come lavanda, melissa, camomilla, oppure combinazioni sensuali come *ylang ylang*, gelsomino, rosa, giacinto, vaniglia, legno di sandalo.

Propoli

Antibiotico naturale Meno conosciuta degli altri prodotti dell'alveare, divenuta di uso comune solo negli ultimi anni, la propoli è una sostanza resinosa di origine vegetale che le api raccolgono dalle gemme degli alberi. Le api utilizzano la propoli per chiudere le fessure dell'arnia, così da ridurre la dispersione di calore e l'infiltrazione di acqua, oltre che ostacolare l'accesso ai nemici naturali.

Più di recente se ne sono scoperte le notevolissime proprietà antibatteriche, così che ora essa è impiegata in medicina e in agricoltura.

Per la medicina umana gli usi più comuni sono sia di tipo preventivo sia curativo contro le infiammazioni di vario genere. Il suo uso è veramente consigliabile a chiunque, proprio per le spiccatissime capacità ricostituenti e antisettiche. Può inoltre essere utilizzata da tutti, sia bambini sia anziani. Non trattandosi di un farmaco, ma di un prodotto naturale, è in grado di garantire buoni risultati nella cura di numerosissime malattie senza causare problemi di allergie o controindicazioni di alcun genere.

Proteine

Venti 'mattoni' per il nostro organismo Le proteine, che servono a 'costruire' l'organismo, sono costituite da aminoacidi, in numero di 20. L'uomo è capace di produrne soltanto 12.

Sono dette proteine 'nobili' quelle che contengono tutti gli aminoacidi, come quelle di carne, uova, latte e tutti i suoi derivati. Sono proteine a basso valore biologico, invece, quelle mancanti anche di un solo aminoacido: sono quelle di origine vegetale che si trovano in riso, grano, leguminose e verdure.

Troppe proteine! In media ogni italiano consuma in un anno circa 80 kg di carne, 14 kg di pesce, 12 kg di uova, 84 kg di latte, 16 kg di formaggi, 15 kg di leguminose e 166 kg di cereali: in tutto fanno 107 g il giorno di proteine, di cui poco più di 59 di origine animale e circa 48 di origine vegetale. Una dieta eccessivamente ricca, se confrontata con i suggerimenti dell'Istituto Nazionale di Nutrizione, che indicano in 60 g il fabbisogno medio giornaliero di proteine di un adulto (valore che secondo numerosi nutrizionisti rappresenta già un danno per il nostro organismo).

Proteine vegetali: la soia La soia è un alimento di elevato valore nutritivo: il seme della pianta contiene circa il 40% di proteine, assieme a olio, carboidrati, mucillagini, vitamine e sali minerali. Dalla pressatura dei semi di soia o mediante un processo di estrazione con solventi, si ottiene un olio che ha un buon contenuto di acidi grassi polinsaturi. Proprio in virtù di questi acidi, l'olio di soia rappresenta un valido fattore di prevenzione contro l'insorgere di molte malattie. La maggior parte di questi acidi grassi polinsaturi è rappresentato dall'acido linoleico, molto labile alle medie temperature: è preferibile quindi consumare l'olio di soia crudo. Dal seme di soia si ricava una sostanza (fosfatidilcolina polinsatura), che è un ottimo coadiuvante nelle terapie di patologie epatiche. Oltre all'olio, esistono sul mercato vari prodotti a base di soia, come il 'latte', lo yogurt, i semi e numerose forme di 'carne' vegetale.

Punture d'insetti

In generale Applicate sulla puntura un impasto di bicarbonato di sodio, o di maizena, e aceto o succo di limone o hamamelis. Per alleviare il dolore e il gonfiore causati da una puntura di vespa o di altri insetti, strofinate sulla parte irritata foglie di salvia o un cubetto di ghiaccio o cotone imbevuto di ammoniaca. Ottima anche la propoli.

Punture di zanzare Le punture di zanzare si placano immediatamente strofinando sulla parte colpita un porro.

Punture di ape o di vespa Applicate sulla puntura bicarbonato di sodio e acqua. Oppure mettete sulla puntura una fetta di cipolla cruda per far uscire il veleno.

Q, R

Quadri

Come pulire le tele I dipinti a olio non protetti dal vetro vanno delicatamente passati con un pennello a setole morbide e si possono pulire passando delicatamente sulla tela mezza patata cruda con movimento rotatorio.

Per appenderli senza fare troppi buchi Ritagliate una sagoma in carta dei quadri o degli specchi che avete intenzione di appendere e attaccatela al muro molto superficialmente con delle puntine. Quando avrete trovato la posizione giusta, perforate la sagoma con una matita appuntita per fare i segni sul muro.

Prima di piantare il chiodo nel muro, coprite il punto esatto con una X di nastro adesivo. Ciò impedirà all'intonaco di sgretolarsi ai primi colpi di martello.

Quadri senza chiodi Se la padrona di casa non vuole buchi di chiodi nel muro, appende i quadri con gli aghi della macchina per cucire. Reggono fino a 15 chili di peso. Per indicare il punto esatto in cui piantare il chiodo senza lasciare segni sulla parete, premetevi contro un polpastrello bagnato.

Radon

Come difendersi dal radon Prima di acquistare o affittare una casa, effettuate sulle fondamenta, sui pavimenti, nei caminetti e negli eventuali seminterrati dei controlli tramite un laboratorio specializzato. Se già abitate in una zona 'a rischio' o in una casa costruita con materiali non sicuri, aerate molto frequentemente l'appartamento. Non dormite e non restate per troppo tempo nei seminterrati, aerate i condotti di accesso ed eventualmente, accertata la presenza di radon, isolate l'ambiente con fogli di plastica in attesa della bonifica.

Un altro consiglio può essere quello di guardarsi intorno: in alcune zone disturbate da radiazioni si verifica una riduzione quasi del 50% della crescita delle piante e un aumento su di esse della frequenza di malattie da funghi e di tumori. Lo stesso vale per gli animali: quelli 'radiofobi', come il cane, sono disturbati dalle radiazioni.

Radon e acqua Il radon si lega facilmente all'acqua e può arrivare in casa attraverso le tubature. In bagno, mentre si fa la doccia, la concentrazione di radon può essere 40 volte superiore al normale; è quindi meglio tenere la finestra socchiusa o almeno far funzionare un ventilatore.

Cantine, garage, 'taverne' Il radon è sempre in agguato nei locali per gli hobby realizzati negli scantinati. La parola d'ordine è ventilare, anche se sarebbe meglio isolarli con un'intercapedine d'aria.

➛ *Vedi anche* **Inquinamento in casa**

Raffreddore

Qualche rimedio naturale Scaldate a bagnomaria il succo di mezzo limone, un cucchiaio di miele e due gocce di olio essenziale di menta. Bevetelo molto caldo prima di andare a letto. Potete sostituire il succo di limone con succo di arancia, che in più agevola il sonno.

Un altro rimedio è quello di far bollire una tazza d'acqua a cui si aggiungono alcuni fiori di tiglio. Fate intiepidire, poi filtrate e bevete lontano dai pasti. Si deve bere tutti giorni fino alla scomparsa del raffreddore.

Impacco antiraffreddore

- Il rimedio per guarire usato dalle nostre nonne è sempre valido.
- Acquistate in farmacia della farina di riso, che raccoglierete in una ciotola.
- Aggiungete poco alla volta dell'acqua tiepida, finché otterrete una pastella né troppo fluida né troppo densa.
- Avvolgete la polentina così ottenuta in un panno di cotone o di lino e appoggiatela sul torace, interponendo un panno di lana.
- Quando togliete l'impacco, massaggiate il torace con olio lenitivo alle mandorle.

Ragnatele

Come toglierle dai punti difficili Infilate un paio di calze su un metro da falegname e fissatele con un elastico. È un buon sistema anche per pulire sotto il frigorifero o dietro i caloriferi.

Rame

Come pulire gli oggetti di rame Per la pulizia potete usare del succo di limone o sale inumidito con aceto caldo (mezza tazza di aceto e tre cucchiai da cucina di sale) oppure strofinatelo con pomodori ben maturi e dopo 2 o 3 ore sciacquate e asciugate.

Buoni risultati si ottengono anche con aceto mescolato con farina di mais o con un po' di succo di limone.

Bucce di kiwi per lucidare il rame Non gettate le bucce dei kiwi: sono portentose!

Corrosioni leggere Possono essere asportate sfregando il rame con un pezzo di cipolla; alla fine lucidate con un panno.

Macchie Usate aceto caldo salato per togliere le macchie.

Oggetti che hanno subìto una notevole ossidazione si trattano con sale marino inumidito con acqua calda e soda (nella misura di un bicchiere per litro di acqua).

Rame cesellato Sfregate con mezzo limone o mezza cipolla cruda, risciacquate con acqua calda e lucidate con un panno di lana caldo.

Rame dorato Lavate con acqua tiepida e detersivo, sciacquate con acqua bollente, asciugate all'aria e lucidate con pelle di daino.

Rame bruciato dal fuoco Sfregate con farina gialla bagnata con aceto caldo.

Macchie di verderame Usate un batuffolo imbevuto di alcol o una spazzola bagnata nel vino rosso. Il verderame scompare dal metallo anche se lo si strofina con aceto puro e lo si risciacqua con acqua tiepida. Da rame e ottone si toglie con una pappetta di sale e aceto, con la quale vanno trattate le parti colpite.

Riciclaggio

Riutilizzo Ci siamo ormai abituati a convivere con 2-3 tipi di sacchetti di rifiuti, ciascuno di un colore caratteristico a seconda del tipo di immondizia contenuta. Questo nuovo modello di collaborazione sociale tra il privato e il pubblico, cioè tra gestione casalinga dei rifiuti e riciclaggio municipale differenziato, sembra produrre vantaggi per tutti. Pensiamo che vetro, alluminio, carta, stoffa, metalli, materia organica e plastiche non sono più 'immondizie' ma ottimo materiale di recupero e che, fra pochi anni, lo stesso prezzo di vetro, carta e alluminio potrà ridursi del 55-60%.

Vetro Il vetro è un composto molto stabile; calore e acidi non riescono a intaccarlo e il riciclaggio risulta semplice e fruttuoso. Un Comune di 15000 abitanti può guadagnare ben 25 milioni l'anno dalla raccolta differenziata del vetro. Ciò permette, inoltre, di diminuire la massa dei rifiuti in discarica e di evitare l'uso di inceneritori, con notevoli vantaggi per l'ambiente.

Carta Riutilizzate il più possibile la carta. Imparate a fare le fotocopie su fronte e retro. Preferite alla carta bianca quella riciclata.

Quando intendete gettare la carta, state attenti a inviarla agli appositi centri di raccolta pubblici o privati.

Ricostituente verde

Per piante Potete prepararlo facendo un decotto di menta ed eucalipto e innaffiando con questo (una volta raffreddato) le vostre piante un po' sciupate.

Se il vostro Ficus sta perdendo le foglie, annaffiatelo con una soluzione di metà acqua e metà latte: la miscela nutriente gli ridarà tono.

➳ *Vedi anche* **Piante**

Rifiuti tossici

Medicinali I medicinali scaduti devono essere portati alla più vicina farmacia e gettati nell'apposito contenitore.

Batterie Portate le batterie esauste negli appositi contenitori.

Solventi e vernici I residui di solventi e vernici vanno consegnati ai servizi comunali di raccolta, ai quali si può dare anche ogni altro residuo casalingo che ritenete tossico.

Rosmarino

Bagno al rosmarino Versato nell'acqua del bagno, l'olio essenziale di rosmarino stimola energicamente la circolazione, è antisettico, sudorifero e tonificante.

Olio per massaggio Una manciata di foglie fresche di rosmarino cotte nell'olio o nel burro a fuoco molto basso è utile, lasciata intiepidire, per massaggi contro i reumatismi, le slogature o le contusioni.

Aperitivo tonificante Un'antica ricetta consiglia di mettere una manciata di foglie fresche in un litro di vino bianco per 8-10 giorni. Poi filtrate e conservate al fresco. Avrete così un gradevole aperitivo tonificante.

➽ *Vedi anche* **Oli essenziali**

Rubinetti

Come pulire i rubinetti Si puliscono con carta di giornale o con una pelle di daino. Le macchie si tolgono con acqua e ammoniaca.

Se il rubinetto gocciola Se succede di notte e lo sgocciolio non vi lascia dormire, avvolgere uno straccio intorno alla bocca del rubinetto.

Oppure legate al rubinetto un pezzo di spago e infilate l'altra estremità nello scarico. L'acqua scivolerà lungo lo spago senza fare rumore finché non farete riparare il rubinetto.

Rucola

Una benefica tisana La rucola può essere utilizzata anche come tisana digestiva, da bere dopo i pasti. Lasciate macerare una manciata di foglie in acqua bollente per alcuni minuti.

Contro la caduta dei capelli La rucola è utile per prevenire la caduta dei capelli. Fate bollire per un quarto d'ora 50 g di radici di rucola, bardana e ortica in 1 litro d'acqua. Si potrà usare il ricavato, dopo averlo filtrato, per risciacquare e frizionare il cuoio capelluto.

Ruggine

Come prevenire la corrosione Mettete nella cassetta degli attrezzi un pezzo di carbone di legna, di gesso o alcune palline di naftalina: assorbono l'umidità. Spalmate gli attrezzi con della cera per automobili: terrà lontana la corrosione per parecchio tempo.

Rumore

In città Se andate a piedi o in bicicletta, non sottovalutate l'idea dei tappi nelle orecchie.

Attenzione alla musica Ai giovani sconsiglio di frequentare le discoteche (all'interno delle quali si raggiungono fino a 120 decibel): se pensate che 140 decibel rappresentano la soglia del dolore, immaginatevi quali conseguenze può avere una serata 'disco' nelle vostre teste!

Non è da meno il pericolo che può causare il *walkman*: lesioni interne all'orecchio, che non si possono rimediare né con la medicina né con la chirurgia.

➽ *Vedi anche* **Inquinamento in casa**

Russare

Per non russare Si possono ottenere veri e propri miracoli alternando 20-30 gocce il giorno di ribes nero (in vendita nelle erboristerie).

S

Salame
Sale
Salmonella
Salsa
Salvagocce
Saponaria
Sapone
Scale
Scarafaggi
Scarichi
Scarpe
Sciroppo
Scottature
Seta
Sicurezza in casa
Singhiozzo
Smacchiatori
Smagliature
Sopracciglia
Sottaceti
Spazzole
Spazzolino da denti
Specchi
Spinaci
Spine
Spugne
Stirare
Stoviglie
Stuoie
Succo di frutta

Salame

Come conservare i salami... senza cantina Se avete acquistato una provvista di salami da conservare per tutto l'inverno, per evitare che diventino duri basta lasciarli avvolti e ben stretti in una pezzuola bianca pulita, bagnata di vino bianco. Ripetete un paio di volte o anche di più questo 'bagno di bellezza' e il salame ridiventerà morbido.

Sale

Molti usi Utile per sgorgare, insieme con l'acqua molto calda, i lavandini; per pulire, unitamente ad altre sostanze, l'argento; per sciogliere, insieme con aceto o limone, il calcare nei ferri da stiro e sulle piastrelle opache; per disincrostare i tondini della cucina a gas.

Sale iodato Se utilizzate il sale iodato, ricordate che deve essere usato crudo; per esempio, è inutile metterlo nell'acqua quando si cuoce la pasta, perché lo iodio viene distrutto dall'alta temperatura.

Salmonella

Per proteggersi dalla salmonella Togliete i surgelati dai sacchetti di plastica e collocateli in frigorifero entro un recipiente facile da pulire.

Lavate regolarmente l'interno del frigorifero.

Cambiate quotidianamente gli stracci asciugapiatti.

Lavate le stoviglie con acqua calda.

Mettete in frigorifero i cibi deperibili al più tardi due ore dopo l'acquisto.

Non accontentatevi mai di fare riscaldare i resti di cibo, ma fateli cuocere a lungo.

Il pesce cotto può essere conservato per un certo tempo con aceto o limone.

I prodotti istantanei a base di uova e latte vanno preparati all'ultimo momento. Gli avanzi non possono essere conservati.

Conservate in frigorifero tutti i cibi che contengono uova, panna o latte.

La carne macinata va usata in giornata oppure fatta cuocere e conservata in frigorifero.

È particolarmente pericoloso fare rosolare o dorare la carne, perché questo procedimento non favorisce la conservazione degli alimenti; ha il solo effetto di accelerare la moltiplicazione dei batteri e la produzione di tossine.

➽ *Vedi anche* **Botulismo**

Salsa

Dispettosa Succede che il ketchup rifiuti di uscire dalla bottiglietta e poi, dietro insistenze, esca di botto, spruzzando tutti. Quando capita, infilate una cannuccia per bibite fino a toccare il fondo della bottiglietta. Poi toglietela: creerà quel vuoto d'aria necessario a far uscire la salsa senza spruzzi.

Salsa 'monodose' Quando è la stagione dei pomodori e delle salse casalinghe: preparatene una certa quantità che non imbottiglierete ma lascerete raffreddare nei contenitori per il ghiaccio. Una volta che si sarà indurita, estraete i cubetti, infilateli in sacchetti di plastica per alimenti e riponeteli nel congelatore. Avrete ottenuto una scorta di sugo 'monodose'.

Salvagocce

Prima di verniciare Dovete dipingere il soffitto? Potete evitare che le gocce di vernice vi cadano in testa semplicemente infilando il pennello in un piatto di carta e fissandovelo con dello scotch.

Prima di verniciare una sedia o un tavolo, mettete dei barattoli sotto ogni gamba per raccogliere le gocce di vernice.

Saponaria

Assorbente per eccellenza Tratta dalla radice di una pianta, la polvere di saponaria ha proprietà detergenti: è utile soprattutto per assorbire le macchie di grasso. La saponaria è l'assorbente per eccellenza, ottima quindi per macchie di unto. Borotalco, farina bianca, fecola e crusca sono dei prodotti sostitutivi.

Sapone

Saponi da bucato Il sapone da bucato può essere bianco, oppure verde. Il sapone di Marsiglia è sempre bianco e contiene molti grassi che producono un'abbondante schiuma e non intaccano le fibre. È adatto per lavare la lana, i tessuti delicati, gli indumenti dei bambini. Inoltre non danneggia gli abiti e non inquina. Il sapone verde contiene più soda, ed è adatto per lavare indumenti molto sporchi e per eliminare le macchie di grasso.

Saponette fai da te

- Non buttate gli avanzi del sapone, ma raccoglieteli in una scatola.
- Quando ne avrete recuperato una certa quantità, metteteli in una pentola alta, ricopriteli d'acqua e portate a ebollizione.
- Mescolate velocemente con un cucchiaio di legno i pezzi di sapone finché si saranno sciolti, aggiungete un cucchiaio di bicarbonato di sodio e, se volete, qualche goccia di essenza o dei coloranti per alimenti.
- Versate il composto cremoso in un recipiente metallico e lasciate raffreddare.

Scale

Sicure Si possono evitare incidenti sulle scale troppo buie se si dipingono il primo e l'ultimo gradino con una vernice bianca.

➤ *Vedi anche* **Sicurezza**

Scarafaggi

Via dalla dispensa Se gli scarafaggi hanno raggiunto la dispensa, mettete una foglia di alloro in una garza nei contenitori della farina, dei cereali e degli altri prodotti in chicchi; poi conservateli in luogo fresco o nel frigorifero.

Prevenire l'arrivo degli scarafaggi Gli scarafaggi devono essere bloccati ancor prima che riescano ad entrare in casa; non lasciate le finestre aperte in primavera, a meno che non siano protette da una zanzariera.

Stuccate tutte le fessure nei rivestimenti esterni e nel cornicione e schermate le finestre dei lucernari; sigillate tutte le fessure nelle modanature interne, le aperture attorno ai tubi e le aperture del riscaldamento.

Eliminate o riducete le loro riserve di acqua.

Quando trovate il loro rifugio, le zone di accesso devono essere pulite con l'aspirapolvere e quindi lavate.

Stuccate tutte le piccole fessure attorno alle porte, agli scaffali fissati ai muri, ai mobiletti pensili, alle tubazioni, ai lavandini e agli scarichi del bagno.

Invece dei pesticidi Provate a usare l'acido borico che dà risultati migliori di certi pesticidi sintetici ultrareclamizzati.

Potete anche cercare di respingere (non uccidere) gli scarafaggi con un composto di foglie di alloro e cetriolo.

Scarichi

Del lavandino Per abitudine, una volta ogni 10-15 giorni, versate nello scarico del lavandino un bicchiere di aceto caldissimo e una manciata di soda, che si fa sciogliere lasciando scorrere l'acqua molto calda.

Quando però l'acqua fa più fatica del solito a scendere nello scarico potete versare un bicchiere di sale e uno di bicarbonato, poi una pentola piena di acqua bollente.

Se il water o il lavandino sono intasati Si può ricorrere ai tradizionali mezzi meccanici: la ventosa e la serpentina a spirale, che sono perfettamente idonee allo scopo e non arrecano danno all'ambiente.

Quando il lavandino non scarica bene è sufficiente mettere due manciate di sale grosso e buttarvi sopra subito acqua bollente.

Scarpe

Scarpe bagnate Riempitele con carta di giornale appallottolata, da rinnovare quando è umida; tenetele lontane da fonti di calore.

Se le scarpe di pelle sono diventate opache Ecco un trucco: strofinate sulla tomaia mezzo limone, lasciate asciugare per qualche minuto e passate un panno di lana.

Scarpe di tela Lavatele in lavatrice avvolte nei tappetini da bagno; per pulire quelle con la suola di corda, strofinatele con uno spazzolino intinto in uno shampoo per tappeti e moquette.

Scarpe di camoscio Passatele con una spazzola di para (si può trovare presso i negozi di calzolai) oppure (intervento più energico) con l'apposita spazzolina di ferro, quindi passate con etere; strofinate dolcemente i punti particolarmente sporchi con carta vetrata sottile.

Le macchie di acqua su scarpe di pelle e camoscio si possono togliere facilmente con un panno bagnato di aceto. Le altre macchie si possono eliminare con una cipolla tagliata.

Scarpe di cuoio Pulitele bene, lucidatele e riponetele dentro le rispettive scatole, bene avvolte in carta di giornale, così non si seccheranno troppo e non prenderanno umidità. Usate grassi animali per gli scarponcini più resistenti, affinché restino morbidi.

Le scarpe acquistano una magnifica lucentezza se, dopo aver applicato il lucido da scarpe, vengono strofinate con una calza di nylon.

Usate la trementina nel caso che abbiano macchie di grasso o di muffa.

Scarponi da montagna Prima di riporli, puliteli dal fango spazzolandoli energicamente, poi passateli con uno straccio umido, infine ingrassateli.

Scarpe infangate Si puliscono negli interstizi usando prima fondi di caffè e poi uno straccio umido.

Scarpe con macchie di unto Provate con gesso o magnesio; lasciate agire per una notte, poi spazzolate, infine lucidate con olio di lino caldo e aceto.

Suole di para Tornano come nuove con acqua e candeggina; ripassate poi con acqua e sapone.

Scarpe di vernice Si puliscono con uno straccio inumidito con acqua oppure con birra.

Se si sono inumidite fatele asciugare, messe in forma, con della carta, quindi ammorbiditele con un poco di cera d'api.

Per proteggerle e mantenerle morbide, invece, ogni tanto passatevi sopra un po' di lucido neutro stendendolo con panno di lana.

Si evita la formazione di pieghe sulle scarpe di vernice se si trattano con olio di ricino.

Scarpe macchiate di catrame Per macchie recenti di catrame, strofinate con benzina avio dopo aver fatto una prova, in un angolo, per verificare la resistenza.

Scarpe maleodoranti Se le scarpe emanano cattivi odori, passate l'interno con un batuffolo di cotone imbevuto di aceto o alcol; quando sarà perfettamente asciutto cospargete con borotalco.

Le scarpe da tennis, portate tutto il giorno, la sera emanano odori poco piacevoli. Quando le togliete, versateci dentro un po' di polvere di timo (è anche disinfettante). La mattina dopo saranno perfettamente deodorate.

Scarpe spellate Se le scarpe sono così spellate che il lucido non prende, strofinatele con un pezzo di patata cruda o con dell'alcol denaturato prima di lucidarle.

Scarpe nuove Se le scarpe nuove vi fanno male si devono bagnare con alcol puro per adattarle alla forma del piede oppure riempitele con carta di giornale bagnata; lasciatele 'in forma' per una notte, poi indossatele ancora umide.

Se sono scivolose passate metà patata sulla suola; se scricchiolano passate la suola con una leggerissima carta vetrata, poi strofinatela con olio di lino tiepido.

Scarpe da riporre Prima di riporre le scarpe, per evitare di ritrovarle indurite, passatele con uno straccio imbevuto di birra: si conserveranno lucenti e morbide.

Stivali troppo stretti e scarpe da tennis Tutte le scarpe che provocano sudorazione eccessiva spianano la via al 'piede d'atleta'. Si tratta di uno sviluppo di colonie di funghi sulla pelle, che si manifesta con lesioni tra le dita. In questi casi è necessario rivolgersi al dermatologo, che consiglierà una crema antimicotica.

➸ *Vedi anche* **Piedi**

Sciroppo

Contro la tosse Raccogliamo un po' di piccole pigne di pino. Laviamole bene, disponiamole in un vaso di vetro e copriamole di zucchero. Tappiamo e mettiamo il vaso al sole. Quando lo zucchero si sarà sciolto, filtriamo. Ecco un efficace sciroppo contro la tosse.

Scottature

Come calmare il dolore Tenete una scorta di spugnette pulite e inumidite in un sacchetto di plastica nel congelatore. In caso di lievi scottature oppure di colpi e contusioni applicatene una sulla parte dolorante.

Per calmare il dolore di una piccola scottatura passate delicatamente sulla parte una fetta di patata cruda e fredda.

Per alleviare il dolore delle scottature alle mani fate sciogliere qualche aspirina in una tazza di acqua fredda e immergetevi le mani.

Seta

Consigli generali per lavare la seta Lavate la seta in acqua tiepida e con sapone neutro.

Non strizzate l'indumento ma avvolgetelo in un asciugamano di spugna e stiratelo ancora umido sul retro; coprite collo e orli con carta velina per evitare che compaiano aloni lucidi. Perché la seta resti morbida aggiungete un po' di sale all'acqua del risciacquo.

Evitate di stendere la seta al sole ad asciugare: potrebbe perdere colore.

Per dare nuova vita alla seta dei foulard o delle cravatte di seta troppo usati si fa così: si lavano come sempre, poi si immergono in un recipiente con l'acqua tiepida e non salata in cui sono state cotte le patate.

Per le macchie di olio Mettetevi sopra una goccia di trementina. Quando il liquido è evaporato, ponete un foglio di carta assorbente sul rovescio della stoffa e passate il ferro caldo.

Seta ingiallita Immergetela nel latte caldo per 30 minuti, quindi senza strizzarla lasciatela asciugare al sole. Poi lavatela con un detersivo delicato e qualche goccia di ammoniaca.

Come riconoscere se è seta Si può riconoscere la seta di qualità dalla seta artificiale per mezzo della prova del fuoco. La seta brucia lentamente con la fiamma, e lascia una cenere marrone chiaro, che se viene schiacciata non si disperde. Il filo di seta artificiale arde senza fiamma, la sua cenere è grigia.

➸ *Vedi anche* **Macchie, Tessuti**

Sicurezza in casa

In casa: norme generali Recenti statistiche dicono che gli incidenti domestici sono dovuti più alla scarsa precauzione che alla fatalità.

Perché non abbassare la tapparella quando si puliscono i vetri? Inoltre, con l'uso delle moderne spazzole lavavetri dall'impugnatura allungabile si ottengono vetri perfetti.

I posacenere non vanno versati nella pattumiera prima di andare a dormire, perché qualche mozzicone potrebbe essere ancora acceso.

Ogni qualvolta si chiude la casa, anche solo per qualche giorno, controllate bene che tutti gli interruttori siano disattivati, compreso quello della corrente elettrica.

Non incerate i pavimenti se in casa ci sono anziani e bambini.

Decalogo della sicurezza elettrica

- A ogni presa applicate un solo apparecchio.
- Non usate apparecchi elettrici in bagno.
- Quando dovete cambiare una lampadina staccate l'interruttore generale.
- Tenete le lampade lontano dalle tende e dalla tappezzeria.
- Non fate correre fili elettrici sotto i tappeti.
- Non coprite le lampade.
- Spegnete sempre la coperta elettrica prima di coricarvi.
- Non lasciate senza lampadina i porta-lampade collegati alla rete elettrica.
- Non togliete mai la spina tirando il filo.
- Staccate la spina prima di mettere l'acqua nella caldaia del ferro da stiro e non stirate con le mani bagnate o i piedi scalzi.

Se avete bambini piccoli tenete fuori portata gli oggetti taglienti, così come i detersivi.

Non lasciate in giro sacchetti di plastica, perché potrebbero infilarseli in testa.

Gas Tutti gli impianti a gas devono rispettare le norme vigenti ed essere installati da personale qualificato.

I locali in cui si trova un apparecchio a gas devono essere ben aerati per evitare l'accumulo dei fumi che devono essere scaricati all'esterno preferibilmente attraverso una canna fumaria, che deve avere forme e dimensioni precise e deve essere sottoposta a revisione periodica soprattutto dopo lunghi periodi di inattività.

In cucina tenete sempre puliti i bruciatori.

Se la fiamma non appare azzurra o le pentole si anneriscono, significa che la combustione produce gas tossici: fate regolare l'impianto.

Il tubo di gomma collegato alla cucina a gas deve essere a norma CIG, e deve esservi scritto l'anno limite per l'uso.

I tubi, inoltre, vanno tenuti lontano da fonti di calore ed essere privi di strozzature.

È buona norma verificare, periodicamente, lo stato di salute della gomma: se appare logora, secca a screpolata, sostituite il tubo.

Se la cucina ha un piano di lavoro a incasso è obbligatorio il tubo di metallo.

Non lasciate mai incustodita una pentola con liquidi in ebollizione, specialmente se ha il coperchio; il liquido potrebbe traboccare e spegnere la fiamma.

Ogni sera spegnete il rubinetto del gas e se vi assentate per periodi brevi o lunghi, chiudete anche il rubinetto generale.

Se sentite odore di gas evitate di accendere fiamme e di manovrare interruttori elettrici: potreste provocare un'esplosione. Aprite subito porte e finestre e chiamate un servizio di pronto intervento

A ogni installazione, riparazione o revisione dell'impianto fatevi rilasciare la dichiarazione di conformità alle norme, debitamente firmata dal titolare dell'impresa: è obbligatoria e costituisce una maggior garanzia per l'utente.

Infine è bene proteggere i caminetti con un parafuoco, controllando sempre che il fuoco nel caminetto sia spento prima di andare a dormire, o di uscire di casa.

In bagno niente scaldabagno a gas: la legge lo proibisce, a meno che non venga praticata un'apertura fissa sull'esterno; in ogni caso un tecnico abilitato dovrà stabilire se le dimensioni del locale e il tipo di scaldabagno sono adatti.

Tappeti antiscivolo Per evitare che un tappeto o uno scendiletto continuino a spostarsi, potete incollarvi ai quattro angoli (sul rovescio) piccole strisce di gomma.

Cancelli per i bambini Se la vostra casa presenta una scala interna (anche di pochi gradini), premuratevi di far installare dal vostro falegname di fiducia (o da vostro marito, se si diletta di bricolage) un cancelletto in legno o altro materiale dotato di chiusura di sicurezza e quindi non facilmente apribile da un bambino.

Elettricità Fate installare un interruttore automatico differenziale, detto salvavita, che protegge l'impianto dai sovraccarichi ed evita che eventuali contatti provochino incidenti.

Esistono poi in commercio gli utilissimi copriprese che impediscono al bambino di infilarvi le sue piccole dita: vi consigliamo di applicarli a tutte le prese della vostra casa.

Attenzione ai cavi male isolati o scoperti dei vari elettrodomestici.

Appena il bambino è in grado di capire, spiegategli con la massima chiarezza dove si nasconde il pericolo e continuate a ripetere queste norme di base ogni qualvolta se ne presenta l'occasione.

➤ *Vedi anche* **Bambini**

Singhiozzo

Rimedi semplici e infallibili Un rimedio semplicissimo e infallibile consiste nel mescolare dello zucchero con buon aceto e inghiottirne una cucchiaiata.

Il singhiozzo più ostinato si vince, invece, turandosi il naso e le orecchie con le mani; per fare questo applicate il pollice sulle narici o il medio sul padiglione dell'orecchio.

Durante questa operazione bevete a piccoli sorsi mezzo bicchiere d'acqua.

Un consiglio dagli USA Il medico statunitense Steven Goldsmith consiglia: sfregate con un bastoncino d'ovatta delicatamente sotto il palato. In un minuto passerà.

Smacchiatori

Attenzione ai vapori Se qualche volta usate smacchiatori forti, cercate di lavorate all'esterno oppure vicino a una finestra aperta, poiché anche i vapori dei prodotti possono essere molto pericolosi.

Non dimenticate che molti sono infiammabili: non fumate, e non usateli vicino al fuoco!

Lontano dai bambini Fate attenzione che le bottiglie contenenti smacchiatori siano chiaramente contrassegnate, per non correre il rischio di scambiarle.

Glicerina, ammoniaca, alcol, acqua ossigenata, alcol a 90 gradi e altri prodotti domestici correnti sono pur sempre prodotti chimici, per cui li dovete tenere sempre lontani dalla portata dei bambini.

Non inquinare Attenzione! Non versate nel lavandino i diluenti che non avete interamente utilizzato.

Conservateli in un flacone debitamente etichettato: conterrete l'inquinamento e... vi serviranno per la prossima macchia.

Smacchiatori naturali Benché definite casalinghe, anche le sostanze all'apparenza più innocue devono essere utilizzate con le dovute precauzioni, al fine di non causare danni irreparabili.

È importante usarle nel modo più adeguato e nelle dosi indicate.

Acetone Indicato per togliere macchie di smalto e di lacca, risulta dannoso su tessuti di fibre sintetiche o artificiali.

Acqua ossigenata Deve sempre essere usata a 12 volumi, diluita in acqua al 10%; evitate l'uso sui tessuti colorati, i quali potrebbero perdere in brillantezza, e sui tessuti sintetici o molto delicati.

Acquaragia Adatta per sciogliere macchie di vernice; ricordate che lascia facilmente aloni.

Alcol Usatelo con molta cautela sulle fibre artificiali, e sempre diluito in poca acqua.

Ammoniaca Usatela sempre diluita in acqua (circa al 15%); evitatene l'uso sulla seta.

Benzina Indicata per macchie di cera, grassi, resine, pittura; lascia facilmente l'alone. Su seta, fibre artificiali e impermeabili usatela con molta cautela.

Etere Indicato per le macchie di grasso, ha un'altissima evaporazione; è consigliato soprattutto sui velluti, mentre se ne deve evitare l'uso sulla seta naturale e artificiale.

Glicerina È indicata soprattutto per togliere il colore lasciato da alcune macchie (per esempio quelle di caffè).

È ottima anche, in minime dosi, nell'acqua di lavaggio degli indumenti di lana: aiuta a conservarne la morbidezza.

Schiuma da barba È un ottimo smacchiatore ed è sempre a portata di mano. Sciacquate con acqua o seltz.

Trementina L'olio di trementina è un distillato di resina di pino. Diffidate delle imitazioni a base di essenza minerale, di tetralina o di decalina: questi solventi sono tossici.

È indicata per le macchie di catrame, vernice, tintura e resine; usatela con cautela su seta, fibre artificiali e sintetiche.

Trielina È indicata per macchie di grasso, vernici e simili. Evapora velocemente senza lasciare aloni.

➸ *Vedi anche* **Macchie**

Smagliature

Come prevenire le smagliature Un metodo efficace per prevenire e combattere le smagliature è quello di procurarsi una crema per il corpo ricca di elastina (ne esistono ormai parecchie in commercio), versarne un po' sul palmo della mano, mescolarvi qualche goccia di olio di germe di grano e stenderla con un leggero massaggio circolare sulle zone più 'a rischio'. Si consiglia di ripetere ogni giorno.

➸ *Vedi anche* **Epidermide**

Sopracciglia

Olio di ricino Mantenetele sempre folte e lustre massaggiandole ogni sera con una goccia di olio di ricino.

Sottaceti

Conserve sicure Le conserve sott'aceto sono meno pericolose di quelle sott'olio a patto che venga usato un tipo di aceto forte, di almeno 7 gradi (verificabile sull'etichetta); per evitare che l'aceto si diluisca troppo con l'acqua contenuta nelle verdure, è opportuno farlo bollire in un tegame inattaccabile dagli acidi, per esempio in pirex o in acciaio inossidabile. L'aceto deve poi ricoprire interamente il prodotto contenuto nei vasetti e arrivare fino all'orlo, in modo da ridurre al minimo l'aria all'interno, e i coperchi dei barattoli non dovrebbero mai essere di metallo.

L'olio non è un conservante, ma impedisce solo il passaggio dell'aria e quindi il proliferare di microrganismi. Inoltre, poiché le verdure tendono ad assorbire subito l'olio, una volta aperto il barattolo è bene controllare il livello: l'alimento deve essere sempre ben coperto.

➸ *Vedi anche* **Botulismo, Salmonella**

Spazzole

Come pulire le spazzole per capelli Ogni volta che vi lavate i capelli, lavate anche la spazzola, immergendola e sfregandola in acqua calda saponata e risciacquando in acqua fredda. Fatela asciugare lontano da fonti di calore.

Oppure lasciatela mezz'ora in ammollo in acqua, ammoniaca e una goccia di shampoo; spazzolatela e lasciatela sgocciolare bene.

Spazzole per pulizie Ogni spazzola ha il suo sistema di pulizia. Quelle di saggina vanno lavate con acqua e sapone, quelle di crine in acqua e ammoniaca in parti uguali. Se, invece, sono di nylon, esigono acqua tiepida più un cucchiaio di bicarbonato per ogni litro. Tutte, poi, vanno sciacquate con cura e lasciate asciugare all'aria.

Se le setole della vostra spazzola sono troppo morbide, si potranno immergere in una soluzione di acqua fortemente addizionata di ammoniaca: l'ammoniaca pulirà la spazzola e in più renderà le setole più rigide.

Spazzolino da denti

Il migliore è in nylon Lo spazzolino migliore è in nylon con punte arrotondate, da cambiare non appena le setole assumono la caratteristica forma a ventaglio.

Come utilizzare lo spazzolino I movimenti non devono essere né troppo delicati né troppo energici e rigorosamente rotatori.

Il tempo di pulizia deve essere di almeno 3-4 minuti per arcata.

Riciclate i vecchi spazzolini Non buttate via i vecchi spazzolini da denti perché potranno esservi utili per pulire angoli inaccessibili o oggetti lavorati.

➽ *Vedi anche* **Igiene orale**

Specchi

Come pulire gli specchi Per una normale pulizia, passate un panno inumidito con alcol, quindi asciugate. È molto importante che lo straccio sia asciutto, pulito e non peloso.

I prodotti liquidi per la pulizia non vanno mai spruzzati sulla superficie degli specchi direttamente, ma su un panno: le goccioline potrebbero penetrare tra il vetro e la lastra metallizzata, danneggiandola.

Specchi antichi Gli specchi antichi vanno puliti con una miscela composta in parti uguali di acqua, alcol denaturato e paraffina.

Per nascondere un graffio del rivestimento argentato, sistemate un pezzetto di pellicola d'alluminio o di carta argentata sul retro dello specchio con la parte lucida rivolta verso lo specchio e fissatelo con vernice trasparente.

Lontano dal sole Non appendete mai gli specchi in modo che siano esposti direttamente ai raggi solari perché diventano opachi.

Spinaci

Sempre verdi Conserveranno il loro bel colore se li cuocerete a pentola scoperta.

Spine

Come togliere le spine dei ricci di mare Se la puntura è di riccio di mare, spennellare la ferita con tintura di iodio o anche semplicemente con olio e lasciare agire per tutta la notte. Al mattino sarà facile togliere le spine.

Spugne

Con salsedine Per ammorbidire i teli di spugna induriti dall'acqua di mare, immergerli in acqua e aceto.

Come pulire le spugne Si puliscono in una soluzione salata (125 g di sale da cucina per un litro d'acqua).

Stirare

Consigli per una stiratura più 'facile' Fra tutti i lavori domestici, stirare è forse quello più antipatico. Ecco allora alcuni consigli che potrebbero rendere più 'indolore' questa fatica.

Il mattino è il momento migliore per stirare, perché oltre a essere riposate potete sfruttare la luce del giorno, la migliore per individuare piccole macchie, aloni e imperfezioni (piegoline e arricciature) causati dal ferro da stiro.

Coprite l'asse pieghevole con un telo di tessuto metallizzato, che riflettendo il calore semplifica la stiratura.

Per una stiratura più facile della biancheria stiratela quando non è completamente asciutta: oppure, sia che abbiate un ferro a vapore o con caldaia, inumidire i panni di cotone almeno 10 minuti prima di stirarli aiuta a sveltire il lavoro.

Ricordate che aggiungendo un po' di sale nell'ultimo risciacquo il ferro scorrerà meglio.

Pulite la piastra tiepida del ferro con una spugnetta umida e un po' di bicarbonato.

Il lato con i bottoni delle camicie si stira più facilmente se si appoggia su un asciugamano di spugna.

Pantaloni in piega Per far mantenere a lungo la piega ai pantaloni, prima si stirano con il ferro a vapore; poi sul rovescio si passa una candela lungo tutta la piega, che va ristirata ancora sul diritto.

Centrini e pizzi Stirateli umidi, sul rovescio. Se sono inamidati, fissateli all'asse con qualche spilla di sicurezza.

Fibre sintetiche Ponete un panno umido tra ferro e tessuto.

Lana Stirate sia sul rovescio sia sul diritto, sempre interponendo un panno di cotone.

Seta Stirate sul diritto interponendo un foglio di carta velina.

Biancheria intima Non stirate elastici e parti elasticizzate.

Capi sportivi con scritte e disegni Se i colori tendono ad attaccarsi alla piastra, stirateli sul rovescio dopo aver inserito un telo per evitare che i colori si imprimano sul retro del capo.

Stirare con la schiena diritta I dolori alla schiena tengono poco conto dell'età, ma sono favoriti dalla posizione che assumiamo durante la giornata. Anche stirare in una posizione scorretta può provocare il mal di schiena e questo lo confermano molte casalinghe. Stirare con la schiena diritta può ridurre i rischi.

Stirare può essere pericoloso Per evitare qualche incidente mentre stirate seguite queste precauzioni. Innanzi tutto non stirate a piedi nudi, non versate acqua nel ferro a vapore con la spina inserita, non avvolgete il cordone attorno al ferro quando è ancora caldo.

Stoviglie

Aceto e limone contro gli odori Dato che l'odore dell'uovo è sgradevole e persistente sulle stoviglie, ricordate che i piatti sporchi d'uovo devono essere lavati con acqua fredda (con l'acqua calda l'odore si accentua), aggiungendo qualche goccia di aceto o di limone.

Stuoie

Come pulire stuoie e zerbini Anche le umili stuoie di paglia e gli zerbini necessitano di pulizia; basterà pulirli con acqua tiepida molto salata e metterli ad asciugare all'aria aperta.

Cocco Per pulire le stuoie di cocco: liscivia e una spazzola dura.

Stuoia 'antimagnetica' Vi siete mai svegliati con un senso di agitazione, come dopo un incubo? Oppure, vi è mai capitato a letto di percepire la sensazione di cadere nel vuoto? O ancora: non vi è mai capitato di avere i piedi gelati, crampi e palpitazioni? E infine, una volta avviata la giornata, vi è mai capitato di pensare che non vi sentite per nulla riposati?

Uno, qualcuno o tutti questi sintomi potrebbero dipendere dal fatto che il vostro corpo, durante tutta la giornata o di notte, è sotto l'influsso di forti campi elettromagnetici. È stato di recente brevettato un sistema, che chiamerei non a caso 'salvagente', che riesce a non farci affogare nei gorghi dalle onde elettromagnetiche, proteggendo il nostro corpo. È un tessuto composto da un intreccio di fili in rame, carbonio e argento in grado di neutralizzare l'effetto nocivo dei campi elettromagnetici.

Con questo tessuto sono stati realizzati articoli per l'ufficio, per l'auto e per la casa, solette, polsini per il sudore e maglie (che mai come in questo caso si possono chiamare 'magliette della salute'). Ma l'articolo che sta ottenendo più successo è la stuoia da mettere sotto il materasso per proteggerci durante il sonno.

➽ *Vedi anche* **Elettromagnetismo, Zerbini**

Succo di frutta

C'è succo e succo Quando sull'etichetta commerciale il prodotto è indicato come 'succo naturale', vuol dire che è succo di frutta al 100%.

Generalmente i succhi di frutta sono pastorizzati e il contenuto vitaminico risulterà impoverito, soprattutto se è a lunga conservazione, rispetto a quello della frutta fresca.

Il succo di frutta surgelato e quello in lattina sottovuoto conservano meglio il contenuto vitaminico, che però degrada velocemente al momento dell'apertura della confezione.

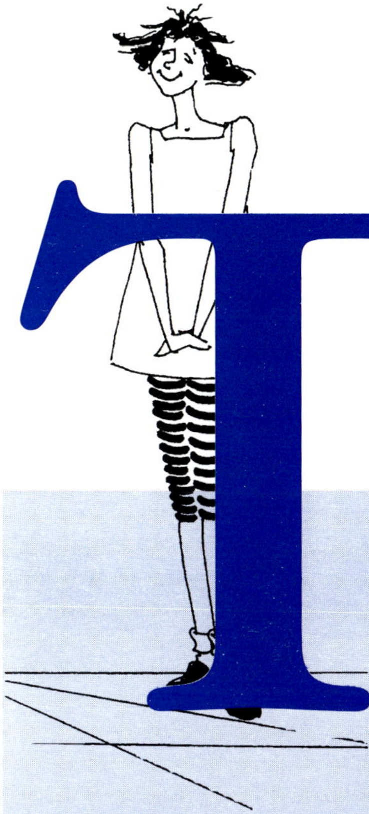

T,U

Tagliere
Talco
Talea
Tapparelle
Tappeti
Tappezzeria
Tappi
Tarassaco
Tarli
Tarme
Tartaruga
Tavoli
Tazze
Tè
Tegami
Teiere
Telefonino
Tende
Termiti
Terracotta
Tessuti
Tettarelle
Thermos
Tonno
Topi
Trielina
Uccellini
Ufficio
Umidità
Unghie
Uova
Uva

Tagliere

Come eliminare gli odori Preparate una specie di crema con bicarbonato di sodio e succo di limone, strofinate su tutta la superficie, spazzolando energicamente. Poi sciacquate: è l'unico modo per tenerlo sempre 'in forma'.

Come togliere la muffa Se il tagliere di legno si è ammuffito, prima di tutto togliete la muffa con un panno, poi coprite tutta la superficie con del sale: questo farà uscire tutta l'umidità. Infine lavate con succo di limone.

Talco

Ottimo contro le macchie È una delle più note polveri assorbenti, utilissima per intervenire su macchie grasse. Non ha alcuna controindicazione, ma può essere difficile toglierla completamente da tessuti scuri non lavabili.

Smacchiatore fai da te Mescolate due cucchiai di amido di mais, quello per i dolci, con 100 g di borotalco delicato. Versate in un vasetto con l'imbuto e mescolate a lungo.

Talea

Per moltiplicare le piante d'appartamento Staccate un rametto dall'esemplare che vi piace, e infilatelo in un vasetto pieno d'acqua, ricoprendo il contenitore con carta velina nera (la luce non deve filtrare). In breve si formeranno nuove radici e, al vostro rientro dalle vacanze, potrete interrare la piantina.

➛ *Vedi anche* **Piante**

Tapparelle

Quando non funzionano bene Può accadere che manovrando le cinghie delle tapparelle si avverta che il movimento non è facile come sempre. Per eliminare l'inconveniente passate della paraffina lungo la fettuccia di canapa.

Come pulire le tapparelle Dopo aver eliminato la polvere, passatele prima con un panno umido e lucidatele poi con cera d'api; se sono molto sporche lavatele con acqua alla quale avrete aggiunto poca ammoniaca.

Tappeti

Prima di riporli Per eliminare la maggior parte della polvere, prima di riporli per l'estate, potete capovolgere il tappeto e tenerlo per qualche giorno in questa posizione camminandoci sopra normalmente; in questo modo gran parte della polvere raccoltasi sul tappeto cadrà sul pavimento. Dopo averli ben puliti e spazzolati, avvolgeteli con carta di giornale.

Pulizie normali Passate tutti i giorni tappeti e pavimenti con l'aspirapolvere, soprattutto nelle zone di maggior passaggio, insistendo nei punti più sporchi.

Spazzolateli il meno possibile con la scopa, specie quando sono ancora nuovi; quando lo fate, spazzolateli nel senso del filo con una scopa di paglia di riso.

Togliete eventuali macchie con la benzina e un panno di lino. Sbatteteli solo sul retro usando un battipanni di canna.

Se volete pulire e far tornare brillanti i colori del vostro tappeto, passatelo interamente con acqua tiepida e aceto, usando una spugnetta: toglierete dalle fibre ogni traccia.

Per conservare a lungo le frange dei tappeti, diluite un po' di colla e passatela sul rovescio delle frange e sui bordi: resteranno tesi e in ordine.

Moquette Per rinfrescare la moquette con la minima spesa, cospargetela con bicarbonato. Lasciatevelo per un quarto d'ora almeno, quindi passate l'aspirapolvere.

Tappeti di lana Cospargete il vostro tappeto di talco, spazzolate e passate accuratamente l'aspirapolvere.

Tappeti di cotone Lavateli con acqua e sapone e lasciate asciugare.

Tappeti di nylon Lavateli con acqua e sapone, sciacquate, lasciate asciugare e spazzolate.

Tappeti di paglia Lavate con una spazzola dura e bagnata in acqua e sale, strofinate e lasciate asciugare all'aria. I tappeti intrecciati spesso si strappano e anziché rammendarli potete usare l'adesivo trasparente per tessuti.

Tappetini del bagno Non lavateli spesso con i comuni detersivi perché diventano opachi; lasciateli invece a bagno in acqua e bicarbonato: torneranno nuovi.

Tappeti pericolosi Se il vostro tappeto, avendo preso 'una brutta piega', rischia di far inciampare qualcuno, provate a porre sopra all'angolo arricciato uno straccio umido con sopra un pezzo di plastica e ancora sopra un bel peso (per esempio una pila di libri). Lasciate il tappeto costretto in questa posizione per diverse ore e avrete risolto problema.

Eviterete i rischi dei tappeti volanti incollando sul retro alcune guarnizioni di gomma ad anello; così i tappeti resteranno al loro posto.

Per i buchi da sigaretta Togliete un ciuffetto di peli dal tappeto servendovi di una lametta o di una pinzetta. Modellatelo nella forma del buco. Applicate un po' di attaccatutto alla base del tappeto o della moquette e schiacciate il ciuffetto nel buco causato dalla sigaretta. Coprite il buco con carta assorbente o carta-casa e mettetevi sopra un libro pesante. Ciò farà sì che la colla si asciughi molto lentamente e il risultato sarà migliore.

Per i segni dei mobili Se i mobili hanno compresso e schiacciato il pelo del tappeto o della moquette, fatelo rinvenire con un ferro a vapore. Fate uscire un bel getto di vapore e tenete il ferro, sollevato, sulla zona schiacciata. Quindi spazzolate bene.

Gocce di cera Mettete un pezzo di carta assorbente o un sacchetto di quelli del pane sulla macchia e passateci sopra un ferro caldo. Dopo qualche minuto, la carta avrà assorbito la cera. Ripetete se necessario.

Shampoo secco

- Se volete uno shampoo a secco per i vostri tappeti macinate finemente e mescolate in una terrina tre cucchiai di sapone in scaglie e 500 g di amido di patate e conservate poi in una scatola.
- Pulite a fondo il tappeto con l'aspirapolvere poi cospargetelo di uno strato sottile della miscela preparata, strofinando con una spazzola o uno scopettone.
- Lasciate agire per 30 minuti, quindi ripassate l'aspirapolvere. Vi assicuro che il tappeto sarà come nuovo.

Per togliere il fango Spargete del sale sulle impronte fangose ancora umide. Aspettate almeno 15 minuti perché il sale sciolga il fango, quindi passate il battitappeto.

Per le macchie di fuliggine Provate con una gommapane su tappeti e moquette.

Per togliere la gomma da masticare Premete dei cubetti di ghiaccio sulla gomma da masticare finché si ammorbidisce e si stacca.

Colla Le macchie di colla si possono eliminare bagnando abbondantemente la macchia con un panno imbevuto di aceto.

Macchie di biro Spruzzateci sopra abbondante lacca per capelli. Lasciate asciugate. Poi spazzolate delicatamente con una soluzione di acqua e aceto.

Macchie di caffè È sufficiente passare più volte una spugna imbevuta con acqua tiepida.

Pulizia più rapida Inumidite le spazzole del battitappeto prima di usarlo: raccoglierà polvere, lanuggine e fili molto più in fretta.

Tappeti antichi I tappeti orientali antichi devono essere trattati con molta delicatezza. Anche la bocchetta battitappeto dell'aspirapolvere può danneggiarli. Meglio pulirli a mano con una spazzola.

➤➤ *Vedi anche* **Macchie**

Tappezzeria

Macchie d'unto Mescolate un po' di farina di mais con acqua. Mettete questo composto sulla macchia e lasciatelo asciugare, poi spazzolatelo via. Se la macchia c'è ancora, ripetete l'operazione finché non sarà scomparsa.

Per togliere i segni dei pastelli Puliteli come se fossero macchie d'unto. Strofinateli delicatamente con una paglietta saponata asciutta. Non bagnate.

Per lo sporco di tutti i giorni Cancellate le impronte, i segni di matita o di sporco in generale con della gommapane.

Per togliere il nastro adesivo Mettete sul nastro adesivo una carta assorbente e passatevi sopra il ferro tiepido.

Rivestimenti e tappezzerie La crema da barba è uno dei prodotti più efficaci per le macchie e lo sporco normale. Mescolate 1/2 bicchiere di detersivo delicato con due bicchieri di acqua bollente. Fate raffreddare il composto finché diventa gelatinoso, poi battetelo con una frusta o un frullino per ottenere una bella schiuma densa.

Per togliere una vecchia tappezzeria Consigliamo due diversi metodi: immergete una spugna o un rullo in una soluzione di acqua calda e aceto in parti uguali, strofinate e bagnate la carta più volte finché non accenna a staccarsi; oppure usate un elettrodomestico a vapore dirigendo il getto sulle pareti ricoperte dalla tappezzeria.

➽ *Vedi anche* **Macchie**

Tappi

Dentro le bottiglie Per togliere il tappo di sughero caduto dentro una bella bottiglia di vino vuota, versate un po' di ammoniaca nella bottiglia e ponete in luogo ben ventilato. Il tappo si disintegrerà in pochi giorni.

Tappo che non si svita Il vasetto di conserva non vuole aprirsi? Semplice: capovolgete il vasetto e ponetelo su una fiamma bassa, ma per soli tre secondi. Sentirete un 'tac' e il gioco è fatto.

Tappo di spumante Per rimettere il tappo a una bottiglia consumata a metà, dopo aver smussato il fondo del tappo con un coltello, infilatelo nella bottiglia e tenetelo per alcuni istanti sotto il getto dell'acqua bollente. Il sughero si allargherà e lo champagne sarà protetto.

Tarassaco

Leggenda e realtà Il tarassaco è un'erbacea perenne, detta anche soffione, cicorione, radicchio selvatico. È assai comune un po' dappertutto. Le sue infiorescenze sono gialle e biancastre. I fiocchi lanugginosi annunciano l'arrivo del brutto tempo.

Un alimento diuretico È usato anche in erboristeria per le sue qualità diuretiche, mentre le foglie giovani sono usate in cucina, per preparare gustose insalate.

Tarli

Contro i tarli Passate un composto al 50% di olio e aglio tritato e chiudete i fori con la cera.

➽ *Vedi anche* **Legno**

Tarme

Antitarme naturali Invece della sgradevole naftalina, provate le erbe; funzionano e profumano i capi di lana.

Tra gli antitarme naturali ci sono lavanda secca, cedro in pezzetti, foglie di tabacco, foglie e radici di mentuccia e fiori di piretro.

Fate un sacchettino di assenzio (un'erba disponibile nei centri botanici o nei negozi di prodotti dietetici) e riponetelo con i capi di lana. Di tanto in tanto schiacciate il sacchetto, in modo da rinnovare il profumo.

Il ricorso alle erbe servirà naturalmente soltanto se gli abiti sono puliti e conservati in sacchetti di plastica che restano chiusi per un certo periodo di tempo.

Almeno una volta l'anno togliete tutto dai cassetti e dai ripostigli e aerate abbondantemente. Togliete gli indumenti dai sacchetti uno per uno e scuoteteli; poi appendeteli al sole per alcune ore. Infine riponeteli negli armadi con un sacchetto di erbe nuove.

Le tarme odiano l'odore dei quotidiani, quindi per tenerle lontane da moquette o tappeti riposti durante l'estate è sufficiente avvolgerli in carta da giornale magari spruzzata con un po' di acqua ragia.

Meglio evitare canfora e naftalina Come molti insetticidi, anche la naftalina e la canfora, utilizzate da sempre per tenere lontane le tarme dai vestiti, sono tossiche. È stato rilevato infatti che una prolungata e intensa esposizione a questi prodotti può danneggiare i nostri globuli rossi.

Tarme in cucina Sorpresa sgradita, ma piuttosto frequente in primavera: aprire la dispensa e vederne uscire un volo di farfalline... Per debellarle, provate a disseminare in cucina, nei cassetti, negli armadi degli alimenti, sacchettini di tulle contenenti foglie di alloro, chiodi di garofano e grani di pepe.

Tartaruga

Come pulire gli oggetti di tartaruga Strofinate velocemente i preziosi oggetti realizzati in questo materiale con un panno di cotone inumidito con acqua allungata con qualche goccia di ammoniaca e un pizzico di bicarbonato. Asciugate con uno straccio morbido. Infine, lucidateli con olio di lino o di vaselina.

Tavoli

Quando zoppicano Se il tavolo zoppica perché ha una gamba più corta delle altre, versate una piccola quantità di stucco per legno su della carta oleata. Appoggiatevi sopra la gamba più corta e lasciate asciugare. Togliete lo stucco eccedente con un coltello affilato e infine levigate con della carta vetrata.

Tazze

Da tè Per togliere dalla tazza da tè quell'alone scuro dovuto proprio al tè, pulitela con limone e bicarbonato o limone e sale.

Tè

Aromi nuovi Il tè avrà un gusto e una fragranza deliziosi se terrete dei pezzettini di scorza di arancia essiccata o fiori d'arancio nella scatola. Potete anche aromatizzare il tè dolcificandolo con zollette di zucchero che avrete intinto in succo di arancia o di limone.

Un tè limpido Aggiungendo un po' di bicarbonato di sodio, il tè non diventerà torbido.

Un tè per le piante Rododendri e magnolie, camelie e ortensie crescono bene in terreni acidi: se li volete ancora più rigogliosi, offrite loro un tè (una bustina per ogni litro di acqua fredda). Annaffiateli così una volta il mese.

➳ *Vedi anche* **Fiori, Piante**

Tegami

In coccio Se avete comperato un tegame di coccio, scaldandolo emanerà sicuramente puzza di vernice. Prima di usarlo la prima volta, fatevi bollire dentro un po' di latte: il cattivo odore sparirà.

Teiere

Come pulire teiere e bollitori Nella teiera annerita dai depositi, infilate uno o due limoni tagliati a metà già spremuti, riempite con acqua e lasciate riposare per 24 ore. Infine strofinate con aceto e sale.

Per togliere le incrostazioni calcaree, riempite il bollitore di acqua e aceto in parti uguali. Portate a ebollizione e lasciate agire almeno per una notte.

Oppure, riempitelo d'acqua e mettetelo in frigorifero per circa mezza giornata. Il calcare si stacca con il freddo e uscirà quando vuoterete il bollitore.

Telefonino

Come utilizzarlo al meglio Seguendo le indicazioni previste dalla legislazione vigente che contiene le indicazioni sulla distanza di sicurezza cui tenere il cellulare, ponete il telefonino lontano almeno 20 cm dall'orecchio.

Alzate tutta l'antenna quando parlate.

Fate telefonate brevi.

Alternate spesso l'orecchio d'ascolto durante le conversazioni.

Ricordate che il cellulare è sconsigliato ai malati di cuore.

Tenetelo spento in aereo e durante il rifornimento di carburante.

Tenete lontano anche il caricabatteria.

Tenetelo spento al cinema e in altri luoghi pubblici.

Tende

Come lavare le tende Se molto sporche, sottoponetele a un prima lavaggio senza detersivo, poi a uno vero e proprio aggiungendo un po' di ammoniaca. Per lavarle in fretta e più facilmente, piegatele e mettetele in una vecchia federa ben chiusa e lavate in lavatrice a 30 gradi con la solita accortezza. Ricordatevi di usare un programma per capi delicati e un detersivo adatto. La protezione della federa che le contiene permetterà anche di usare un po' la centrifuga. Questo farà sì che siano umide, ma non goccioleranno quando le appenderete, anzi si stireranno da sole restando appese.

Per inamidare le tende piuttosto grandi potete aggiungere all'acqua dell'ultimo risciacquo della lavatrice un bicchiere colmo di zucchero, sciolto in poca acqua calda. Stendete senza centrifugare e avrete sulle tende un leggero effetto di inamidatura.

Se le vostre tende, dopo i ripetuti lavaggi vi sembrano un po' spente, prima di stirarle spruzzatele con acqua tiepida dove avrete sciolto del comune amido di mais (quello che si usa anche per il bagno) e stiratele ancora umide.

Piccoli trucchi Quando le lavate, segnate con dello smalto per unghie rosa i punti nei quali vanno attaccati i ganci. Farete più in fretta a riappenderle.

Se dovete lavare delle tende a pannelli, numerate i pannelli da sinistra verso destra con filo colorato sul rovescio dell'orlo inferiore.

Per farle scorrere meglio Pulite bene l'asta reggitenda e lucidatela con cera d'api.

Vecchie tende da sole Se le tende sul balcone non sono nuovissime, è probabile che il tessuto abbia perso la sua impermeabilità. Per renderle di nuovo a prova di pioggia, con poca spesa, dopo averle lavate e stirate, passate su entrambi i lati della paraffina solida, strofinandola lentamente e in modo uniforme.

Tende da doccia Si possono lavare in lavatrice con il ciclo delicato a freddo, assieme ai teli da bagno (in tal modo risulteranno meno sgualcite). Aggiungete al detersivo mezzo misurino di bicarbonato di sodio e fate fare un ciclo completo di lavaggio; nel risciacquo aggiungete un bicchiere di aceto.

Tende da sole colorate Per evitare che acquistino subito un'aria invecchiata e scialba, basta strofinarle spesso con acqua e ammoniaca. L'anno prossimo saranno ancora vivaci.

Termiti

Come allontanare le termiti Assicuratevi che il terreno attorno e sotto la vostra casa sia ben drenato e che i condotti di passaggio siano asciutti e ben aerati.

Allontanate dalla casa la legna da ardere e il

legname di scarto, la carta e il cartone ed eventuali altri prodotti a base di cellulosa.

Riempite i vuoti e le fessure nel cemento o nella muratura con cemento o catrame.

Una soluzione non tossica Se le termiti rappresentano per voi un problema, cercate come prima cosa una soluzione non tossica, per esempio collocate una lampada a calore a 60 °C per 10 minuti nell'area che sospettate sia infestata dalle termiti.

Terracotta

Come pulire gli oggetti di terracotta Il materiale è molto poroso, quindi, se per togliere macchie e annerimenti decidete di lavarlo in acqua saponata, dovete risciacquarlo subito e abbondantemente.

Per rendere più brillanti gli oggetti con decorazioni, dopo il lavaggio possono essere passati con cera.

Tessuti

Capi sintetici sempre profumati Quando fa caldo, gli indumenti in fibra sintetica sono formidabili: infatti si lavano e si asciugano in un battibaleno e spesso non richiedono neppure di essere stirati. Però... molti rendono difficile la traspirazione, con le fastidiose immaginabili conseguenze. Ma è facile far perdere loro l'odore: basta lasciarli a bagno con un detersivo e un cucchiaio di bicarbonato.

Quando sono troppo nuovi Com'è poco confortevole un tessuto nuovo in cotone molto apprettato! Per renderlo morbido senza rovinarne i colori immergete il capo asciutto in acqua fredda nella quale avrete sciolto una manciatina di sale grosso per ogni litro di acqua e lasciatelo in ammollo per tutta la notte. Poi sciacquate e fate asciugare. Così eviterete anche che il tessuto nuovo si restringa.

➽ *Vedi anche* **Macchie**

Tettarelle

Evitare l'abuso L'abuso del ciuccio può provocare la deformazione del palato, delle gengive e dei denti, per cui va tolto prima della seconda dentizione e comunque sicuramente non più tardi del secondo anno di vita.

Né zucchero né miele Una cosa che consiglio vivamente a tutte le mamme è quella di non intingere il ciuccio nello zucchero o nel miele, perché questo non solo provoca la carie, ma la reazione della saliva, e in particolare della ptialina sul glucosio, determina un livello di acidità tale da modificare la struttura chimica della superficie gommosa del ciuccio.

Niente plastica Non fate uso dei ciucci in plastica, di tipo americano che contengono spesso sostanze pericolose, chiamate ftalati, che vengono aggiunte per conferire maggior elasticità e durevolezza.

Anche quelli in caucciù sono pericolosi, perché contengono nitrosammine.

Preferite quelli in silicone, privi di ftalati.

Fino a che età? Per quanto riguarda l'età, ricordate che i bambini che usano il succhiotto fino a 2 anni rischiano l'otite più di quelli che non lo adoperano. Il nesso tra ciuccio e otite sta nel fatto che la tromba di Eustachio, un canale sterile che collega l'orecchio medio con la gola, nel bambino è più corta, diritta, dal diametro più largo e facilmente modificabile dall'uso prolungato del ciuccio, che permette maggior accesso ai germi.

➽ *Vedi anche* **Bambini**

Thermos

Come pulire il thermos Il thermos si può pulire molto facilmente versandovi una confezione di lievito. Riempitelo poi con acqua bollente; lasciate agire per qualche minuto e risciacquate bene. Oppure versateci acqua e limone e lasciate riposare per qualche ora, poi sciacquate.

Tonno

Al mercurio Quando acquistate dal pescivendolo del tonno fresco in trance state attenti che il pesce non sia di quelli enormi, superiori o vicino ai 100 kg. Più grandi sono i pesci, più sono vecchi e più hanno navigato, assorbendo mercurio.

In scatola Per quanto riguarda il tonno in scatola, non mangiatene più di 1 kg il mese a persona. L'Organizzazione Mondiale della Sanità stabilisce in 200 mcg, cioè 200 milionesimi di grammo, la dose settimanale tollerabile di mercurio ingerito. Facendo gli opportuni calcoli ne deriva che non possiamo ingerire più di 10-11 mg di mercurio l'anno, altrimenti potremmo ammalarci di idrargismo, cioè di inquinamento da sali di mercurio. L'idrargismo danneggia seriamente le mucose del cavo orale e provoca piccole emorragie dalle gengive, forti stomatiti, ma anche dolori articolari, disturbi alla vista e sinusiti.

Topi

Menta per allontanare i topi Per allontanare i topolini dalla cantina si possono spargere sul pavimento alcuni mazzetti di menta.

Trielina

Attenzione ai vapori tossici Viene usata come smacchiatore. È nociva sia per ingestione sia per inalazione: i vapori possono provocare allergie e intossicazioni.

➵ *Vedi anche* **Macchie, Smacchiatori**

Uccellini

Norme fondamentali Innanzi tutto la gabbia deve essere posizionata in un luogo illuminato e tranquillo, in cui non giungano rumori troppo forti (come musica a tutto volume), lontano da spifferi e correnti d'aria (è sconsigliata la cucina, perché odori e vapori di questo locale sono nocivi per il piccolo volatile).

Una temperatura costante e un'adeguata alimentazione aiuteranno il nostro piccolo amico a tenerci compagnia per molti anni.

Ricordate di cambiare l'acqua ogni giorno e di tenere sempre pulito il fondo della gabbia.

L'alimentazione Per canarini, cocorite e bengalini la dieta ideale è quella che più si avvicina all'alimentazione che questi animali si procurano nel loro ambiente naturale. Ma spesso, non conoscendo bene le loro abitudini, quello che scegliamo per loro non è sufficiente a farli stare in forma. Una dieta sbagliata può provocare anemie o infiammazioni e una carenza di sali minerali (per esempio una crescita anomala di becco e unghie).

Per prevenire queste patologie, si possono usare i misti di semi già pronti che si trovano in commercio, rinnovandoli ogni 2-3 giorni.

Almeno 2 volte la settimana, sempre con gli stessi semi, si può preparare una pappa particolarmente digeribile, lasciando i semi in acqua per 24 ore.

Tutti gli uccelli sono golosissimi di frutta. Gliene possiamo dare a volontà e non solo la tradizionale mela, ma anche fragole, albicocche e ogni altro frutto, purché sia di stagione e ben lavata.

Fate essiccare i semi dell'anguria, delle zucche e delle zucchine: il canarino li apprezzerà moltissimo. Anche insalata e carote vanno benissimo. Proibiti invece prezzemolo, avocado e cioccolato, veri veleni per gli uccellini.

Altra prelibatezza per gli amici pennuti sono le spighe di panico che, se appese alla gabbietta, vengono letteralmente divorate.

Anche da rametti di alberi da frutto, di salice e acero, i nostri amici ricavano preziose sostanze minerali, come magnesio, potassio e manganese.

Se vogliamo dare agli uccellini qualche ghiottoneria, ricordate che i pappagalli sono golosi di datteri, i bianchetti amano fiori e germogli di mais, mentre il piatto preferito delle cocorite è un uovo mescolato a frutta grattugiata.

Il nido Aiutateli a fare il nido fornendo loro il

materiale per costruirlo. Raccogliete lanuggine e pelucchi e fili e loro li utilizzeranno.

Per gli uccelli liberi Per fornire loro un po' di cibo durante l'inverno ricoprite una pigna con del grasso di pancetta rassegato o con qualunque altro grasso. Arrotolatela nei semi per gli uccelli o in briciole di pane. Appendetela a un ramo o nascondetela fra i cespugli.

Il bagno Se volete che vengano a fare il bagno nella vaschetta che avete messo in giardino, mettete sul fondo delle biglie colorate.

Canarini Vicino alla gabbia degli uccellini aleggia un odore non proprio piacevole?

Basta versare sul fondo un po' di gesso in polvere e ricoprirlo con l'apposita sabbia (si acquistano nei negozi specializzati).

Ufficio

Contro il mal di schiena Se passate molte ore seduti alla scrivania... ecco qualche consiglio: non perdete occasione di alzarvi in piedi ogni tanto, approfittandone per 'tirare' i muscoli ed estendere bene la colonna vertebrale; sedete sempre in posizione eretta, ben appoggiati allo schienale della sedia, evitando così posizioni sbagliate che potrebbero danneggiare la vostra colonna vertebrale.

Il computer: non solo stress Il computer rappresenta un valido (per alcuni indispensabile) strumento di lavoro, ma sono in molti a considerarlo fonte di stress, manifestando nei suoi confronti una sorta di fobia preconcetta.

Il computer, di per sé, non è causa né di stress né di malessere: è semmai il modo di usarlo che può provocare disturbi come bruciore agli occhi, vista annebbiata, stanchezza e tensione nervosa.

Oltre a seguire le '5 regole per un computer amico', una cosa importante da considerare è che il computer è una macchina realizzata per essere al nostro servizio: cerchiamo quindi di entrare 'in sintonia' psicologica con 'lui'.

5 regole per un computer amico

- Il computer non deve essere di fronte, né di spalle alla finestra, ma sempre di fianco.
- Mettete una di quelle speciali lampade che ottimizzano la luce sulla tastiera e sul monitor senza dare riflessi sullo schermo.
- Il monitor deve essere collocato a un'altezza inferiore a quella degli occhi e ad una distanza di 50-70 cm.
- È importante avere una tastiera o un 'mouse' che non facciano piegare il polso.
- Se si accusa torpore al collo o alle spalle è consigliabile cambiare sedia scegliendone una ergonomica che sostenga la parte bassa della colonna vertebrale e permetta alle gambe di stare perpendicolari e ai piedi di poggiare bene a terra.

Umidità

In casa Se abitate in un appartamento a pianterreno, per vedere da dove proviene l'umidità potete fare così: capovolgete un vasetto sul pavimento e sigillatene la base con del fango. Se il vasetto si appanna all'interno questo è il segno che l'umidità sale dal basso; se al contrario il vasetto si appanna esternamente, si tratta di semplice condensa. Questo metodo può servire per trovare infiltrazioni di umidità anche sulle pareti.

Unghie

Per rinforzare le unghie Le unghie si rafforzano e non si sfaldano se le si lasciano per una mezz'ora in succo di limone caldo. Potete anche spennellarle, prima di coricarvi, con olio d'oliva unito a succo di limone. Per eliminare lo pellicina arida alla base delle unghie, immergetele, per 5 minuti e 3 volte la settimana, in olio di ricino tiepido, poi sciacquate. Chi ha sempre le unghie deboli dovrebbe avere la pazienza di spennellarle tutte le sere, per almeno tre mesi, con tintura di iodio. Tornano perfette, forti e molto resistenti.

Per chi si mangia le unghie Vi mangiate le unghie e per giustificarvi ricorrete a un sacco di scuse? Fatevi preparare dal farmacista una soluzione a base di quassia o di aloe (sostanze vegetali molto amare). Immergetevi le unghie per qualche minuto: la voglia di rosicchiarle vi passerà subito.

Uova

Che cosa dice la legge Sulle confezioni delle uova devono essere riportate le seguenti indicazioni: nome o ragione sociale, indirizzo dell'azienda che ha imballato le uova, il numero distintivo del centro d'imballaggio e la categoria di qualità, il peso e il numero delle uova imballate, la data di durata minima ('da consumarsi preferibilmente entro il...') e le principali raccomandazioni per la corretta conservazione domestica.

Il produttore, a sua discrezione, può riportare anche il prezzo di vendita e il codice a barre, così come la data d'imballaggio e la data di deposizione (se in possesso di specifica autorizzazione), l'origine delle uova e il sistema di allevamento.

Le uova vengono classificate in tre categorie di qualità: A, B, C, in funzione delle caratteristiche del guscio, del tuorlo, dell'albume e della loro freschezza. Quelle destinate al consumo delle famiglie sono esclusivamente classificate nella categoria A, che garantisce qualità e freschezza. Nell'ambito di questa categoria si collocano poi le uova 'extra' o 'extra fresche', cioè quelle freschissime la cui camera d'aria deve avere un'altezza non superiore a 4 mm per tutto il periodo di validità, e cioè 9 giorni dalla deposizione o 7 giorni dall'imballaggio.

Per quanto riguarda il peso, il Regolamento CEE n. 1511/96 ha modificato e semplificato l'etichettatura delle uova per renderla più comprensiva ai consumatori. Infatti sulle confezioni dovranno essere riportate le sigle che si usano per l'abbigliamento: XL per le uova da 73 g in su, L per quelle comprese fra 63 e 73 g, M da 53 a 63 g e S per quelle di meno di 53 g.

Uova sode perfette Quando preparate le uova sode, aggiungete all'acqua fredda del pentolino qualche cucchiaio di aceto. Se anche si incrinasse un guscio, l'albume non fuoriuscirà.

Tuorlo d'uovo Il tuorlo d'uovo crudo può essere conservato per più giorni in una tazzina in frigorifero, se vi si versa sopra con cautela un po' d'acqua.

Uva

Cura dell'uva Potete fare la cura dell'uva usando i chicchi, compresi vinaccioli e buccia. In questo caso la dose è di 1 kg di uva il giorno, per 2 giorni la settimana, per 3 settimane.

Potete anche fare la cura dell'uva usandone il succo fresco (almeno 700 g il giorno, per 2 giorni la settimana, per 3 settimane).

È meglio assumere succo di uva, appena preparato, a colazione, negli spuntini di metà mattina e pomeriggio, e, per chi lo gradisce, anche dopo cena, prima di coricarsi.

Il succo fresco di uva può essere preparato direttamente con la centrifuga: è bene consumarlo appena pronto. È necessario tenere presente che 1 kg di uva e 700 g di succo fresco danno lo stesso contributo energetico, circa 620 calorie, che devono essere calcolate nel fabbisogno calorico giornaliero. Nei 'giorni dell'uva' è opportuno quindi ridurre le porzioni di alcuni comuni alimenti, in particolare formaggi, salumi, olio di oliva e condimenti vari, per non superare il numero delle calorie giornaliere consentite, altrimenti si corre il rischio di aumentare il peso corporeo.

Rimedi a base di uva e di foglie di vite Emorragie nasali? Per farle cessare mettete un po' di polvere di foglie secche di vite nelle narici.

Le foglie sono consigliate dalla fitoterapia contro i disturbi intestinali. E i cataplasmi di foglie tritate danno sollievo a chi ha mal di testa.

E, ancora, il succo d'uva acerba è usato come ottimo gargarismo contro le stomatiti.

Mentre l'uva secca in decotto ammorbidisce le vie respiratorie.

V, W

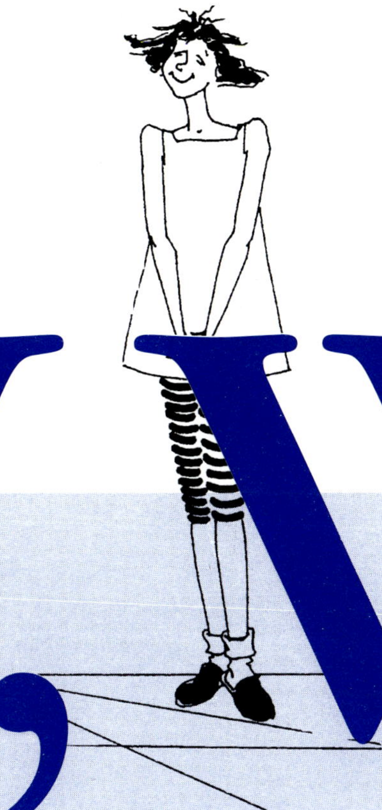

Vacanze
Valigie
Vasche da bagno
Verdure
Vermi
Vernice
Verruche
Vespe
Vetro
Videocassette
Vimini
Vino
Vitamine
Viti
Vongole
Wafer
Water

Vacanze

Sicure Non anticipate mai caparre più alte del 20-25%, e chiedete che sulla ricevuta sia scritto 'caparra penitenziale': così, in caso di rinuncia, non perderete altro. Portate con voi la tessera sanitaria. Ricordate che per ricevere assistenza sanitaria gratuita in un Paese della CEE è indispensabile compilare il modello E 111 rilasciato dalle ASL. Comperate in Italia la valuta straniera e portatevi una riserva di *traveller's chèques*: in caso di smarrimento o di furto potete sempre bloccarli. Mettete in valigia una copia dei contratti firmati e delle ricevute di pagamento, che possono servire in caso di contestazioni. Se siete diretti in un Paese straniero, verificate con largo anticipo se sono necessari vaccinazioni e permessi di soggiorno.

Turisti e non predatori Non acquistate oggetti, piante o animali vietati, come per esempio avorio, tartaruga, corallo nero, cactus, orchidee, conchiglie e madrepore, coccodrilli impagliati, oggetti di pelle di serpente, pelli maculate, braccialetti di pelo d'elefante, eccetera, ma anche oggetti permessi come uova di struzzo, farfalle, coleotteri, piume di uccelli...

Valigie

Pulire le valigie prima di riporle Quando riponete le valigie dopo un viaggio o una vacanza mettetevi dentro una saponetta. Le ritroverete profumate e protette da eventuali insetti. Pulire quelle in tessuto spazzolandole con una miscela composta da un terzo di ammoniaca e due terzi di acqua distillata. All'interno, passate uno straccio inumidito di acqua e alcol. Fate asciugare all'ombra.

Vasche da bagno

Come pulire le vasche Le macchie superficiali spesso vengono via sfregandovi sopra un limone tagliato a metà. Per le macchie scure, specialmente di ruggine, mescolate del borace con succo di limone e sfregate. Per far tornare brillante una vasca ingiallita, lavatela con una soluzione di sale e trementina.

Verdure

Quali verdure preferire? Innanzi tutto carote, crescione, indivia, lattuga, pomodori, sedano, finocchi, cipolle, cavoli, rape, bietole e spinaci; ovviamente quando sono di stagione.

Potete consumarle crude per la prima colazione o come spuntino, ma anche usarle per preparare succhi centrifugati: in questo modo diventano veri e propri 'cocktail' depurativi, in grado di stimolare intestino, fegato e reni nel lavoro di pulizia dai veleni. Tutta la verdura può essere trasformata in succo, singolarmente o in combinazione (per esempio, carota più pomodoro e crescione; lattuga e sedano).

Comperate verdure non trattate con antiparassitari e conservanti, per evitare di ingerire residui chimici (questo porterebbe nuove tossine all'organismo).

Scegliete prodotti freschi, maturi al punto giusto, eliminando eventuali parti ammaccate o guaste.

Attenzione alla cottura Sottoporre le verdure a una cottura prolungata è un errore che può distruggere fino al 90% delle vitamine e anche dei sali minerali, che si disperdono nell'acqua di cottura. Quindi cuocete le verdure a vapore, oppure in poca acqua, velocemente e senza sminuzzarle troppo, gettandole in pentola quando l'acqua bolle. Per le verdure verdi lasciate la pentola scoperta, per quelle rosse aggiungete limone o aceto. Ma proprio perché parte dei nutrienti passano nell'acqua, non gettate via l'acqua di cottura, ma usatela in cucina come brodo vegetale, oppure, una volta raffreddata, innaffiateci le piante di casa, o, infine, lavateci le stoviglie sfruttandone il potere sgrassante.

Ospiti indesiderati Come sfrattare i piccoli insetti o le lumachine o i bruchi dall'insalata o dai cavolfiori? Metteteli a bagno per un quarto d'ora in acqua fredda a cui avrete aggiunto qualche cucchiaino di sale o d'aceto.

Non esagerate con le pulizie La mondatura degli ortaggi deve essere blanda e parsimoniosa. Le cime verdi dei porri, le foglie più esterne dei cavoli, i gambi e le foglie di rape e carote rappresentano una fonte molto ricca di sali minerali e vitamine, spesso inutilizzati per la cattiva abitudine di sbucciare in maniera eccessiva qualsiasi vegetale prima del consumo o della cottura. Lo stesso lavaggio dell'insalata o di qualsiasi altra verdura è un'operazione molto semplice, che però viene spesso compiuta in maniera scorretta. Tutte le foglie verdi devono essere lavate evitando di lasciarle a lungo a bagno, per contenere la perdita delle vitamine idrosolubili, come la vitamina C. Per ridurre al minimo l'ossidazione degli elementi nutritivi è consigliabile strappare con le mani le foglie, anziché tagliarle. Le operazioni di mondatura vanno fatte poco prima del consumo, per evitare perdite a causa dell'azione della luce e dell'aria. Le verdure con buccia sottile, come le carote, le rape, le barbabietole rosse, non devono essere grattate con la punta del coltello o sbucciate, ma strofinate con una spazzola di saggina sotto l'acqua corrente.

Come pulire al meglio le verdure

- **Asparagi:** dopo aver raschiato il gambo lasciateli in abbondante acqua fredda da cambiare più volte, poi lavateli ancora a uno a uno grattando il gambo con uno spazzolino duro per eliminare il terriccio.
- **Fagioli:** vanno lavati in abbondante acqua fredda.
- **Fagiolini verdi:** dopo aver eliminato le estremità e l'eventuale 'filo', lavateli strofinandoli tra le mani.
- **Finocchi:** eliminate le foglie esterne molto porose, tagliateli in 2 o 4 parti, poi aprite le foglie interne e passateli sotto l'acqua.
- **Funghi:** con un coltellino raschiate le parti terrose, poi puliteli grattandoli con una spazzolina morbida e bagnata; asciugate immediatamente.
- **Insalate:** se molto terrose lasciatele in acqua fredda per almeno 10 minuti; quelle a cespo molto chiuso si possono lavare più velocemente sotto il getto dell'acqua corrente.
- **Patate:** se sono da cuocere con la buccia, grattatele con uno spazzolino morbido.
- **Peperoni:** eliminate il gambo, i semi e le costole interne, tagliateli in verticale e lavateli.
- **Piselli:** lasciateli in uno scolapasta posto nel lavandino riempito d'acqua fredda.
- **Sedano:** lavatelo accuratamente spazzolando le scanalature delle coste.
- **Spinaci:** lasciateli in acqua fredda, da cambiare fino a quando non rimarrà limpida.

Vermi

Decotto contro i vermi Contro i vermi è utile un decotto di foglie di ippocastano o di noce con il quale si imbeve il terreno; porta i vermi in superficie.

➤ *Vedi anche* **Piante**

Vernice

Verniciare le finestre Per non sporcare i vetri, provate a fare così: inumidite delle strisce di giornale con acqua tiepida, quindi applicatele sul vetro, facendo attenzione a farle aderire bene ai bordi e agli angoli. Le strisce di carta rimarranno incollate al vetro per il tempo necessario a verniciare la finestra.

Per togliere l'odore Aggiungete 2 cucchiaini di estratto di vaniglia per ogni litro di vernice. Mettete nella stanza dipinta di fresco una bacinella di acqua in cui avrete diluito un cucchiaio di ammoniaca e lasciatevela per una notte.

Se la vernice fa i grumi Il colino migliore è una vecchia calza di nylon. Ritagliate in una vecchia zanzariera o in un vecchio retino un cerchio leggermente più piccolo del diametro del barattolo di vernice. Affondando, la rete si trascinerà sul fondo tutti i grumi.

Per togliere la vernice dal viso e dalle mani L'olio in genere (anche quello per bambini) è molto indicato perché non brucia.

Consigli per prevenire Proteggete la pelle con uno strato di vaselina quando verniciate. Prima di verniciare, strofinate sulle unghie una saponetta. Quando avrete finito, sarà molto facile pulirle.

Per evitare che il bianco diventi giallo Versate una goccia di vernice nera nella vernice bianca.

Vernice avanzata Per evitare che sulla superficie si formi uno strato solido, ritagliate un cerchio in un foglio di carta stagnola (per farlo della misura esatta appoggiatevi sopra il coperchio del barattolo e mettetelo direttamente sulla vernice). Poi chiudete il barattolo.

Verruche

Per evitare le verruche La prima regola è quella di non frequentare a piedi nudi piscine, palestre e altri luoghi pubblici. Usate un blando antisettico da mettere su mani e piedi dopo aver fatto la doccia, prima di vestirvi. Controllate periodicamente la pelle intorno alle unghie e cambiate spesso le scarpe.

Calli e verruche Per eliminare calli e verruche c'è un metodo infallibile. Si prende uno spicchio d'aglio fresco, lo si taglia dall'alto verso il basso per liberare i princìpi attivi del germoglio interno e lo si strofina sul callo o la verruca doloranti. Questo almeno 3 volte il giorno fino alla completa guarigione.

Vespe

In caso di puntura In caso di puntura estraete il pungiglione con una pinzetta facendo attenzione a non spezzarla e a non schiacciare la sacca di veleno sulla punta; raffreddate la parte per almeno 10 minuti, con ghiaccio o acqua fredda.

Per eliminare i favi Per eliminare i favi agite nelle ore notturne, spruzzandoli con prodotti a base di piretro.

Vetro

Come lavare il vetro È un materiale che non sopporta gli sbalzi di temperatura, quindi non immergete mai in acqua bollente bottiglie o bicchieri freddi: si incrinerebbero e non potreste più usarli. Lavate il vetro con acqua e detergente per piatti, risciacquate con acqua calda corrente e lasciate asciugare.

Brocche e bottiglie Per eliminare da bicchieri, brocche, bottiglie e coppe macchie o segni di calcare, immergete gli oggetti (o se possibile riempiteli) in acqua e ammoniaca, lasciandoveli per due o tre ore. Poi, naturalmente, dovrete sciacquarli a fondo.

In alternativa usate aceto bianco e foglie di tè già usate.

Pentole in pirex Se le pentole in pirex hanno dei depositi carbonizzati, lasciate in ammollo in acqua calda e detersivo finché si distaccano; se ci sono depositi grassi lasciatele a bagno in una soluzione di ammoniaca concentrata. Per i depositi di zucchero lasciate a bagno in una soluzione di 3 cucchiai di bicarbonato di soda in 1/2 litro di acqua calda.

Vasi di vetro Lasciate agire dei fondi di caffè e risciacquate con acqua fredda.

Vetri opachi Ritornano lucidi se li si strofina con delle ortiche.

Vetri delle finestre Per la pulizia dei vetri delle finestre spruzzate con un vaporizzatore mescolando 3 cucchiai di ammoniaca, 1 cucchiaio di aceto e acqua fredda.

Oppure pulire con carta di giornale inumidita con alcol o con aceto.

Per lavare i vetri senza fatica Non lavateli mai nei giorni di sole: asciugherebbero troppo in fretta e rimarrebbero gli aloni.

Piccolo trucco Se pulirete i vetri interni con movimenti verticali e quelli esterni con movimenti orizzontali, o viceversa, saprete subito su quale lato sono rimasti gli aloni.

Per non farli gelare Aggiungete all'acqua per lavare i vetri alcol denaturato o antigelo (1/2 bicchiere per ogni litro d'acqua).

Videocassette

Lontano dalla TV Le videocassette non devono stare vicino a televisori o altoparlanti. I piccoli trasformatori di questi apparecchi possono formare dei campi magnetici che cancellano i nastri video.

Vimini

Come pulire gli oggetti di vimini Se i mobili in vimini sono un po' anneriti dal tempo, passateli con un panno inumidito in acqua e candeggina. Dopo due o tre ore risciacquate con cura e lasciate asciugare.

Midollino Mobili e oggetti in midollino devono venire spolverati ogni giorno per evitare che la polvere si accumuli. Per una pulizia più radicale, da eseguire un paio di volte l'anno usate acqua tiepida con qualche goccia di ammoniaca: lavate, risciacquate, asciugate con un panno e affinché tavoli, poltrone, divanetti finiscano di asciugare perfettamente, metteteli all'aria e al sole (mai vicino a una fonte di calore, come caloriferi accesi).

Bambù Se desiderate sbiancarli usate acqua e sale. Per evitare che i mobili in bambù si screpolino, strofinateli ogni tanto con un panno imbevuto di essenza di trementina.

Vino

Scegliere il vino Spesso non è vero che un vino costoso è migliore di uno economico, ma si può cominciare col dire che è difficile trovare vini molto economici di qualità. Per un giudizio preventivo il consumatore non ha altri elementi che quelli visibili sull'etichetta. La dizione 'imbottigliato all'origine' (o 'dal viticoltore', 'dall'azienda agricola, 'dalla fattoria') sta a indicare un vino fatto con le uve dello stesso produttore; non si tratta, quindi, di vino comperato in una zona e trasportato in un'altra per l'imbottigliamento (il vino non ama viaggiare). Meglio ancora quando sull'etichetta è dichiarata la vigna. La dizione 'vendemmia tardiva' è un altro indizio di qualità, mentre nei vini DOC (Denominazione di Origine Controllata) il termine 'classico' indica la più ristretta zona d'origine storica del vino; il termine 'riserva' si può usare solo se è stato invecchiato in botte per un certo periodo di tempo. L'indicazione di una 'sottozona' nei DOC (per esempio 'comune di...', 'frazione di...') è una distinzione di qualità, se non altro perché la resa massima di uva per ettaro non è molto alta (troppa uva non dà un buon vino). I vini DOCG (Denominazione di Origine Controllata e Garantita) sono posti dalla legge su un gradino superiore ai DOC, a quelli IGT (Indicazione Geografica Tipica) e ai semplici vini da tavola e sono più sorvegliati, ma questo non è un assioma per una discriminazione qualitativa netta.

È genuino? Un piccolo trucco per scoprire se il vino è genuino (senza aggiunte chimiche): immergetevi per un istante un filo bianco di pura lana, poi immergetelo subito in un po' di aceto: se il filo diventa blu, il vino è puro; se diventa rosso, sono presenti additivi.

Vitamine

Quali vitamine per la salute? Le vitamine sono 'micronutrienti', dotati di funzioni essenziali e insostituibili nel mantenimento dei delicati e complessi meccanismi che stanno alla base del nostro benessere. Nella tabella 'Impariamo a conoscere le vitamine' (*vedi* alle pagine 152-155) vengono elencate tutte le vitamine, le loro funzioni principali, i sintomi della loro carenza, il loro fabbisogno giornaliero, le principali fonti alimentari che le contengono (con i valori in milligrammi o microgrammi) e i fattori che le inibiscono, cioè che ne impediscono l'assorbimento da parte dell'organismo oppure ne provocano il deterioramento.

Vitamine

VITAMINA	ATTIVITÀ PRINCIPALI	SINTOMI DI CARENZA	FABBISOGNO GIORNALIERO	DOVE SI TROVANO	QUANTITÀ X 100 g	CHE COSA LE INIBISCE
A Retinolo	Preserva e migliora la vista. Mantiene la pelle sana. Protegge dalle infezioni. Combatte i radicali liberi.	Scarsa visibilità notturna. Pelle secca e forfora. Fragilità dei denti. Stomatiti e ulcere in bocca. Frequenti raffreddori.	600–950 mcg	Carote Crescione Zucca gialla Uova Spinaci Tonno fresco Gorgonzola Albicocche Cachi Melone	1360 mcg 623 600 500 485 450 420 360 235 190	Caldo, luce, alcolici e fumo
B1 Tiamina	Regola il metabolismo degli zuccheri. Aiuta a usare bene le energie. Stimola le funzioni cerebrali.	Astenia e inappetenza. Debolezza e crampi. Irritabilità. Difficoltà di concentrazione. Scarsa memoria.	3–3,5 mg	Lievito di birra Germe di grano Girasole Soia Carne di maiale Prosciutto Fagioli secchi Piselli secchi Lenticchie Avena (fiocchi) Fave secche Ceci Funghi porcini	17,3 mg 2,4 1,4 1,1 1,0 0,9 0,6 0,6 0,6 0,5 0,5 0,4 0,3	Antibiotici, tè, caffè, pillola contraccettiva, alcolici. Cottura dei cibi, stress.
B2 Riboflavina	Trasforma in energia grassi, zuccheri e proteine. Mantiene sana la pelle. Regola il pH corporeo. Utile a capelli, unghie e occhi.	Bruciore agli occhi. Irritazione alla lingua. Dermatiti ed eczemi Piccole lesioni cutanee. Unghie sfaldate. Labbra screpolate. Capelli opachi e grassi.	1,5–2,5 mg	Fegato Germe di grano Radicchio Asparagi Funghi (ovuli) Broccoli Latte intero	3,3 mg 0,6 0,5 0,3 0,3 0,2 0,2	Alcolici, pillola contraccettiva, tè, caffè, cottura dei cibi.

g = grammi
mg = milligrammi (1 millesimo di grammo)
mcg = microgrammi (1 milionesimo di grammo)

Vitamine						
VITAMINA	**ATTIVITÀ PRINCIPALI**	**SINTOMI DI CARENZA**	**FABBISOGNO GIORNALIERO**	**DOVE SI TROVANO**	**QUANTITÀ X 100 g**	**CHE COSA LE INIBISCE**
B3 o PP Niacina	Insieme a B1 e B2 contribuisce a produrre energia. Indispensabile per le funzioni cerebrali e per la pelle.	Pellagra. Debolezza. Diarrea. Ansia e depressione. Scarsa memoria. Cefalea. Insonnia. Sangue dalle gengive. Acne. Dermatiti ed eczemi.	25–30 mg	Acciughe Sgombro Tonno Salmone Fegato Manzo Pollame Cereali integr. Lievito di birra Asparagi Cavolo Pomodori Funghi Peperoncino	14,3 mg 7,6 7,2 7,0 6,8 6,3 5,7 5,1 4,8 4,5 4,3 4,0 4,0 3,0	Antibiotici, tè, caffè, pillola contraccettiva, alcolici.
B5 Acido pantotenico	Regola il metabolismo dei grassi. Produce ormoni anti-stress. Aumenta la resistenza alle infezioni. Protegge la pelle e i capelli. Favorisce la cicatrizzazione.	Cefalea e nausea. Stanchezza e apatia. Tremori muscolari. Piedi che scottano. Digrignamento dei denti.	10–25 mg	Fegato Noci Tuorlo d'uovo Pappa reale Cereali integr. Legumi Vegetali verdi Lievito di birra Carne Gorgonzola	7,0 mg 6,8 6,5 6,0 5,8 5,5 5,0 5,0 4,8 4,3	Stress, alcolici, tè, caffè, cottura e lavorazione dei cibi.
B6 Piridossina	Partecipa alla produzione degli aminoacidi Promuove il metabolismo delle proteine. Essenziale nella produzione degli ormoni. Antidepressivo e antistress Diuretico naturale. Aiuta a respingere le allergie.	Ritenzione idrica. Prurito alle mani. Depressione e nervosismo. Tremori e crampi. Desquamazione della pelle. Infiammazione delle mucose. Lesioni della bocca. Debolezza e astenia.	5–25 mg	Lievito di birra Fegato Pesce Fagioli Cavolfiore Banane Crescione Cipolle Lenticchie	3,0 mg 0,8 0,5 0,4 0,3 0,3 0,3 0,2 0,2	Alcolici, fumo, pillola contraccettiva, cibi troppo ricchi di proteine.

Vitamine						
VITAMINA	**ATTIVITÀ PRINCIPALI**	**SINTOMI DI CARENZA**	**FABBISOGNO GIORNALIERO**	**DOVE SI TROVANO**	**QUANTITÀ X 100 g**	**CHE COSA LE INIBISCE**
B9 Acido folico	Sintesi del DNA. Produzione globuli rossi. Sviluppo del sistema nervoso.	Anemia. Lingua liscia. Diarrea. Labbra screpolate. Ansia e tensione. Inappetenza. Dolori allo stomaco.	75–200 mcg	Fegato Spinaci Lievito di birra Germe di grano Banane Formaggio Pane integrale Carote Cetrioli	300 mcg 200 150 87 55 50 40 20 20	
B12 Ciano-cobalamina	Promuove la sintesi dei globuli rossi. Necessaria all'utilizzo delle proteine. Contribuisce alla crescita e allo sviluppo. Aumenta l'appetito.	Anemia. Nervosismo. Astenia e svogliatezza.	2–3 mcg	Fegato Frutti di mare Germe di grano Carne Pesce Tuorlo d'uova Giuncata Latte intero	100 mcg 98 10 6,0 5,5 4,9 0,5 0,3	Alte temperature, luce, cibi trattati e troppo raffinati.
C Acido ascorbico	Irrobustisce ossa e denti. Rafforza il sistema circolatorio e quello immunitario. Favorisce l'assorbimento del ferro. Combatte le infezioni. Antiossidante. Disintossicante.	Frequenti raffreddori. Debolezza. Gengive sensibili che sanguinano. Sangue dal naso. Cicatrizzazione lenta	150–1000 mg	Peperoncino Prezzemolo Peperoni Ruchetta Kiwi Broccoli Crescione Cavolfiore Spinaci Lattuga Fragole Limone Arance Mandarini Pompelmi	230 mgr 162 151 91 85 82 80 70 58 55 54 50 50 42 40	Fumo, alcolici, inquinamento, stress e cibi fritti.

g = grammi
mg = milligrammi (1 millesimo di grammo)
mcg = microgrammi (1 milionesimo di grammo)

Vitamine

VITAMINA	ATTIVITÀ PRINCIPALI	SINTOMI DI CARENZA	FABBISOGNO GIORNALIERO	DOVE SI TROVANO	QUANTITÀ X 100 g	CHE COSA LE INIBISCE
D **Calciferolo**	Fissa il calcio e il fosforo, quindi è essenziale per la crescita e la solidità delle ossa e dei denti.	Dolori articolari e di schiena. Crampi. Perdita di capelli. Carie.	0,1–0,2 mg	Esposizione ai raggi del sole Olio fegato di merluzzo Aringhe Sardine Sgombro Tuorlo d'uovo Latte Fegato	 100 mcgr 25 23 20 4,5 3,0 2,0	Mancanza di sole. Cibi fritti.
E **Tocoferolo**	Antiossidante. Protegge le cellule dal cancro. Incrementa la fertilità. Previene le patologie cardiocircolatorie come l'arteriosclerosi. Promuove la crescita.	Spossatezza. Perdita della libido. Fragilità capillare. Cicatrizzazione lenta. Vene varicose. Infertilità.	90–800 mg	Germe di grano Oli di semi Nocciole Piselli Orzo Cereali integr. Olio di oliva Crescione Asparagi Spinaci Uova	100 mg 20-30 20 15 12 10 5 3,7 3,7 3,7 0,6	Cottura dei cibi. Inquinamento dell'aria. Pillola contraccettiva. Eccessiva assunzione di grassi.
H **Biotina**	Promuove la sintesi degli acidi grassi. Produce energia dai carboidrati. Fornisce benessere alla pelle ed ai capelli.	Svogliatezza. Inappetenza. Nausea. Pelle secca. Debolezza dei capelli. Dermatiti.	0,5–2 mg	Carni Lievito Fegato Tuorlo d'uovo Cioccolato Latte	1,5 mg 1,5 1,0 0,8 0,5 0,5	Albume crudo e cibi fritti.
K **Menadione**	Indispensabile per la coagulazione del sangue.	Emorragie.	0,40–0,80 mg	Cavolfiore Cavoli Broccoli Lattuga Crescione Asparagi Spinaci	2,0 mg 1,5 1,0 0,7 0,5 0,3 0,2	Alte temperature, luce, cibi raffinati, pillola contraccettiva.

È necessaria un'integrazione? Le vitamine sono necessarie, anzi indispensabili. Non se ne può assolutamente fare a meno. Proteggono dal raffreddore e dal cancro, rallentano l'invecchiamento, ritardano la comparsa delle rughe. Ma non ci si deve dimenticare che dosi eccessive di vitamine, assunte per lunghi periodi, possono essere nocive e provocare effetti collaterali. Il ricorso agli integratori in pillole andrebbe riservato alle persone che hanno problemi specifici. In situazione normale, per ottenere un apporto vitaminico ottimale, senza eccessi o carenze, è sufficiente osservare una dieta equilibrata, varia, che comprenda un po' tutti gli alimenti.

Sintetiche o naturali? Non esistono differenze tra le vitamine sintetiche e quelle naturali: la loro struttura è assolutamente identica. Ci sono grandi differenze, però, nei risultati che si ottengono. Negli alimenti, infatti, le vitamine si accompagnano e interagiscono con molte altre componenti, il cui ruolo è spesso determinante. L'interazione tra questi diversi elementi riesce a ottenere risultati che la vitamina sintetica da sola non può raggiungere.

Viti

Per viti allentate Infilate un fiammifero nell'alloggiamento della vite e spezzatelo, poi avvitate di nuovo la vite. Oppure avvolgete qualche filo di lana d'acciaio attorno alla filettatura prima di riavvitare la vite.

Potete anche spennellare le viti dei pomoli dei cassetti che si sono allentate con smalto per unghie prima di riavvitarle. Quando lo smalto si asciuga, la vite terrà perfettamente.

Oppure, spremete nell'alloggiamento della vite della colla o dello stucco. In alternativa mettete un po' di gommalacca sotto la testa della vite prima di riavvitarla: non si muoverà più.

Se non si svitano Fate arroventare il tagliente del cacciavite prima di svitare la vite, oppure, immergete la vite per alcuni minuti in qualche goccia di acqua ossigenata. Spesso si riesce ad allentare un bullone arrugginito bagnandolo con un panno imbevuto di una qualunque bevanda gassata. Una goccia o due di ammoniaca lo faranno allentare subito; prima di riavvitarlo, avvolgetegli intorno del filo e spalmatelo di vaselina per evitare che arrugginisca di nuovo.

Qualche utile trucco Per applicare una vite nel legno senza fare fatica è sufficiente passarne la punta con il sapone.

Le viti dei mobili tengono meglio se prima di avvitarle si spennellano con un po' di colla.

Se dovete mettere delle viti di acciaio all'esterno, ingrassatele prima dell'uso con un miscuglio di olio lubrificante e polvere di grafite; in questo modo non vengono attaccate dalla ruggine.

Cacciavite Per evitare che scappi fuori dal taglio della vite strofinate il tagliente con gesso.

Vongole

Per aprire cozze e vongole Il sistema sicuro perché cozze, vongole, ostriche & C. si aprano senza problemi durante la cottura, lavatele bene sotto il getto di acqua fresca, sistematele in un sacchetto di plastica e metterle in freezer per qualche minuto; mettete in pentola e cucinate come preferite.

Wafer

In frigo Per rendere più gustosi e friabili i wafer sistemateli in frigorifero nel reparto della verdura e della frutta.

Water

Contro il calcare Invece di buttare nel lavandino una bibita a base di cola ormai sgassata e svaporata, versatela nella tazza del water e state a vedere. Dopo un po' la tazza sarà pulitissima.

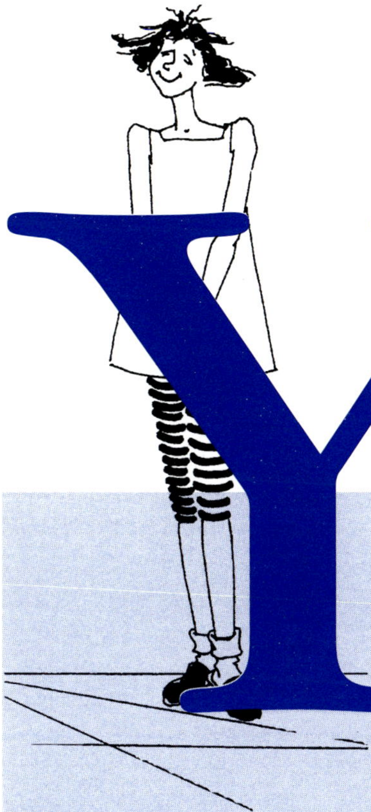

Y, Z

Yogurt
Zanzare
Zerbini
Zinco
Zoccoli
Zucchero

Yogurt

Quanto yogurt? I fermenti lattici presenti nello yogurt ma anche in altri latticini acidi aderiscono alla mucosa dell'intestino proteggendola e impedendo l'assorbimento delle tossine. Per avere tutti i benefici effetti dallo yogurt, è necessario consumarlo con regolarità in dosi piuttosto abbondanti (250 g il giorno).

C'è yogurt e yogurt Nei dessert allo yogurt non sono presenti i batteri vivi perché il prodotto è stato certamente pastorizzato. Diffidate degli yogurt alla frutta che presentano colori intensi e vivaci o un aroma troppo spiccato: sono preparati con coloranti e aromatizzanti. È preferibile acquistare uno yogurt naturale e aggiungervi frutta di stagione in pezzetti.

Non si deve congelare È sconsigliabile surgelare lo yogurt: alle basse temperature vengono distrutti i fermenti lattici attivi.

Zanzare

Come tenere lontano le zanzare Eliminate dal giardino tutte le fonti di acqua stagnante. Impedite alle zanzare di entrare in casa mettendo zanzariere a porte e finestre. Usate una luce gialla antiparassitaria all'esterno delle porte d'ingresso.

Una pianta di basilico sul davanzale della finestra dovrebbe tenerle lontane.

Per serate senza zanzare, all'aperto o in casa, è utile anche un ramo di eucalipto sulla finestra e sacchetti di fiori di lavanda sul comodino. Provate a strofinare aceto bianco sulla pelle.

Una candela antinsetto fatta in casa

- Riscaldate una candela a bagnomaria dentro un vasetto di vetro fino al completo scioglimento.
- Quando si è formata una massa fluida e limpida aggiungete 1/2 ml di olio essenziale di eucalipto, mescolate e fate raffreddare, stando attenti a porre bene al centro lo stoppino.
- Andate a dormire con la candela accesa.

Sulla pelle Potete tenere lontane le zanzare strofinando un po' di aceto bianco sulla pelle esposta.

Ci si può anche spalmare preventivamente con olio di limone, eucalipto, sambuco o anche acqua di lavanda.

Di norma, in estate, dopo il tramonto, usate poco profumo o deodorante e indossate abiti chiari: le zanzare sono attirate dal nero.

Menta e geranio È bene anche sapere che per non essere infastiditi dalle zanzare sono sufficienti due gocce di essenza di menta con cui avete imbevuto una garza, che porrete in prossimità del vostro letto.

Non solo la menta ci viene in aiuto contro le zanzare; infatti anche le essenze contenute nelle piante di geranio allontanano efficacemente questi noiosi insetti. Adottiamo dunque queste belle e utili piante per decorare e profumare i nostri balconi e i nostri davanzali, in città e in vacanza.

Zanzariere da letto Ricordate che la zanzariera da letto non ha mai perso il suo fascino ed è persino tornata di moda.

Ma, se proprio non potete fare a mano dei rimedi chimici, usate quelli meno nocivi, per esempio a base di piretro.

Zanzariere da finestra Per una pulizia accurata, spolverate la zanzariera con un pennello, quindi passate una spazzola imbevuta di cherosene. Poi strofinate con un panno pulito.

Così facendo eviterete anche la formazione di ruggine.

➽ *Vedi anche* **Punture di insetti**

Zerbini

Come pulire gli zerbini Lo zerbino 'vegetale' nuovo durerà più a lungo se, appena acquistato, gli farete fare un bel bagno in acqua salata. Lasciatecelo per qualche ora, poi fatelo asciugare all'aperto, ma non al sole. Gli zerbini vanno puliti regolarmente. Quelli in fibra naturale, batteteli sul balcone con un battipanni e, se sono decisamente sudici, strofinateli con acqua salata e sciacquate accuratamente. Fateli asciugare all'aria, lontano da fonti di calore. Teneteli sempre in ordine con l'aspirapolvere e sbattendoli.

➽ *Vedi anche* **Stuoie**

Zinco

Un minerale essenziale Lo zinco è capace di favorire la cicatrizzazione delle ferite, di consentire uno sviluppo e una crescita regolari (perciò è molto importante in gravidanza).

Regola alcune percezioni Particolare curioso: la carenza di questo minerale provoca una perdita del gusto e dell'odorato: regola, infatti, le percezioni olfattive e gustative.

Quanto zinco? Coprire il fabbisogno di zinco (15 mg il giorno per gli adulti) non è un problema: per esempio potete trovarne quanto basta nel fegato di vitello. Non vi piace il fegato? Scegliete le ostriche: due pesano circa 20 g e, con i loro 16 mg di zinco, coprono il fabbisogno quotidiano. Mangiandone otto, la porzione ideale, si arriva a 64 mg di zinco.

Nel caso della carne di tacchino, invece, ne servirebbe un chilo e due etti per arrivare a uguagliare questi pregiati frutti di mare.

➽ *Vedi anche* **Minerali**

Zoccoli

Ancora di moda I vecchi zoccoli estivi possono tornare ancora di moda. Spruzzateli con spray laccato color oro, argento o con colori vivaci.

Zucchero

Che cos'è? Lo chiamiamo zucchero, ma in realtà è saccarosio: si tratta di una sostanza estratta dalla canna da zucchero o dalla radice della barbabietola. Lo zucchero ha principalmente due inconvenienti: è piuttosto calorico (4 kcal per grammo) e favorisce la carie.

Bianco o di canna? Al contrario di quanto pensano molti, fra lo zucchero di canna e quello di barbabietola non ci sono sostanziali differenze: contengono saccarosio quasi al 100%, hanno le stesse proprietà e forniscono le stesse calorie. L'unica differenza consiste nelle impurità: lo zucchero di canna viene spesso lasciato grezzo, appare color miele e ha un sapore leggermente aromatico, invece quello di barbabietola viene più spesso raffinato e appare bianco. Ma lo zucchero di canna non è affatto più 'sano' dello zucchero bianco: contiene solo più impurità, che sono comunque irrilevanti dal punto di vista nutritivo.

I dolcificanti I dolcificanti si dividono in due gruppi: i polialcoli e i dolcificanti intensi. La distinzione è importante perché i due gruppi hanno caratteristiche molto diverse.

I dolcificanti che terminano in 'olo', come sorbitolo, mannitolo, xilitolo, maltitolo, appartengono alla famiglia dei 'polialcoli'. A parità di potere dolcificante, sono calorici quasi quanto lo zucchero (alcuni leggermente di più) e favoriscono la carie (tranne lo xilitolo), anche se in misura minore rispetto allo zucchero.

Attenzione: su molte confezioni di caramelle, gomme e dolci vari c'è scritto 'senza zucchero' perché contengono i dolcificanti con il suffisso 'olo' (che, abbiamo visto, hanno più o meno gli stessi effetti dello zucchero).

Dei dolcificanti come saccarina, aspartame o acesulfame K ne basta una dose infinitesimale (perché dolcificano più dello zucchero: la saccarina fino a 500 volte di più, l'aspartame fino a 200 volte...) e quindi non sono per niente calorici e non fanno venire le carie. Peccato che, se si superano determinate dosi, questi dolcificanti possano diventare addirittura tossici. La dose massima varia in funzione del peso di chi li assume. Per esempio, per la saccarina, la dose massima giornaliera è di 5 mg per ogni kg di peso corporeo: se pesate 60 kg, non dovete superare la dose di 300 mg il giorno. Ma vostro figlio, che pesa 30 kg, non deve superare i 150 mg il giorno.

DI PIETRO, Alessandro

Dizionario della nostra casa sana e sicura

Como, Lyra Libri, 1998
160 p. 23,5 cm

1. Ecologia domestica

ISBN 88-7733-219-0
CDD 640

I volumi pubblicati da Lyra libri sono corredati da una scheda bibliografica, redatta secondo le norme di catalogazione della Bibliografia Nazionale Italiana. Ciò vuole essere un contributo, certamente modesto ma concreto, al lavoro svolto dai bibliotecari italiani per un miglior funzionamento degli istituti in cui operano.
L'iniziativa tende inoltre a favorire l'organizzazione delle informazioni bibliografiche in tutte le sedi della documentazione (biblioteche scolastiche, specializzate, aziendali, eccetera).

I sensi dell'amore periodico mensile
registrato con il numero 30/86 presso il Tribunale di Como
direttore responsabile: Maurizio Rosenberg Colorni